Die preußischen

Forst- und Jagd-Gesetze

mit Erläuterungen herausgegeben

von

O. v. Öhlschläger,
Wirkl. Geh. Rath, Staatssecretair des Reichs-Justizamts,

A. Bernhardt,
w. Kgl. Preuß. Ober-Forstmeister und Direktor der Forst-Akademie zu Münden.

und

K. Frhr. v. Bülow,
Reichsgerichtsrath.

F. Sterneberg,
Geh. Ober-Regierungs-Rath.

Ergänzungsband zu Band III.

Die zum Feld- und Forstpolizei-Gesetz vom 1. April 1880 erlassenen Polizeiverordnungen.

Springer-Verlag
Berlin Heidelberg GmbH
1890

Die zum

Feld- und Forstpolizei-Gesetz

vom 1. April 1880

erlassenen

Polizeiverordnungen

zusammengestellt

von

F. Sterneberg,
Geheimer Ober-Regierungsrath im Ministerium für Landwirthschaft,
Domänen und Forsten.

Springer-Verlag Berlin
Heidelberg GmbH
1890

ISBN 978-3-642-93894-8 ISBN 978-3-642-94294-5 (eBook)
DOI 10.1007/978-3-642-94294-5

Softcover reprint of the hardcover 1st edition 1890

Inhalt.

Erklärung der Abkürzungen.

StGB. = Strafgesetzbuch für das deutsche Reich.

F. u. FPG. = Feld- und Forstpolizeigesetz vom 1. April 1880. (GS. S. 230.)

FDG. = Gesetz, betreffend den Forstdiebstahl vom 15. April 1878. (GS. S. 222)

PVG. 50 = Gesetz über die Polizeiverwaltung vom 11. März 1850 (GS. S. 265)

PVG. 67 = Verordnung über die Polizeiverwaltung in den neu erworbenen Landestheilen vom 20. September 1867. (GS. S. 1529).

LVG. 80 = Gesetz über die Organisation der allgemeinen Landesverwaltung vom 26. Juli 1880 (GS. S. 291).

LVG. 83 = Gesetz über die allgemeine Landesverwaltung vom 30. Juli 1883 (GS. S. 195).

PV. = Polizeiverordnung.

OPV. = Orts(Lokal-)-Polizeiverwaltung.

GS. = Gesetzsammlung.

RGBl. = Reichsgesetzblatt.

Amtsbl. oder ABl. = Amtsblatt.

I. Provinz Ostpreußen.

Polizeiverordnung des Oberpräsidenten vom 21. Februar 1883.

(Amtsbl. der Königl. Regierung zu Königsberg S. 70; Amtsbl. der Königl. Regierung zu Gumbinnen S. 90.)

Auf Grund der §§ 73 bis 77 LVG. 80, in Verbindung mit den §§ 6, 12 und 15 PVG. 50, den §§ 13, 32, 34, 40, 41, 43 und 46 F. u. FPG. und des § 368, Nr. 2 StGB. verordne ich unter Zustimmung des Provinzialraths für den Umfang der Provinz Ostpreußen was folgt:

Artikel I.

Die Polizeiverordnung vom 10. Oktober 1882 (Amtsbl. der Königlichen Regierung zu Königsberg S. 283, Amtsbl. der Königlichen Regierung zu Gumbinnen S. 317) wird aufgehoben.

Artikel II.

An deren Stelle treten nachstehende Bestimmungen.

§ 1. Mit Geldstrafe bis zu 60 Mk., im Unvermögensfalle mit verhältnißmäßiger Haft wird bestraft, wer auf dem Grundstücke eines Andern, auf einem Gemeindegrundstücke oder auf andern, von mehreren Interessenten gemeinschaftlich genutzten Grundstücken, auf denen er zur Ausübung der Weide berechtigt ist, während der Nachtzeit, d. h. während der Zeit von Sonnenuntergang bis Sonnenaufgang, Vieh hütet oder hüten läßt, ohne hierzu die ausdrückliche Genehmigung des Grundbesitzers, des Gemeindevorstehers oder der Interessenten, beziehungsweise ihrer Vertreter vorher erlangt zu haben.

§ 2. Zur Ausübung der Weide auf den im § 1 gedachten Grundstücken haben mehrere zur Weide auf demselben Grundstücke Berechtigte, soweit nicht das Einzelhüten herkömmlich, durch Orts-Polizei-Verordnungen zugelassen, oder vermöge besonderer Rechtstitel dem Hütenden gestattet ist, ortschaftsweise die einzelnen

Viehgattungen, oder das gesammte Weidevieh der Ortschaft zu gemeinschaftlichen Heerden zu vereinigen und in solchen vorzutreiben.

Wer vorstehenden Bestimmungen zuwider unbefugter Weise sein Vieh auf der gemeinschaftlichen Weide allein hütet oder hüten läßt wird mit Geldstrafen bis zu 60 Mk. im Unvermögensfalle mit verhältnißmäßiger Haft bestraft.

§ 3. Zur Ausführung der §§ 32 und 46 F. u. FPG. wird verordnet:

1) Das Ausbrennen von Torfmooren, das Brennen einer Waldfläche, das Abbrennen von liegenden oder zusammengebrachten Bodendecken und das Sengen von Rothhecken darf nur bei windstillem Wetter stattfinden. Mit dem Inbrandsetzen darf überdies außerhalb der Waldungen nur in Gegenwart des Ortsvorstehers, innerhalb der Waldungen nur in Gegenwart des zuständigen Forstbeamten, und in Ermangelung eines solchen in Gegenwart des zuständigen Ortsvorstehers begonnen werden. Auch ist an den Grenzen des abzubrennenden Grundstücks der Bodenüberzug wegzuräumen und im Falle des Ausbrennens von Torf- und Wiesenmooren die Umgebung durch einen Graben zu sichern.
2) Mindestens 3 Tage vor dem Beginn des Brennens sind die Angrenzer des in Brand zu setzenden Grundstücks in den Fällen des § 46 F. u. FPG. außerdem die Ortspolizeibehörde von dem beabsichtigten Unternehmen in Kenntniß zu setzen.

§ 4. Unter Bezugnahme auf die Strafbestimmung im § 368, Nr. 2 StGB. wird verordnet:

Jedermann hat in den ihm gehörigen oder ihm zur Nutzung überlassenen Obstgärten dafür zu sorgen, daß spätestens bis zum 1. Mai jeden Jahres die auf den Bäumen befindlichen Raupennester abgelesen, und diese entweder tief in die Erde vergraben oder an einem sicheren Orte verbrannt werden.

Der vorgedachte Termin kann durch Kreis-Polizei-Verordnung abgeändert werden.

§ 5. Zur Ausführung des § 34 F. u. FPG. wird verordnet: Nach dem 1. Juli darf eingeschlagenes Rothtannen-, Lang-, Scheit- oder Knüppelholz weder im Walde noch vorläufig ausgerückt in einem bis zu 1 Kilometer von der Waldgrenze entfernten Umkreise unentrindet belassen werden.

§ 6. Mit Geldstrafe bis zu 60 Mk. im Unvermögensfalle mit verhältnißmäßiger Haft, wird bestraft, wer aus einem fremden Torfmoore oder Walde Torf, Steine oder Waldnebenprodukte, welche er erworben hat, oder zu deren Bezuge er berechtigt ist, unbefugt ohne Genehmigung des Grundeigenthümers vor Rückgabe des Verabfolgezettels oder an andern als den bestimmten Tagen oder Tageszeiten, oder auf andern als den bestimmten Wegen fortschafft.

Die Verfolgung tritt nur auf Antrag ein.

§ 7. Wer einen Holzstoß, mit Numerirung versehene Aufschichtungen von Torf, Steinen, Raff- oder Leseholz nur zum Theil abfährt, muß bei dem im Walde zurückbleibenden Reste des Holzstoßes 2c. das Nummerstück zurücklassen, widrigenfalls ihn eine Geldstrafe bis zu 20 Mk., im Unvermögensfalle verhältnißmäßige Haft trifft.

§ 8. Zur Ausführung der §§ 40, 41 F. u. FPG. wird verordnet:

1) Wer sich auf Raff- oder Leseholz einmiethen will, oder dazu berechtigt ist, muß in Königlichen und Kommunal-Forsten unbedingt, in allen andern Forsten auf das im Kreisblatt bekannt zu machende Verlangen des Waldeigenthümers sich mit einem von dem Königlichen Oberförster oder von dem Waldeigenthümer unterschriebenen Legitimationsschein versehen.

   Die Berechtigung darf nur an den im Legitimationsschein bestimmten Holztagen, sowie nur mit den darin angegebenen Transportmitteln ausgeübt werden. Fällt der Holztag auf einen Festtag, so tritt der nächste Werktag an dessen Stelle.

   Die Legitimationsscheine für die abgelaufene Einmiethezeit sind spätestens bis zum 1. Juli jeden Jahres auf der betreffenden Oberförsterei oder bei dem Waldeigenthümer, wenn letzterer dies verlangt hat, abzugeben.

2) Die zur Weide in fremden Forsten Berechtigten sowie die Weideeinmiether sind in Königlichen Forsten unbedingt, in allen übrigen Waldungen auf das im Kreisblatt bekannt zu machende Verlangen des Waldeigenthümers gehalten, acht Wochen vor dem **1.** Mai, als dem Beginn der üblichen Weidezeit, das betreffende Vieh nach Art und Zahl anzumelden, und den alljährlich zu erneuernden Hütungsschein in Empfang zu nehmen.

§ 9. Mit Geldstrafe bis zu 10 Mk., im Unvermögensfalle mit verhältnißmäßiger Haft wird bestraft, wer auf einem Waldgrundstücke ohne Erlaubniß des Waldeigenthümers Kräuter, Beeren oder Pilze sammelt, oder, falls er einen Erlaubnißschein erhalten hat, denselben beim Sammeln nicht bei sich führt.

Die Verfolgung tritt nur auf Antrag ein.

§ 10. Die im § 9 angedrohte Strafe trifft auch denjenigen, welcher auf Forstgrundstücken bei Ausübung einer Waldnutzung den Legitimationsschein, den er nach den gesetzlichen Vorschriften oder Polizeiverordnungen, nach dem Herkommen oder nach dem Inhalte der Berechtigung lösen muß, zwar bei sich führt, aber denselben dem Waldeigenthümer, dessen Forstbeamten oder sonstigen mit der Aufsicht über das betreffende Grundstück betrauten Personen vorzuzeigen sich weigert.

Die Verfolgung tritt nur auf Antrag ein.

§ 11. Zur Ausführung des § 43 F. u. FPG. wird Folgendes verordnet:

a. Wer unverarbeitetes Bau-, Nutz- und Brennholz, insbesondere unverarbeitete Peitschen- und Spazierstöcke, Band- und Dachstöcke, Baumrinde, Strauchbesen, Besenreisig, Korbruthen, Bohnenstangen, Wurzeln von Holzflanzen, Maien, Tannenzweige, Weihnachtsbäume, Faschinen und junge Nadelhölzer in Städte, Kirchdörfer und solche ländliche Ortschaften einbringt, in welchen Märkte abgehalten werden, oder welche von der Landespolizeibehörde im Amtsblatte ausdrücklich als solche bezeichnet werden, auf welche diese Vorschrift Anwendung finden soll, muß, sofern das gedachte Walderzeugniß nicht lediglich von dem Orte, wo es gewachsen, direkt nach dem Wirthschaftshofe des Waldeigenthümers gebracht wird, mit einem den rechtmäßigen Erwerb bekundenden Ursprungszeugniß versehen sein. Dasselbe muß entweder von dem zuständigen oder Kommunal-Forstbeamten unter Beidrückung seines Dienstsiegels oder bei Privatwaldungen von dem Waldeigenthümer oder dessen Stellvertreter ausgestellt sein. Im letzteren Falle muß das Attest von der Ortsbehörde desjenigen Bezirks, in welchem das Waldgrundstück liegt unter Beidrückung des Amtssiegels beglaubigt sein. Sind die oben bezeichneten Gegenstände seit länger als 14 Tagen aus dem Walde entfernt, so ist das Attest von der Gemeindebehörde desjenigen Orts auszustellen, wo das Holz gelagert hat.

b. Das Ursprungszeugniß muß enthalten:

1) den Namen, Stand und Wohnort Desjenigen, welcher das Walderzeugniß einbringt;
2) die genaue Bezeichnung der Gattung und der Beschaffenheit desselben;
3) die mit Buchstaben zu schreibende Angabe der Stückzahl oder des Quantums des Waldprodukts;
4) eine Angabe über die Dauer der Gültigkeit des Zeugnisses, welche längstens auf 14 Tage zu bemessen ist;
5) das Datum der Ausstellung und die Unterschrift des Ausstellers.

c) Wer die in diesen Paragraphen bezeichneten Gegenstände in verschiedenen Posten einbringt, hat, wenn das Zeugniß auf eine Gesammtzahl oder ein Gesammtquantum lautet, die Stückzahl oder das Quantum jedes einzelnen Transports von der Polizeibehörde des obengedachten Einbringungsortes, oder wenn dieselbe daselbst nicht ihren Sitz hat, von dem Ortsvorsteher vor dem Verlassen des Orts abschreiben zu lassen.

d. Aus dem Auslande kommende Hölzer dürfen, wenn sie auf einer Zollstraße eingeführt werden, oder ihre statistische Anmeldung und Gestellung zur Revision bei einem Zollamte erfolgen muß, nur mit der von dem zuständigen Zollamte erhaltenen Bezettelung sonst nur mit einer von der Polizeibehörde des ersten auf dem Transporte im Inlande berührten Ortes über den Eingang der Hölzer aus dem Auslande ausgestellten Bescheinigung in die oben gedachten Orte eingeführt werden.

§ 12. Mit Geldstrafe bis zu 10 Mk., im Unvermögensfalle mit verhältnißmäßiger Haft wird bestraft, wer in einem fremden Walde außerhalb der zum gemeinen Gebrauch bestimmten Wege oder Wasserstraßen oder der zeitweise an deren Stelle tretenden sogenannten Winterbahnen oder auf Waldsee'n Schlittschuh läuft ohne sich über einen erlaubten Zweck ausweisen zu können.

Die Verfolgung tritt nur auf Antrag ein.

§ 13. Alle entgegenstehenden Bestimmungen älterer PV. treten außer Kraft.

Insbesondere werden aufgehoben:

I. Folgende PV. der Königlichen Regierung zu Königsberg:

PV. v. 5. März 1821 (Amtsbl. S. 125), v. 24. Febr. 1822 (Amtsbl. S. 76), v. 27. Febr. 1827 (Amtsbl. S. 53), v. 30. Mai 1827 (Amtsbl. S. 145), v. 5. Oktober 1838 (Amtsbl. S. 201), v. 30. Oktbr. 1841 (Amtsbl. S. 201), v. 9. Dezbr. 1854 (Amtsbl. S. 213), v. 26. Mai 1857 (Amtsbl. S. 39), v. 5. Novbr. 1860 (Amtsbl. S. 291), Abschnitt I der PV. v. 9. November 1868 (Amtsbl. S. 340), v. 27. April 1876 (Amtsbl. S. 127).

II. Folgende PV. der Königlichen Regierung zu Gumbinnen:

PV. v. 2. Juni 1828 (Amtsbl. S. 571), v. 29. Juni 1854 (Amtsbl. S. 216), v. 1. Dezember 1854 (Amtsbl. S. 375), v. 18. Juli 1857 (Amtsbl. S. 224), v. 17. März 1859 (Amtsbl. S. 70), v. 8. Mai 1859 (Amtsbl. S. 114), v. 25. August 1869 (Amtsbl. S. 219), v. 7. August 1871 (Amtsbl. S. 268).

II. Provinz Westpreußen.

Polizeiverordnung des Oberpräsidenten vom 23. März 1884.

(Amtsbl. der Königl. Regierung zu Danzig S. 88; Extrabeilage zum Amtsbl. Nr. 15 der Königl. Regierung zu Marienwerder.)

In Ausführung des F. u. FPG., sowie behufs übersichtlicher Zusammenstellung der neben diesen Gesetzen maßgebenden forstpolizeilichen Vorschriften verordne ich auf Grund der §§ 73, 76 LVG. 80 in Verbindung mit §§ 6, 12 und 15 PVG. 50 mit Zustimmung des Provinzialrathes für den Umfang der Provinz Westpreußen was folgt:

§ 1.

Zu § 13 des F. u. FPG. Die Nachtweide, d. h. die Weide in der Zeit von Sonnenuntergang bis Sonnenaufgang ist in Wäldern und auf uneingefriedigten Grundstücken untersagt.

Wenn die Nachtweide auf uneingefriedigten Grundstücken nach besonderen wirthschaftlichen Verhältnissen nicht zu entbehren ist, so kann sie durch die Ortspolizeibehörde unter gleichzeitiger Anordnung der zum Schutz gegen Beschädigungen und etwaigen Mißbrauch erforderlichen Maßregeln gestattet werden.

Auf Hütungsplätzen, die von so geringem Umfange sind, daß ein Uebertreten des Viehes auf die benachbarten fremden Grundstücke leicht zu befürchten ist, muß das zur Weide aufgetriebene Vieh an feste Gegenstände angebunden oder an Stricken geführt werden. Der Auftrieb des Viehes zur Weide auf nicht eingefriedigten Wegen, welche nicht so breit angelegt sind, daß das Vieh von der Beschädigung der angrenzenden Fluren abgehalten werden kann, unterliegt der Regelung durch die zuständige Ortspolizeibehörde.

Mehrere zur Hütung auf bestimmten Grundstücken Berechtigte dürfen das Vieh, so weit nicht ein Recht zum Einzelnhüten erworben ist, nur in einer Heerde unter der Aufsicht eines oder mehrerer gemeinschaftlicher Hirten weiden lassen. Die Zahl der Hirten ist die Ortspolizei festzusetzen befugt.

Wer diesen Bestimmungen zuwider handelt, wird mit Geldstrafe bis zu 10 Mark bestraft.

§ 2.

Zu § 34 desselben Gesetzes.

a. Vögel.*)

Untersagt ist das Tödten und Einfangen der nachbenannten Vögel, sofern es nicht zu wissenschaftlichen Zwecken geschieht:

Blaukehlchen, Rothkehlchen, Nachtigall, Sprosser, Grasmücke, Rothschwanz, Steinschmätzer, Wiesenschmätzer, Bachstelze, Pieper, Zaunkönig, Pirol, Goldhähnchen, Meise, Ammer, Fink, Hänfling, Zeisig, Stieglitz, Dompfaff, Baumläufer (Kleiber), Wiedehopf, Schwalbe, Tagschlaf, Staar, Dohle, Mandelkrähe, Saatkrähe, Fliegenschnepper, Kuckuck, Specht, Wendehals, Bussard (Mäusefalke) und Eule (mit Ausnahme des Uhu).

Ein Gleiches gilt von dem Ausnehmen der Eier und dem Zerstören der Nester dieser Vögel.

Das Feilhalten dieser Vögel auf Märkten ist bei Vermeidung der im § 149 Nr. 6 der Gewerbeordnung vom 1. Juli 1883 (RGBl. S. 238) angedrohten Strafe untersagt.

b. Wanderheuschrecke. Kartoffel- (Kolorado-) Käfer.

1. Jeder Eigenthümer, Besitzer oder Inhaber eines Grundstücks ist verpflichtet, von dem ihm bekannt gewordenen Vorkommen

der Wanderheuschrecke,

des Kartoffel- (Kolorado-) Käfers,

deren Eier, Larven oder Puppen,

auf seinem Grundstücke der Ortspolizeibehörde oder, wenn dieselbe nicht innerhalb des betreffenden Gemeinde- bezw. Gutsbezirkes ihren Sitz hat, dem Gemeinde- bezw. Gutsvorsteher ungesäumt Anzeige zu erstatten, welcher letztere in diesem Falle sofort die Ortspolizei-Behörde zu benachrichtigen hat.

2. Auf Anordnung des Landraths oder der Ortspolizei-Behörde und nach Maßgabe derselben haben die zu 1 genannten Personen die Durchsuchung ihrer Grundstücke nach der Wanderheuschrecke bezw. dem Kartoffelkäfer, deren Eier, Larven und

*) Vgl. Reichsgesetz, betreffend den Schutz von Vögeln, vom 22. März 1888 (RGBl. S. 111).

Puppen, entweder selbst oder durch andere geeignete Personen sorgsam auszuführen und von dem Ergebniß Anzeige zu erstatten. Ebenso ist den mit der Ermittelung beauftragten Personen die Durchsuchung der Grundstücke zu gestatten und denselben zur Erreichung ihres Zweckes alle den Umständen entsprechende Beihülfe zu leisten.

3. Die etwa gefangenen Wanderheuschrecken und Kartoffelkäfer, deren aufgefundene Eier, Larven und Puppen sind sofort an Ort und Stelle zu vernichten und zu vergraben oder zu verbrennen.

Die Aufbewahrung im lebenden Zustande ist verboten.

4. Die behufs der Vertilgung oder Verhinderung der Weiterverbreitung von den zu 2 genannten Behörden erlassenen Anordnungen wegen des Umpflügens oder der Absperrung von Grundstücken sind zu befolgen.

c. Klee- und Flachs-Seide, Wucherblume.

Unberührt bleiben von der gegenwärtigen Verordnung: die für den Regierungsbezirk Marienwerder zur Vertilgung der Klee- und Flachs-Seide in der PV. vom 10. Juni 1876 (Amtsbl. S. 145) und die für den Kreis Marienburg in der PV. vom 11. Juni 1878 zur Vertilgung der Wucherblume getroffenen Anordnungen.

§ 3.

Zu § 40 desselben Gesetzes. Wer auf Königlichen Forstgrundstücken oder Torfmooren als Dienstbarkeits-Nutzungsberechtigter oder Einmiether eine Nutzung ausüben will, muß alljährlich vor Beginn derselben bei dem zuständigen Forstbeamten einen auf seinen Namen lautenden Legitimationsschein lösen.

Dieser Legitimationsschein, auf welchem die Grundstücke, in welchen, und die Wochentage, an welchen die Nutzung ausgeübt werden darf, sowie die Dauer der Nutzungsperiode und die Transportmittel, auf welche der Berechtigte beschränkt ist, anzugeben sind, darf an Fremde niemals, an die Hausangehörigen bezw.

Arbeiter nur dann überlassen werden, wenn diese die Nutzung für den Berechtigten ausüben.

Vorstehendes gilt auch für andere als Königliche Waldungen, soweit hier die Lösung eines Legitimationsscheines üblich ist.

§ 4.

Zu § 43 desselben Gesetzes. Wer Brennholz, unverarbeitetes Bau- und Nutzholz, sowie unverarbeitete Peitschen- und Spazierstöcke, Band- und Dachstöcke, Weidenruthen, Reiser, Baumrinde, Wurzeln, grüne Baumzweige, Maien, Weihnachtsbäume, Baum- oder Buhnenpfähle, Faschinen, Strauchbesen, Reifstöcke, Bohnen- und Hopfenstangen, sowie Laub in eine Stadt oder ländliche Ortschaft einbringt oder überhaupt verfährt, muß, sofern der Transport nicht lediglich von dem Orte, wo der Gegenstand gewachsen ist, nach dem Wohnorte oder Wirthschaftshofe des Wald- &c. Eigenthümers geschieht, mit einem Ursprungsattest des zuständigen Forstbeamten oder des Ortsvorstehers versehen sein. Das Ursprungsattest muß enthalten:

1) Stand, Namen und Wohnort desjenigen, welcher das Holz &c. verfährt,
2) genaue Bezeichnung des Holzes &c. nach Gattung, Menge oder Zahl mit Worten,
3) Dauer der Gültigkeit des Attestes,
4) Datum der Ausstellung und Unterschrift des Ausstellers.

§ 5.

Mit Geldstrafe bis zu 10 Mark — soweit nicht die strengeren Strafen des § 44 des oben angeführten Gesetzes verwirkt sind — wird bestraft, wer in Wäldern außerhalb der öffentlichen Wege bei trockener Jahreszeit, insbesondere vom 1. Mai bis Ende September raucht.

§ 6.

Zu § 1 FDG. Mit Geldstrafe bis zu 2 Mark wird bestraft, wer unbefugt auf Forstgrundstücken Kräuter, Beeren oder Pilze sammelt, oder, falls er einen Erlaubnißschein des Waldeigenthümers, dessen Stellvertreters oder Beamten erhalten hat, denselben beim Sammeln nicht bei sich führt.

Die Verfolgung tritt nur auf Antrag ein.

§ 7.

Alle bisher in Bezug auf die Feld- und Forst-Polizei erlassenen PV., insbesondere

die für die Provinz Westpreußen erlassenen PV. vom 17. März 1877, betr. die Vertilgung der Wanderheuschrecke (Amtsbl. Danzig S. 81, Amtsbl. Marienwerder S. 94) und vom 26. September 1877, betr. die Vertilgung des Kolorado-Käfers (Amtsbl. Danzig S. 208, Amtsbl. Marienwerder S. 227);

die für den Reg.-Bez. Danzig erlassenen PV. v. 8. März 1843 (Amtsbl. S. 40), v. 7. Oktober 1867 (Amtsbl. S. 361), vom 22. August 1873 (Amtsbl. S. 130), v. 12. Oktober 1854 Amtsbl. S. 271), v. 23. Dezember 1868 (Amtsbl. 1869 S. 5) und v. 11. Dezember 1874 (Amtsbl. S. 300);

die für den Reg.-Bez. Marienwerder erlassenen PV. v. 20. März 1848 (Amtsbl. S. 64), v. 28. November 1856 (Amtsbl. S. 333), v. 18. Juli 1862 (Amtsbl. S. 118), v. 16. Oktober 1867 (Amtsbl. S. 284) und v. 11. August 1869 (Amtsbl. S. 172)

werden aufgehoben.

Dasselbe gilt bezüglich der nachfolgenden PV., soweit sie sich auf den Transport von Holz beziehen, nämlich:

im Reg.-Bez. Danzig v. 25. März 1854 (Amtsbl. S. 120), v. 30. März 1855 (Amtsbl. S. 78) und v. 10. Februar 1856 (Amtsbl. S. 30);

im Reg.-Bez. Marienwerder v. 4. August 1815, 15. Dezember 1818, v. 22. Mai 1829 (Amtsbl. S. 221), v. 24. Februar 1837 (Amtsbl. S. 77), v. 3. März und 15. August 1838 (Amtsbl. S. 89 und 300), v. 27. Oktober 1840 (Amtsbl. S. 342) v. 13. Januar 1844 (Amtsbl. S. 14), v. 9. Dezember 1851 (Amtsbl. S. 300), vom 1. September 1856 (Amtsbl. S. 229)

v. 18. März 1857 (Amtsbl. S. 88) und 5. Oktober 1867 (Amtsbl. S. 260).

Die in diesen PV. bezüglich des Transports und Einbringens von Wildpret enthaltenen Vorschriften bleiben bis auf Weiteres in Kraft.

III. Provinz Brandenburg.

1. Regierungsbezirk Potsdam.

Polizeiverordnung des Regierungspräsidenten vom 9. November 1885. (Amtsbl. S. 451.)

Auf Grund des § 137 LVG. 83 und der §§ 6, 11 und 12 PVG. 50, wird unter Zustimmung des Bezirksausschusses für den Regierungsbezirk Potsdam zur Ergänzung des F. u. FPG. Nachstehendes verordnet:

§ 1. Mit Geldstrafe bis Dreißig Mark wird bestraft, wer sein Vieh in der Zeit von einer Stunde nach Sonnenuntergang bis Sonnenaufgang (Nachtweide) außerhalb eingefriedigter Grundstücke weiden läßt.

§ 2. Bei der Ausübung von Weideberechtigungen in Forsten ist es verboten:

1) wenn die Berechtigung einer Hütungsgemeinschaft zusteht und das Einzelhüten nicht ausdrücklich gestattet ist, einzelne Stücke Vieh getrennt von der gemeinschaftlichen Heerde zu weiden,
2) das Vieh zur Nachtzeit, d. h. von einer Stunde nach Sonnenuntergang bis Sonnenaufgang im Walde zu belassen oder während dieser Zeit einzutreiben,
3) die Aufsicht über das Vieh Kindern unter zwölf Jahren oder solchen Personen anzuvertrauen, welche wegen Forst- oder Jagdfrevels dreimal bestraft sind.

Für jede zur Hütung in eine fremde Forst einzutreibende Heerde ist auf Verlangen des Eigenthümers oder Verwalters der Forst bei demselben alljährlich ein Legitimationsschein zu lösen, welcher die Bezeichnung der Heerde nach Viehart und höchster zulässiger Stückzahl (falls die Berechtigung in dieser Beziehung begrenzt ist) enthalten muß.

Zuwiderhandlungen werden nach § 40 bezw. § 41 des Gesetzes bestraft.

Unter Gesetz wird hier, sowie in den nachfolgenden Paragraphen das F. u. FPG. verstanden.

§ 3. Mit Geldstrafe bis Dreißig Mark wird bestraft, wer unbefugt Geweihe oder einzelne Stangen von Rothhirschen oder Dammhirschen aufsammelt.

§ 4. Mit Geldstrafe bis Fünfzig Mark wird bestraft, wer unbefugt auf fremden Grundstücken Gras, Heu, Torf oder andere Bodenerzeugnisse ausbreitet oder niederlegt.

§ 5. Mit Geldstrafe bis Sechzig Mark wird bestraft:

1) wer abgesehen von den Fällen des § 308 StGB. ohne vorgängige Anzeige bei der Ortspolizeibehörde oder bei dem Ortsvorstande Wald- oder Wiesenflächen oder liegende oder zusammengebrachte Bodendecken in Brand setzt oder Rotthecken sengt oder die bezüglich dieses Brennens oder Sengens polizeilich angeordneten Vorsichtsmaßregeln außer Acht läßt,

2) wer die vorstehend zu 1 oder die in § 32 des Gesetzes vorgeschriebene Anzeige zwar macht, aber vor Ablauf von vier Wochen, ohne die polizeilichen Anordnungen abzuwarten, zur Ausführung seines Vorhabens schreitet.

§ 6*). Verboten ist — auch auf eigenen Grundstücken — der Fang oder das Tödten nachbenannter Vogelarten:

Ammer, Bachstelze, Baumläufer, Blaukehlchen, Bussard, Dompfaff, Drossel, Eule (mit Ausnahme des Uhus), Fink, Fliegenschnäpper, Goldhähnchen, Grasmücke, Hänfling, Kiebitz, Kleiber, graue Krähe, Kuckuck, Laubvogel, Lerche, Mandelkrähe, Meise, Nachtigall, Pieper, Pirol, Rohrsänger, Rothkehlchen, Rothschwanz, Schwalbe, Specht, Staar, Stein-

---

*) Vgl. Reichsgesetz, betr. den Schutz von Vögeln, vom 22. März 1888 (RGBl. S. 111.)

schmätzer, Stieglitz, Storch, Thurmfalke, Wendehals, Wiedehopf, Wiesenschmätzer, Zaunkönig, Zeisig, Ziegenmelker (Tagschlaf);

sowie ferner das Zerstören der Nester, mit Ausnahme derer an eigenen Gebäuden, das Ausnehmen oder Feilhalten von Eiern oder das Ausnehmen von Jungen dieser Vögel. Dasselbe gilt von allen Vorbereitungen zum Fange derselben, insbesondere von dem Aufstellen von Netzen, Schlingen, Dohnen, Sprenkeln, Käfigen und Leimruthen, sowie von dem Feilhalten solcher gefangenen oder getödteten Vögel.

Zuwiderhandlungen werden nach § 34 des Gesetzes bestraft.

§ 7*). Ausgenommen von dem Verbote des § 6 ist die Anlage von Dohnensteigen Seitens der Jagdberechtigten zum Zwecke des Krammetsvogelfanges. Das Einbeeren der Steige und der Fang ist erst nach dem 1. Oktober jeden Jahres gestattet. Ferner kann das Verbot des Einfangens oder Tödtens einzelner der im § 6 aufgeführten Vogelarten, ingleichen das Verbot des Ausnehmens ihrer Eier oder Jungen oder des Zerstörens ihrer Nester für solche Feldmarken, auf welchen jene Vogelarten in einer der Land- oder Forstwirthschaft nachtheiligen Menge auftreten, von den Landräthen bezw. den Polizeibehörden der Stadtkreise zeitweise außer Kraft gesetzt werden.

Die hierüber zu erlassende Bekanntmachung muß die Dauer der Außerkraftsetzung, welche ein Jahr nicht übersteigen darf, bestimmen und in der für Polizeiverordnungen vorgeschriebenen Weise veröffentlicht werden.

Bezüglich des Ausnehmens von Kiebitzeiern bewendet es bei der Vorschrift im § 6 des Gesetzes über die Schonzeiten des Wildes vom 26. Februar 1870

§ 8. Sobald an einem Orte sich Heuschrecken in großer Zahl zeigen, sind die Besitzer selbstständiger Gutsbezirke und die Gemeinden verpflichtet, die zur Ausführung der Vertilgungsmaßregeln nöthigen Mannschaften und Gespanne unentgeltlich zu gestellen.

---

*) Vgl. Anm. zu § 6.

Der Landrath hat erforderlichen Falls den Umfang dieser Leistungen und die übrigen Vorbeugungs- oder Vertilgungsmaßregeln zu bestimmen.

§ 9. Wer von dem Vorkommen des Kartoffelkäfers, seiner Larven oder Puppen in irgend einer Weise Kenntniß erhält, ist verpflichtet, binnen 24 Stunden der Ortspolizeibehörde davon Anzeige zu machen.

Die von dem Eigenthümer, Nießbraucher oder Pächter eines Grundstücks oder von den von ihm damit beauftragten Personen aufgelesenen Käfer, Eier, Larven und Puppen sind sofort zu tödten. Die Aufbewahrung in lebendem Zustande ist verboten.

Jeder Eigenthümer, Nießbraucher oder Pächter eines Grundstücks ist verpflichtet, die von dem Landrath oder der Polizeibehörde angeordneten Absuchungen der Grundstücke gehörig auszuführen, und hat Jedermann die Verfügungen des Landraths oder der Polizeibehörde wegen der Absperrung von Grundstücken genau zu befolgen.

§ 10. Das Anpflanzen von Berberitzensträuchern in einer Entfernung von weniger als 100 Metern von fremden Ackergrundstücken ist verboten, und sind Sträucher dieser Art, welche sich in einer geringeren Entfernung befinden, zu beseitigen.

§ 11. Eigenthümer, Nutznießer, Pächter und Verwalter von Grundstücken, auf welchen sich die gelbe Wucherblume (senecio vernalis), auch Frühlings-Kreuzkraut genannt, befindet, sind verpflichtet, dies Unkraut, bevor es in den Zustand des Abblühens oder Reifens eintritt, herauszunehmen und zu vernichten.

Die Absuchung der Grundstücke nach der bezeichneten Pflanze ist spätestens in der ersten Woche des Monats Mai zu beginnen und bis zur Mitte des Monats Juni so oft, wie die Umstände es erfordern, zu wiederholen. Alsdann muß die vollständige Vertilgung der Pflanze durchgeführt sein.

Diese Vorschriften beziehen sich sowohl auf angebaute landwirthschaftliche als auch auf unangebaute Grundstücke, sowie auf Wege, Wegeränder, Chausseedossirungen, Eisenbahnkörper und ähnliche Flächen.

Auf forstwirthschaftliche Grundstücke beziehen sie sich nur, soweit dieselben aus Blößen und Kulturen bestehen, welche an landwirthschaftliche Grundstücke grenzen, und zwar nur bis zu einer Tiefe von 200 Metern vom Rande der letzteren.

Der Landrath ist bei nicht gehöriger Befolgung dieser Vorschriften, unbeschadet der Strafvorschrift des § 12, befugt, die unterlassenen Vorrichtungen auf Kosten der Säumigen im Zwangswege zur Ausführung zu bringen. Die Strafbarkeit ist ausgeschlossen, wenn die Betreffenden nachweisen, daß sie es an den erforderlichen Bemühungen zur Vertilgung der Pflanzen nicht haben fehlen lassen.

§ 12. Zuwiderhandlungen gegen die vorstehenden §§ 8 bis 11 werden nach § 34 des Gesetzes bestraft.

§ 13. Mit Geldstrafe bis Fünfzig Mark wird bestraft:

1) wer unbefugt auf Forstgrundstücken Bau-, Nutz-, oder Brennholz umsetzt oder anderweitig sortirt,
2) wer die zur Bestimmung von Haide-, Streu- oder Grasflächen dienenden Merkmale vernichtet, verändert, unkenntlich macht oder nachahmt.

§ 14. Zur Ausübung einer jeden Waldnutzung behufs Selbstgewinnung von Waldprodukten und Waldnebennutzungen jeder Art, also auch zum Sammeln von Kräutern, Beeren und Pilzen, ist ein vom Waldeigenthümer oder dessen Vertreter ausgestellter Legitimationsschein im Voraus zu lösen.

Die Ausübung darf nur bei Tage, d. h. in der Zeit von Sonnenaufgang bis Sonnenuntergang, und nur in den von dem Eigenthümer oder Verwalter der Forst für geöffnet erklärten Theilen derselben erfolgen. Bei Zuwiderhandlungen treten die Strafvorschriften der §§ 40. 41 des Gesetzes ein.

§ 15. Mit Geldstrafe bis Fünfzig Mark wird bestraft, wer aus einem fremden Walde oder Torfstich andere Gegenstände als Holz, welche er erworben oder zu deren Bezuge in bestimmten Maßen er berechtigt ist, unbefugt ohne Genehmigung des Grundeigenthümers oder dessen Vertreters vor Rückgabe des Verabfolgezettels oder an anderen als den bestimmten Tagen oder von einem anderen als den ihm angewiesenen Bezugsorte oder auf anderen als den bestimmten Wegen fortschafft.

Die Verfolgung tritt nur auf Antrag ein.

§ 16. Mit Geldstrafe bis Fünfzig Mark wird bestraft, wer es unterläßt aus einem fremden Walde oder Torfstich Holz, Torf oder andere Gegenstände, welche er erworben hat, oder zu deren Bezuge in bestimmten Maßen er berechtigt ist, innerhalb der bestimmten Abfuhrfrist oder, in Ermangelung einer solchen, innerhalb 8 Wochen nach der Erwerbung bezw. der Zustellung des Verabfolgezettels fortzuschaffen.

Eine Wiederholung der Bestrafung erfolgt jedesmal nach Ablauf von 14 Tagen, vom Tage der Zustellung der letzten Straffestsetzung ab gerechnet, sofern die Abfuhr bis dahin nicht besorgt ist.

Die Verfolgung tritt nur auf Antrag ein.

§ 17. Nach § 40 des Gesetzes wird bestraft, wer als Berechtigter oder Haidemiether in fremden Forsten:

1) die beim Roden von Stubben oder Stämmen enstandenen Löcher nach beendeter Arbeit unausgefüllt läßt,
2) unbefugt Stubben in Schonungen rodet,
3) Abraum aus Holzschlägen entnimmt, bevor dieselben von dem Waldeigenthümer oder dem verwaltenden Beamten ausdrücklich für geöffnet erklärt sind,
4) bei der Werbung von Raff- und Leseholz oder Abraum, insofern die Befugniß auf diese Gegenstände beschränkt ist, Aexte, Beile, Haken oder andere Werkzeuge, mit welchen stehende Bäume heruntergebracht werden können, mit sich führt,
5) das geworbene Holz, zu dessen Entnahme in unbestimmten Massen er an und für sich befugt ist, auf dem Transport nach der Feuerstelle zum Zweck der Gewinnung größerer Mengen, als er andernfalls am festgesetzten Holztage mit dem gestatteten Transportmittel an den Bestimmungsort schaffen könnte, unterwegs niederlegt und hernach die Werbung fortsetzt oder fortsetzen läßt,
6) Gras, Schilf, Binsen oder Rohr mit der Sense oder in

Schonungen bezw. in Saat- oder Baumschulen mit der Sense oder Sichel wirbt.

Als Schonungen gelten diejenigen Forstflächen, welche als solche durch Gräben, Zäune, Tafeln, Strohwische oder andere ortsübliche Zeichen kenntlich gemacht sind.

§ 18. Wer Brennholz, unverarbeitetes Bau- oder Nutzholz, insbesondere auch Bandstöcke, Birkenreis, Reisbesen, Korbruthen, Faschinen, junge Nadelhölzer, Weihnachtsbäume, Maien, Raff- oder Leseholz, Kien oder frisch gefälltes, nicht forstmäßig zugerichtetes Holz transportirt oder in Ortschaften einbringt, hat sich auf Erfordern der Polizei-, Forst- oder Steuerbeamten durch eine Bescheinigung der Polizeibehörde seines Wohnorts oder des Waldeigenthümers über den redlichen Erwerb dieser Hölzer auszuweisen.

Zuwiderhandlungen werden nach § 43 des Gesetzes bestraft.

§ 19. Mit Geldstrafe bis Fünfzig Mark wird bestraft:

1) wer unbefugt in Forsten schießt oder Feuerwerke oder andere explosive Gegenstände abbrennt,
2) wer in der Zeit vom 1. März bis 1. Oktober in Forsten ohne Erlaubniß des Forsteigenthümers oder Forstverwalters außerhalb derjenigen öffentlichen Fahrwege, welche auf beiden Seiten durch Gräben gegen den Forstbestand abgegrenzt sind, Taback anders als aus Pfeifen mit geschlossenem Deckel raucht,
3) wer innerhalb einer Forst oder an deren Grenze auf Gewässern mit Benutzung von Leuchtfeuern fischt oder krebst.

§ 20. Bei Waldbränden sind die männlichen Bewohner der Umgegend, bis auf 8 Kilometer Entfernung von der Brandstätte, im Alter von 18 bis 50 Jahren Hülfe zu leisten verpflichtet.

In den Gemeinden hat der Gemeindevorsteher, in Gutsbezirken der Gutsvorsteher den vierten Theil der hiernach verpflichteten Mannschaften mit Spaten, Hacken und Aexten versehen, unter einem geeigneten Anführer in möglichster Eile nach der Brandstätte abzusenden, auch, soweit erforderlich, für rechtzeitige Ablösung durch frische Mannschaft zu sorgen.

Die Anführer haben sich mit ihrer Mannschaft sofort nach der Ankunft auf der Brandstätte bei der die Löschanstalten leitenden

Person (Landrath, Amtsvorsteher, Forstbeamten, Forstbesitzer u. s. w.) zu melden und dessen Anordnungen Folge zu leisten.

Zuwiderhandlungen werden, abgesehen von den Fällen des § 44 No. 4 des Gesetzes und des § 360 No. 10 des StGB., mit Geldstrafe bis Dreißig Mark bestraft.

§ 21. Diese Verordnung tritt mit dem 1. Januar 1886 in Kraft. Mit demselben Zeitpunkte treten außer Kraft:

Die PV. v. 6. Mai 1811 und vom 14. Juni 1844, betr. das Einfangen von Nachtigallen (Amtsbl. S. 166) —, v. 2. Oktober 1867, betr. das Tödten ꝛc. gewisser Vogelarten (Amtsbl. S. 369) —, v. 22. März 1875 wegen der Anpflanzung des Berberitzenstrauchs (Amtsbl. S. 111) —, v. 24. April 1876, betr. die Vertilgung der Heuschrecken (Amtsbl. S. 134) —, v. 12. Dezember 1837 und vom 3. Februar 1863 wegen Vertilgung der großen Kiefernraupe (Amtsbl. für 1837 S. 420 und für 1863 S. 37) —, die FPV. für den Regierungsbezirk Potsdam v. 1. Januar 1870 (Amtsbl. S. 14) —, die PV. v. 19. August 1857 und v. 18. Juni 1878 wegen der Hülfeleistung bei Waldbränden (Amtsbl. für 1857 S. 321 und für 1878 S. 206).

2. Regierungsbezirk Frankfurt a. O.

Polizeiverordnung vom 5. Januar 1886. (Außerordentliche Beilage zum Amtsbl. Nr. 2).

Auf Grund des § 137 LVG. 83, sowie der §§ 6, 12 und 15 PVG. 50 wird unter Zustimmung des Bezirks-Ausschusses für den Regierungsbezirk Frankfurt a. O. zum F. u. FPG. verordnet, was folgt:

Art. 1. Die in nachstehenden Artikeln ohne nähere Bezeichnung angezogenen Paragraphen sind diejenigen des F. u. FPG.

Art. 2. Der im § 11 angedrohten Strafe (Geldstrafe bis zu 10 Mark oder Haft bis zu 3 Tagen) verfällt, wer auf Aeckern, Wiesen- oder Waldgrundstücken, welche $1/4$ Hektar und darunter im Zusammenhange groß und nicht eingefriedigt sind, sein Vieh ungefesselt oder unangebunden weidet oder weiden läßt oder Rindvieh auf öffentlichen unter 7 Meter breiten Wegen ungekoppelt treibt.

Derselben Strafe unterliegt auch Derjenige, welcher als Berechtigter oder Einmiether bei Ausübung der Waldweide sein Vieh von untüchtigen Hirten, wofür insbesondere Kinder unter 12 Jahren zu halten sind, oder von solchen Personen, welche wegen Feld-, Forst- und Jagdfrevels im zweiten Rückfall bestraft sind, hüten läßt.

Die Verfolgung tritt nur auf Antrag der durch Uebertretung dieser Vorschrift Gefährdeten ein.

Art. 3. Mit Geldstrafe bis zu 30 Mark wird bestraft, wer es unterläßt, sein Vieh, wenn dasselbe während der Nacht auf der Weide verbleibt, von einer Stunde nach Sonnenuntergang bis Sonnenaufgang in Koppeln, Hürden oder Buchten zu halten.

Art. 4. Der im § 40 angedrohten Strafe (Geldstrafe bis zu 100 Mark oder Haft bis zu 4 Wochen) verfällt, wer als Berechtigter oder Einmiether bei Ausübung der Waldweide

1) unbefugt das Vieh einzeln, d. h. abgesondert von der gemeinschaftlichen Heerde hütet,
2) das Vieh unbefugt bei Nacht, d. h. von einer Stunde nach Sonnenuntergang bis Sonnenaufgang im Walde beläßt oder während dieser Zeit eintreibt.

Art. 5. Für jede zur Hütung in eine fremde Forst einzutreibende Heerde ist auf Verlangen des Forsteigenthümers oder Forstverwalters bei diesem alljährlich ein Legitimationsschein zu lösen, welcher die Bezeichnung der Heerde nach Viehart und die höchste zuläßige Stückzahl (falls die Berechtigung in dieser Beziehung begrenzt ist) enthalten muß.

Auf Zuwiderhandlungen gegen die Anordnung findet die Strafvorschrift im § 40 (Geldstrafe bis zu 100 Mark oder Haft bis zu 4 Wochen) Anwendung.

Art. 6. Mit Geldstrafe bis zu 50 Mark wird bestraft, wer auf fremden Grundstücken Gras, Heu oder andere Bodenerzeugnisse ausbreitet oder niederlegt.

Art. 7. Wer Torfmoore, Wiesen, im Freien Haidekraut oder Bülten in Brand zu setzen beabsichtigt, hat:

1) der Ortspolizeibehörde direkt oder durch Vermittelung des Ortsvorstandes mindestens 8 Tage vor der Ausführung davon Anzeige zu machen und deren Genehmigung abzuwarten,

2) die von der Ortspolizeibehörde nöthigenfalls nach Anhörung der Angrenzer anzuordnenden Sicherheitsmaßregeln auszuführen und in dieser Beziehung insbesondere

3) auf Torfmooren die zu brennende Fläche durch einen bis auf die Wassersohle reichenden Graben einzugrenzen.

Zuwiderhandlungen gegen diese Vorschriften werden, soweit nicht die im § 32 angedrohte Strafe (Geldstrafe bis zu 150 Mark oder Haft) verwirkt wird, mit Geldstrafe bis zu 60 Mark geahndet.

Art. 8*). Der im § 34 angedrohten Strafe (Geldstrafe bis zu 150 Mark oder Haft) verfällt, wer Vögel der nachbenannten Arten:

Rothkehlchen, Blaukehlchen, Nachtigall, Rothschwanz, Laubvogel, Grasmücke, Steinschmätzer, Wiesenschmätzer, Bachstelze, Rohrsänger, Kiebitz, Pieper, Zaunkönig, Pirol, sämmtliche Drosselarten, Goldhähnchen, Meise, Lerche, Ammer, Dompfaff, Stieglitz, Baumläufer, Kleiber, Wiedehopf, Schwalben, Ziegenmelker (Tagschlaf), Staar, Dohle, Saatkrähe, Mandelkrähe, Fliegenschnäpper, Kukuk, Specht, Wendehals, Thurmfalke, Bussard, Eule (mit Ausschluß des Uhu)

einfängt oder tödtet.

Eine gleiche Strafe trifft Denjenigen, welcher die Eier oder die Brut dieser Vögel ausnimmt, oder ihre Nester, mit Ausnahme derjenigen an den Gebäuden, zerstört. Dasselbe gilt auch von allen Vorbereitungen zum Fangen vorgenannter Vögel, insbesondere von dem Aufstellen von Vogelnetzen, Schlingen, Dohnen, Sprenkeln, Käfigen und Leimruthen, sowie von dem Feilhalten der gefangenen oder getödteten Vögel.

Bezüglich des Ausnehmens von Kiebitzeiern bewendet es bei

---

*) Anm. zu Art. 8 und 9. Vgl. Reichsgesetz, betr. den Schutz von Vögeln, vom 22. März 1888 (RGBl. S. 111).

der Vorschrift im § 6 des Gesetzes über die Schonzeiten des Wildes vom 26. Febr. 1870*).

Art. 9. Ausgenommen von dem Verbot im Art. 8 ist die Anlage von Dohnensteigen seitens der Jagdberechtigten zum Zwecke des Krammetsvogelfanges. Das Einbeeren der Steige ist erst nach dem 1. Oktober gestattet.

Ferner kann das Verbot des Einfangens oder Tödtens einzelner der im Art. 8 aufgeführten Vögel, insbesondere der Saatkrähe, ingleichen das Verbot des Ausnehmens der Eier oder der Brut derselben, sowie des Zerstörens ihrer Nester für solche Feldmarken, auf welchen jene Vögel in einer der Land- oder Forstwirthschaft nachtheiligen Menge auftreten, von den Landräthen bezw. den Polizeibehörden der Stadtkreise zeitweilig außer Kraft gesetzt werden.

Die von den genannten Behörden hierüber zu erlassende Bekanntmachung muß die Dauer der Außerkraftsetzung, welche ein Jahr nicht übersteigen darf, bestimmen und in der für Polizei-Verordnungen vorgeschriebenen Weise publizirt werden.

Art. 10. 1) Sobald an einem Orte die Wanderheuschrecke in größerer Zahl sich zeigt, sind die Gutsbesitzer und Gemeinden verpflichtet, hiervon sofort dem Amtsvorsteher Anzeige zu machen und die zur Ausführung der Vertilgungsmaßregeln nöthigen Mannschaften und Gespanne unentgeltlich zu gestellen.

2) Der Landrath hat erforderlichen Falls den Umfang dieser Leistungen, die Zahl der von jedem einzelnen Grundbesitzer und Gemeindemitglied zu leistenden Hand- und Spanndiensttage zu bestimmen.

---

*) § 6. Das Ausnehmen der Eier oder Jungen von jagdbarem Federwilde ist auch für die zur Jagd berechtigten Personen verboten; doch sind dieselben (namentlich die Besitzer von Fasanerien) befugt, die Eier, welche im Freien gelegt sind, in Besitz zu nehmen, um sie ausbrüten zu lassen.

Desgleichen ist das Ausnehmen von Kiebitz- und Möveneiern nach dem 30. April verboten.

Wer diesen Verboten zuwiderhandelt, verfällt in die § 347 Nr. 12 des Strafgesetzbuchs festgesetzte Strafe.

3) Die gemeinschaftlich von den betheiligten Interessenten zu ergreifenden Maßregeln beziehen sich insbesondere auf:

die Ziehung der nöthigen Gräben in und um die von den Heuschrecken befallenen Felder, die Anlegung von Fanglöchern in den Gräben, das Hineintreiben der Heuschrecken in dieselben, sowie demnächst das Tödten der Heuschrecken.

4) Jede Gemeinde oder Gutsherrschaft ist verpflichtet, wenn ihre Feldmark noch nicht von der Heuschreckenplage befallen ist, nahe gelegenen oder angrenzenden Bezirken in der Verfolgung und Vertilgung des Ungeziefers Hilfe zu leisten, und wird der Umfang dieser Leistung von dem Landrath festgesetzt.

5) An Orten, wo die Heuschrecken im Sommer gewesen sind und Brut in die Erde gelegt haben, empfiehlt es sich, die betreffenden Brutstellen noch vor Winter und zwar etwas flach umzupflügen, damit die Bruteier bloß zu liegen kommen und durch die Winterwitterung möglichst zerstört werden. — Es ist Pflicht der Gemeinde- und Gutsvorstände, für die Ermittelung solcher Brutstellen Sorge zu tragen.

Sind die Brutstellen auf Aeckern belegen, die nicht in Brache liegen bleiben, sondern bestellt werden sollen, so muß das Umpflügen derselben noch vor Eintritt des Winters erfolgen.

Inwieweit dies auch bei Brachländereien mit Rücksicht auf den Weidebedarf der betreffenden Eigenthümer geschehen kann und muß, hat der Landrath nach Anhörung des Kreisausschusses vorzuschreiben.

Art. 11. Jeder, welcher von dem Vorkommen des Kartoffelkäfers, seiner Eier, Larven oder Puppen in irgend einer Weise Kenntniß erhalten hat, ist verpflichtet, hiervon sofort der Ortspolizeibehörde Anzeige zu machen. Die von dem Eigenthümer, Nießbraucher oder Pächter eines Grundstücks oder von den damit von ihm beauftragten Personen abgelesenen Käfer, Eier, Larven und Puppen sind sofort an Ort und Stelle zu tödten. Die Aufbewahrung der Käfer, Eier, Larven oder Puppen in lebendem Zustande ist verboten.

Jeder Eigenthümer, Nießbraucher oder Pächter eines Grundstücks ist verpflichtet, die von dem Landrath oder der Ortspolizeibehörde angeordneten Absuchungen der Grundstücke gehörig auszuführen.

Die vom Landrathe oder der Ortspolizeibehörde behufs Absperrung von Grundstücken getroffenen Verfügungen sind von Jedermann genau zu befolgen.

Art. 12. Die Besitzer oder Inhaber von Kiefernwaldungen bezw. kleinem Kieferngehölz sind zur Vertilgung der großen Kiefernraupe verpflichtet, sobald durch deren Ueberhandnahme ein Nachtheil für die Landeskultur zu besorgen ist.

Ob die Nothwendigkeit vorliegt, diese Verpflichtung für einen Kreis oder einzelne Theile desselben in Anspruch zu nehmen, haben die Landräthe in jedem einzelnen Falle unter näherer Festsetzung der Maßregeln, welche zum Zwecke der Vertilgung der Raupe und der Verhinderung ihrer Ausbreitung zu ergreifen sind, wohin auch die nachbarliche Hilfe gemäß Art. 10 zu rechnen, zu bestimmen und im Kreisblatt bekannt zu machen.

Zur Kontrolle der Ausführung der vorgeschriebenen Maßregeln können sich die Landräthe der Guts- und Gemeindevorsteher bedienen, und sind die betreffenden Besitzer und Inhaber von Waldgrundstücken gehalten, den ihnen zugehenden oder in ortsüblicher Weise bekannt gemachten Anweisungen der Guts- resp. Gemeinde-Vorsteher Folge zu leisten.

Die Landräthe sind befugt, nöthigenfalls die angeordneten und bekannt gemachten Maßregeln auf Kosten der Säumigen zwangsweise ausführen zu lassen.

Die in Artikel 15 angedrohte Strafe ist auch im Falle eintretender Zwangsvollstreckung verwirkt.

Art. 13. Das Anpflanzen von Berberitzensträuchern in einer Entfernung von weniger als 100 Metern von fremden Ackergrundstücken ist verboten, und sind Sträucher dieser Art, welche den benachbarten Aeckern näher stehen, zu beseitigen.

Art. 14. Besitzer, Nutznießer, Pächter und Verwalter von Grundstücken, auf welchen sich die gelbe Wucherblume (senecio vernalis), auch Frühlings-Kreuzkraut genannt, befindet, sind verpflichtet, dieses Unkraut, bevor es in den Zustand des Abblühens oder Reifens eintritt, herauszunehmen und zu vernichten. Die Absuchung der Grundstücke nach der bezeichneten Pflanze ist spätestens in der ersten Woche des Monats Mai zu beginnen und bis 15. Juni so oft zu wiederholen, als die Umstände erfordern. Bis zur Mitte des Monats Juni muß die vollständige Vertilgung der Pflanze durchgeführt sein.

Diese Vorschriften beziehen sich sowohl auf angebaute landwirtschaftliche, als auch auf unangebaute Grundstücke, sowie auf Wege und Wegeränder, Chausseedossirungen, Eisenbahnkörper und ähnliche Flächen.

Auf forstwirthschaftliche Grundstücke beziehen dieselben sich nur, soweit sie aus Blößen und Kulturen bestehen, welche an landwirthschaftliche Grundstücke grenzen, und zwar nur bis zu einer Entfernung von 200 Metern vom Rande der letzteren.

Der Landrath ist bei nicht gehöriger Befolgung dieser Vorschriften befugt, nöthigenfalls die unterlassenen Vorrichtungen auf Kosten der Säumigen im Zwangswege zur Ausführung zu bringen.

Die im Artikel 15 angedrohte Strafe ist auch im Falle eintretender Zwangsvollstreckung verwirkt.

Art. 15. Auf Zuwiderhandlungen gegen die in den Artikeln 10 bis 14 enthaltenen Anordnungen findet die Strafvorschrift im § 34 (Geldstrafe bis zu 150 Mark oder Haft) Anwendung.

Art. 16. Mit Geldstrafe bis zu 50 Mark wird bestraft, wer

1) unbefugt auf Forstgrundstücken Bau-, Nutz- und Brennholz anderweitig sortirt oder umsetzt,
2) die zur Bezeichnung oder Bestimmung von Haide-, Streu- oder Graskabeln dienenden Merkmale vernichtet, verändert, unkenntlich macht oder nachahmt.

Art. 17. Mit Geldstrafe bis zu 50 Mark wird bestraft, wer, abgesehen von den im § 38 für Holz gegebenen Bestimmungen aus einem fremden Walde oder Torfstich andere Gegenstände als Holz, welche er erworben hat oder zu deren Bezuge in bestimmten Maßen er berechtigt ist, unbefugt ohne Genehmigung des Grundeigenthümers oder dessen Vertreters, vor Rückgabe des Verabfolgezettels oder an anderen als den bestimmten Tagen oder Tageszeiten, oder von einem anderen als dem ihm angewiesenen Bezugsorte entnimmt oder auf anderen als den bestimmten Wegen fortschafft. Die Verfolgung tritt nur auf Antrag ein.

Art. 18. Mit der vorstehend im Artikel 17 angedrohten Strafe wird auf Antrag des Eigenthümers oder Verwalters bestraft, wer es unterläßt, aus einem fremden Walde oder Torfstich Holz, Torf oder andere Gegenstände, welche er erworben hat oder zu deren Bezuge in bestimmten Maßen er berechtigt ist, innerhalb der bestimmten Abfuhrfrist, oder in Ermangelung einer solchen Bestimmung innerhalb 8 Wochen nach der Erwerbung resp. Zustellung des Verabfolgezettels fortzuschaffen.

Eine Bestrafung ist jedesmal nach Ablauf von 14 Tagen, vom Tage der Zustellung der letzten Straffestsetzung ab gerechnet, auf Antrag zu wiederholen, sofern die Abfuhr bis dahin nicht bewirkt ist.

Art. 19. Der im § 40 angedrohten Strafe (Geldstrafe bis zu 100 Mark oder Haft bis zu 4 Wochen) verfällt, wer als Berechtigter oder Haidemiether in fremden Forsten

1) die beim Roden von Stubben oder Stämmen entstandenen Löcher nach beendeter Arbeit unausgefüllt läßt,
2) unbefugt Stubben in Schonungen rodet,
3) Abraum aus Holzschlägen entnimmt, bevor letztere von dem Waldeigenthümer oder verwaltenden Beamten ausdrücklich für geöffnet erklärt sind,
4) bei der Werbung von Raff-, Leseholz und Abraum, insofern die Befugniß auf diese Holzsortimente beschränkt ist, Aexte, Beile, Haken oder andere Instrumente, mit welchem stehende Bäume oder Aeste heruntergebracht werden können, mit sich führt,
5) das erworbene Holz, zu dessen Entnahme in unbestimmten Massen er an und für sich befugt ist, auf dem Transport nach der Feuerstelle zum Zwecke der Gewinnung größerer Mengen, als andernfalls er am festgesetzten Holztage mit dem gestatteten Transportmittel an den Bestimmungsort schaffen könnte, unterwegs niederlegt und hiernach die Werbung fortsetzt oder fortsetzen läßt.

Art. 20. Derselben im Artikel 19 angedrohten Strafe verfällt, wer in fremden Forsten als Berechtigter Gras, Schilf, Binsen und Rohr mit der Sense oder an Orten daselbst, welche als Schonungen gekennzeichnet sind, bezw. in Saat- und Baumschulen mit Sense oder Sichel wirbt.

Art. 21. Mit Geldstrafe bis zu 20 Mark wird auf Antrag des Forsteigenthümers oder Forstverwalters bestraft, wer auf Forstgrundstücken unbefugt Kräuter, Beeren oder Pilze sammelt.

Art. 22. Zur Ausübung einer jeden Waldnutzung behufs Selbstgewinnung von Waldprodukten und Waldnebennutzungen jeder Art, also auch zum Sammeln von Kräutern, Beeren und Pilzen, ist ein vom Waldeigenthümer oder dessen Vertreter ausgestellter Legitimationsschein zu lösen und bei Ausübung mitzuführen.

Auf Zuwiderhandlungen gegen diese Anordnung findet die Strafvorschrift im § 40 (Geldstrafe bis zu 100 Mark oder Haft bis zu 4 Wochen) Anwendung.

Art. 23. Wer frisch gefälltes, nicht forstmäßig zugerichtetes Holz, sowie Bandstöcke, Birkenreis, Besen, Korbruthen, Faschienen, junge Nadelhölzer, Weihnachtsbäume, Maien, Raff- und Leseholz und Kien transportirt oder in Ortschaften einbringt, hat sich auf Erfordern der Polizei-, Forst- oder Steuerbeamten durch eine Bescheinigung der Polizeibehörde seines Wohnortes oder durch ein glaubwürdiges Attest des Waldeigenthümers über den redlichen Erwerb dieser Hölzer auszuweisen.

Auf Zuwiderhandlungen gegen diese Anordnung findet die Strafvorschrift im § 43 (Geldstrafe bis zu 50 Mark oder Haft bis zu 14 Tagen) Anwendung.

Art. 24. Mit Geldstrafe bis zu 50 Mark wird bestraft, wer Holz vorbezeichneter Art (Art. 23) auf Märkten oder hausirend feilhält, ohne sich über den redlichen Erwerb durch das im Art. 23 vorgeschriebene Attest auszuweisen.

Art. 25. Mit Geldstrafe bis zu 50 Mark wird bestraft:

1) wer in Forsten unbefugter Weise schießt oder daselbst Feuerwerke oder andere explodirende Gegenstände abbrennt;

2) wer während der Zeit vom 1. März bis zum 1. Oktober in Forsten ohne Erlaubniß des Forsteigenthümers oder Forstverwalters außerhalb der öffentlichen Wege Tabak raucht;
3) wer während des vorbezeichneten Zeitraums (ad 2) in Forsten auf öffentlichen Wegen, welche nicht auf beiden Seiten gegen den Holzbestand durch Gräben abgegrenzt sind, ohne Erlaubniß des Forsteigenthümers oder Forstverwalters Tabak anders als aus Pfeifen mit geschlossenem Deckel raucht;
4) wer auf Gewässern innerhalb einer Forst oder an deren Grenze ohne Erlaubniß des Forsteigenthümers mit Benutzung von Leuchtfeuern fischt oder krebst.

Art. 26. Bei Waldbränden sind die männlichen Bewohner der Umgegend bis auf 12 Kilometer Entfernung von der Brandstätte im Alter von 18 bis 50 Jahren Hilfe zu leisten, verpflichtet.

In den Gemeinden hat der Ortsvorsteher, in den Gutsbezirken der Gutsvorsteher den vierten Theil der hiernach verpflichteten Mannschaften mit Spaten, Hacken und Aexten versehen, unter einem geeigneten Anführer in möglichster Eile nach der Brandstelle abzuführen, auch soweit erforderlich, zur rechten Zeit für eine Ablösung durch frische Mannschaft zu sorgen.

Die Anführer haben sich mit ihrer Mannschaft nach Ankunft auf der Brandstelle sofort bei der die Löschanstalten leitenden Person (Landrath, Amtsvorsteher, Forstbeamter oder Forstbesitzer) zu melden und dessen Anordnungen Folge zu leisten.

Zuwiderhandlungen gegen diese Vorschriften werden, sofern nicht die Strafe des § 360 Nr. 10 des StGB. oder des § 44 des F. u. FPG. verwirkt ist, mit Geldstrafe bis zu 30 Mark geahndet.

Art. 27. Diese Verordnung tritt mit dem 31. März 1886 in Kraft.

Polizeiverordnungen, welche Materien oder besondere Fälle betreffen, in Hinsicht deren die gegenwärtige Polizeiverordnung Bestimmungen enthält, werden hiermit aufgehoben.

Insbesondere werden aufgehoben: Forstpolizei-Strafverordnung v. 25. Oktober 1851 (Amtsbl. S. 375), die PB. v. 22. November

1838 (Amtsbl. S. 421), v. 6. Februar 1851 (Amtsbl. S. 74) und v. 23. März 1868 (Amtsbl. S. 109), betr. das Hüten in den Forsten und das Sammeln von Abraum in ungeöffneten Schlägen, — die PV. v. 23. Oktober 1866 (Amtsbl. S. 441), betr. die Aufstellung von Bienenstöcken in den Forsten, — die PV. v. 8. Oktober 1867 (Amtsbl. S. 331) und v. 15. Juni 1870 (Amtsbl. S. 175), betr. das Einfangen und Tödten rc. gewisser nützlicher Vögel, — die PV. v. 27. Juli 1876 (Amtsbl. S. 197), betr. die Vertilgung der Heuschrecke, — die PV. v. 14. April 1875 (Amtsbl. S. 114), betr. die Anpflanzung rc. von Berberitzensträuchern, — die PV. v. 4. April 1867 (Amtsbl. S. 129), betr. die Aneignung und Abfuhr aus fremden Forsten erworbenen Holzes, — die PV. v. 21. April 1846 (Amtsbl. S. 130), v. 24. November 1846 (Amtsbl. S. 315), v. 8. November 1852 (Amtsbl. 1853 S. 9) und v. 28. Mai 1856 (Amtsbl. S. 122), betr. die Ausübung der Holzberechtigungen, — die PV. v. 8. Mai 1852 (Amtsbl. S. 186), betr. die Ausübung der Berechtigung zum Grasschnitt, — § 1 der PV. v. 9. Dezember 1873 (Amtsbl. S. 297), betr. das Einbringen von Holz in die Städte rc., — die PV. v. 1. Dezember 1870 (Amtsbl. S. 318), betr. den Verkauf von Besenreis, — die PV. v. 2. Mai 1859 (Amtsbl. S. 187), betr. die Hilfeleistung bei Waldbränden.

IV. Provinz Pommern.

1. Regierungsbezirk Stralsund.

Polizeiverordnung des Regierungspräsidenten vom 18. September 1882. (Amtsbl. S. 133.)

Auf Grund des § 6 PVG. 50 und § 73 LVG. 80, sowie unter Bezugnahme auf das F. u. FPG. wird unter Zustimmung des Bezirksraths für den Umfang des Regierungsbezirks Stralsund verordnet, was folgt:

§ 1. Mit Geldstrafe bis zu 30 Mark wird bestraft:

1) Wer sein Vieh während der Zeit von zwei Stunden nach Sonnenuntergang bis zum Sonnenaufgang außerhalb eingefriedigter Koppeln, ohne dasselbe anzutüdern (festzubinden), beläßt oder hütet.

2) Wer, wenn er zur gemeinschaftlichen Hütung auf fremden Grundstücken mit anderen Personen berechtigt ist, sein Vieh unbefugt in gesonderten Abtheilungen auf die Weide treibt oder dort hütet.

3) Derjenige Hirte einer gemeinschaftlichen Heerde, welcher dem Eigenthümer des Grund und Bodens oder dessen Beauftragten gegenüber sich weigert, die Eigenthümer des von ihm gehüteten Viehs und die Zahl des einem Jeden gehörigen Viehs anzugeben oder hierüber falsche Angaben macht.

In den Fällen zu 1 bis 3 trifft die Strafe in gleicher Weise wie den Eigenthümer auch den Hirten.

§ 2. Mit Geldstrafe bis zu 10 Mark wird bestraft, wer Vieh auf der Weide nicht an festen Pflöcken und sicheren Seilen oder auf öffentlichen Wegen oder so, daß es in geringerer Entfernung als 6 Meter von letzteren entfernt ist, antüdert. — Die Bestrafung tritt nicht ein, wenn nach den Umständen die Gefahr einer Beschädigung Dritter nicht anzunehmen ist.

§ 3. Lehm-, Sand-, Mergel- und Kiesgruben, sowie Torfstiche müssen, wenn sie in geringerer Entfernung als 5 Meter von öffentlichen Wegen sich befinden, mit einer sicheren Schutzwehr versehen werden. — Unterlassungen werden nach § 29 des F. u. FPG. bestraft.

§ 4. Besitzer und Verwalter von Forstgrundstücken sind, wenn sich in letzteren schädliche Forstinsekten in ungewöhnlicher Anzahl zeigen, verpflichtet, der Ortspolizeibehörde hiervon Anzeige zu machen. — Unterlassungen werden nach § 34 F. u. FPG. bestraft.

§ 5 *). Das Fangen und Tödten folgender Vögel, nämlich:
Nachtigall, Sprosser, Blaukehlchen, Rothkehlchen, Rothschwanz, Grasmücke, Steinschmätzer, Wiesenschmätzer, Bachstelze, Pieper,

*) Vergl. Reichsgesetz, betr. den Schutz von Vögeln, vom 22. März 1888 (RGBl. S. 111.)

Zaunkönig, Pirol, Drossel, Goldhähnchen, Meise, Lerche, Ammer, Fink, Hänfling, Zeisig, Stieglitz, Baumläufer. Wiedehopf, Schwalbe, Staar, Dohle, Racke (Mandelkrähe), Fliegenschnepper, Würger, Kuckuck, Specht, Wendehals, Eule (mit Ausschluß des Uhu) und Bussard,

während der Zeit vom 1. Dezember j. Js. bis zum 1. Oktober des folgenden Jahres, sowie das Ausnehmen der Eier oder der Brut und das Zerstören der Nester dieser Vogelarten — es sei denn, daß das Zerstören der Nester in der Absicht geschieht, von Menschen bewohnte Gebäude vor Beschmutzung oder Beschädigung zu sichern — zieht die in § 34 F. u. FPG. gedachte Strafe nach sich. — Dieselbe Strafe trifft Denjenigen, welcher zum Fangen dieser Vögel Leimruthen, Vogelnetze, Schlingen, Dohnen, Sprenkel oder Fangkäfige während ihrer Schonzeit aufstellt, oder, wenn er unbefugt auf fremdem Grund und Boden sich befindet, im Besitze derartiger Geräthe betroffen wird, oder Vögel der gedachten Art in der Schonzeit öffentlich feil hält.

§ 6. In Gemäßheit des § 40 F. u. FPG. werden bestraft

1) Käufer und sonstige Empfänger von Holz oder anderen Waldprodukten, sowie von Torf, Steinen, Sand, Lehm 2c., welche die von ihnen erworbenen Gegenstände
   a. ohne besondere Erlaubniß an Sonn- und Festtagen oder zur Nachtzeit abfahren oder entfernen lassen,
   b. dort, wo die Ertheilung eines Verabfolgezettels eingeführt ist, entfernen, verladen, bezw. abfahren, oder dies durch Dritte ausführen lassen, bevor sie von dem betreffenden Grundeigenthümer oder dessen Beauftragten den vorgeschriebenen Verabfolgezettel ausgehändigt erhalten und denselben an die mit der Aufsicht über die Abfuhr betraute Person abgegeben haben,
   c. nicht innerhalb der beim Verkauf oder der Ueberweisung bestimmten Abfuhrzeit oder innerhalb der später ihnen durch besondere Aufforderung gesetzten Frist fortschaffen.
2) Wer zum Selbsteinschlage in einem fremden Walde berechtigt, ohne Wissen des Waldeigenthümers oder Waldaufsehers Holz

fällt, bezw. abfährt oder dies durch dritte Personen ausführen läßt.

3) Wer auf Grund einer Dienstbarkeits- oder sonstigen Nutzungsberechtigung Walderzeugnisse (Raff-, Lese-, sowie Lager-Holz, Abraum, Kiehn, Stubben, Streu, Nadeln, Gras, Plaggen oder ähnliche Erzeugnisse) entnimmt, ohne vorher den ihm vom Eigenthümer oder dessen Beauftragten auszustellenden Legitimationsschein — sofern ein solcher für das betreffende Grundstück eingeführt ist — erhalten zu haben. — Dienstbarkeits-Berechtigte dürfen bei Vermeidung gleicher Strafe den ihnen ertheilten Legitimationsschein an keinen Anderen als an ihre Hausangehörigen oder angenommenen Leute, die übrigen Berechtigten aber an keinen Anderen als die im Legitimationsschein bezeichneten Leute überlassen.

4. Raff- und Lese-Holz-Berechtigte, welche ohne besondere Berechtigung oder Erlaubniß bei Ausübung ihrer Berechtigung Aexte, Beile, Stangen, Haken oder andere zum Herunterreißen der Aeste geeignete Instrumente bei sich führen.

§ 7. Wer in einem fremden Walde zufolge Vergünstigung des Waldeigenthümers oder auf Grund eines anderen Rechtstitels Kräuter, Beeren oder Pilze sammelt, bedarf zur Ausübung dieser Befugniß eines ihm vom Waldeigenthümer zu ertheilenden Legitimationsscheines, welchen er beim Sammeln bei sich zu führen hat. — Ausgenommen von der Verpflichtung zur Lösung des Legitimationsscheins sind Reisende, Spaziergänger, Botaniker und Besucher von Badeorten, sofern sie die bezeichneten Gegenstände zum eigenen Genuß oder Bedarf einsammeln. — Uebertretungen werden mit Geldbuße bis zu 10 Mark bestraft. — Wo in nicht fiskalischen Forsten die Ertheilung des Legitimationsscheins nicht eingeführt ist, findet diese Strafbestimmung keine Anwendung.

§ 8. Stangen und sonstige kleine Nutzhölzer, insbesondere das Rohmaterial zu Handspaken, Lünsstöcken, Bandstöcken, Dach- und Bindeweiden, sowie verarbeitete und unverarbeitete Birkenreiser, Weihnachtsbäume, Maien und Pflanzbäume dürfen nicht ohne das nachstehend in § 9 vorgeschriebene Forstattest (Ursprungsattest) transportirt werden.

§ 9. Für das der Kontrole unterworfene Holz (§ 8), welches aus Königlichen Forsten herrührt, ist das Forstattest von dem betreffenden Revierverwalter, für das aus Kommunal- oder Privatforsten stammende kontrolpflichtige Holz von dem betreffenden Gemeindevorstand bezw. Eigenthümer oder Verwalter der Forst zu ertheilen. — Befindet sich der Eigenthümer oder Verwalter der Forst nicht im Besitze eines öffentlichen Dienstsiegels, so ist dessen Unterschrift von einem öffentlichen Beamten unter Beidrückung seines Amtssiegels zu beglaubigen. — Diese Atteste müssen den Namen, Stand und Wohnort des Holzempfängers, sowie die Gattung und Menge des zu transportirenden Holzes — letztere in Buchstaben geschrieben — enthalten und den redlichen Erwerb des Holzes bescheinigen. — Die Gültigkeitsdauer dieser Atteste wird auf den Zeitraum von zwei Wochen vom Tage der Ausstellung beschränkt.

§ 10. Das Transportiren von kontrolpflichtigem Holz ohne das im § 9 vorgeschriebene Ursprungsattest unterliegt der im § 43 F. u. FPG. angedrohten Strafe. — Das Holz ist von der Polizeibehörde einstweilen mit Beschlag zu belegen und nur dann vor rechtskräftig entschiedener Sache frei zu geben, wenn vorher der Nachweis des redlichen Erwerbes erfolgt.

§ 11. Alle mit den vorstehenden Bestimmungen in Widerspruch stehenden Regierungs-, Kreis- und Lokal-PV. werden hiermit aufgehoben.

2. Regierungsbezirk Stettin.

Polizeiverordnung des Regierungspräsidenten vom 23. Januar 1883. (Amtsbl. S. 28.)

Auf Grund des § 6 PVG. 50, des § 73 LVG. 80 sowie unter Bezugnahme auf das F. u. FPG. wird unter Zustimmung des Bezirksraths für den Umfang des Regierungs-Bezirks Stettin verordnet wie folgt:

§ 1. Hütung und Weide: Mit Geldstrafe bis zu 30 Mark wird bestraft:

1) Wer sein Vieh während des Zeitraums von einer Stunde nach Sonnenuntergang bis zum Sonnenaufgang außerhalb eingefriedigter Koppeln, ohne dasselbe anzutüdern (festzubinden) beläßt, hütet oder hüten läßt.
2) Wer in Ausübung einer Weideberechtigung sein Vieh während der Nachtzeit in fremden Schonungen, Saatkämpen, Baumschulen oder sonstigen Kultur-Anlagen beläßt.
3) Wer, wenn er zur gemeinschaftlichen Hütung auf fremden Grundstücken mit anderen Personen berechtigt, sein Vieh unbefugt in gesonderten Abtheilungen auf die Weide treibt, hütet oder treiben oder hüten läßt.
4) Wer Vieh auf der Weide nicht an festen Pflöcken und sicheren Seilen oder auf öffentlichen Wegen, oder in einer geringeren Entfernung als 6 Meter von denselben antüdert oder antüdern läßt.
5) Derjenige Hirte einer gemeinschaftlichen Heerde, welcher von dem Eigenthümer des Grund und Bodens oder den sonst dazu Berechtigten bezw. deren Beauftragten befragt, sich weigert, die Eigenthümer des von ihm gehüteten Viehs, die Zahl des einem Jeden gehörigen Viehs anzugeben oder hierüber unrichtige Angaben macht.

§ 2. Gruben und Wege: Lehm-, Sand-, Mergel- oder Kies-Gruben sowie Torfstiche müssen, wenn sie in einer Tiefe von mehr als 1 Meter und mit geringerer Entfernung als 5 Meter von öffentlichen Wegen sich befinden, mit einer festen Einfriedigung versehen oder am äußeren Rande mit Bäumen bepflanzt werden, deren Abstand von einander nicht mehr als 3 Meter betragen darf.

Unterlassungen werden nach § 29 F. u. FPG. bestraft.

§§ 3 und 4. Schutz der Forsten.

§ 3. a. Durch Verhüten einer Ueberhandnahme schädlicher Insekten: Besitzer von Forstgrundstücken sind, wenn sich in ihren Waldungen schädliche Forstinsekten in auffallender Menge zeigen, zur Vermeidung der im § 34 F. u. FPG. festgesetzten Strafe verpflichtet, der Ortspolizeibehörde Anzeige zu machen, welche ihrerseits die letztere sofort an den Kreislandrath zu befördern hat.

b. Durch Erhaltung nützlicher Vögel.

§ 4*). Das Fangen und Tödten, der Kauf und Verkauf folgender Vögel, nämlich Nachtigall, Sprosser, Blaukehlchen, Rothkehlchen, Rothschwanz, Grasmücke, Steinschmätzer, Wiesenschmätzer, Bachstelze, Pieper, Zaunkönig, Pirol, Drossel, Goldhähnchen, Meise, Lerche, Ammer, Fink, Hänfling, Zeisig, Stiglitz, Baumläufer, Wiedehopf, Schwalbe, Staar, Dohle, Krähe, Racke (Mandelkrähe), Fliegenschnäpper, Würger, Kuckuck, Specht, Wendehals, Eule (mit Ausnahme des Uhu), und Bussard während der Zeit vom 1. Dezember jeden Jahres bis zum 1. Oktober des folgenden Jahres, sowie das Ausnehmen der Eier oder der Brut und das Zerstören der Nester dieser Vogelarten — es sei denn, daß das Zerstören der Nester in der Absicht geschieht, von Menschen bewohnte Gebäude oder Ziergärten vor Beschmutzung oder Beschädigung zu sichern — zieht die § 34 F. u. FPG. gedachte Strafe nach sich.

Dieselbe Strafe trifft denjenigen, welcher zum Fangen dieser Vögel Leimruthen, Vogelnetze, Schlingen, Dohnen, Sprenkeln oder Fangkäfige während ihrer Schonzeit aufstellt, oder, wenn er unbefugt auf fremdem Grund und Boden sich befindet, im Besitze derartiger Geräthe getroffen wird.

Wenn jedoch die Saatkrähe in einer der Landwirthschaft nachtheiligen Menge auftritt, so ist der Landrath unter Zustimmung des Kreisausschusses befugt, in Beziehung auf die Saatkrähe die vorausgesprochenen Verbote durch öffentliche Bekanntmachung im Kreisblatte für einzelne Feldmarken auf die Dauer von höchstens einem Jahre außer Kraft zu setzen.

§ 5. Regelung der Nutzungen an Holz und Torf: In Gemäßheit des § 40 F. u. FPG. werden bestraft:

1) Käufer und sonstige Empfangs-Berechtigte von Holz oder Torf, welche

*) Vgl. das Reichsgesetz, betr. das Fangen von Vögeln, vom 22. März 1888 (RGBl. S. 111.)

a) ohne besondere Erlaubniß ihnen überwiesenes Holz oder Torf an Sonn- und Festtagen oder zur Nachtzeit aus dem Walde oder Torfstiche abfahren oder entfernen lassen,

b) dort wo die Ertheilung eines Holz- oder Torf-Verabfolgezettels eingeführt ist, Holz aus dem Walde oder Torf aus dem Torfstiche entfernen, verladen, bezw. abfahren, oder dies durch Dritte ausführen lassen, bevor sie von dem betreffenden Wald- oder Torfstich-Eigenthümer oder dessen Beauftragten den daselbst vorgeschriebenen Holz- bezw. Torf-Verabfolgezettel ausgehändigt erhalten und denselben an den die Aufsicht führenden Forstbeamten abgegeben haben,

c) nicht innerhalb der beim Verkauf oder der Ueberweisung bestimmten Abfuhrzeit das ihnen gehörige Holz bezw. Torf aus dem Walde oder Torfstich fortschaffen.

Auch hat der Säumige zu gewärtigen, daß außerdem das nicht abgefahrene Holz resp. Torf an Gestelle, Wege oder sonstige Orte, wo es ohne Nachtheil lagern kann, auf seine Kosten gerückt werde.

2) Wer zum Selbsteinschlage in einem fremden Walde berechtigt, ohne Wissen des Waldeigenthümers oder Waldaufsehers Holz fällt bezw. abfährt oder dies durch dritte Personen ausführen läßt.

3) Wer auf Grund einer Dienstbarkeits- oder sonstigen Nutzungs-Berechtigung Walderzeugnisse (Raff- und Lese- sowie Lager-Holz, Abraum, Kiehn, Stubben, Streu, Nadeln, Gras, Plaggen oder ähnliche Erzeugnisse) entnimmt, ohne vorher den ihm von dem Eigenthümer oder dessen Beauftragten auszustellenden Legitimationsschein — sofern ein solcher für das betreffende Grundstück eingeführt ist — gelöst bezw. erhalten zu haben.

Dienstbarkeits-Berechtigte dürfen bei Vermeidung gleicher Strafe den ihnen ertheilten Legitimationsschein an keinen Andern als an ihre Hausangehörigen oder angenommenen

Leute, die übrigen Berechtigten aber an keinen Andern, als den im Legitimationsschein bezeichneten Leuten überlassen.

4) Raff- und Lese-Holz-Berechtigte, welche ohne besondere Berechtigung oder Erlaubniß bei Ausübung ihrer Berechtigung Aexte, Beile, Stangen, Haken oder andere Instrumente, wodurch Aeste der Bäume heruntergerissen werden können, bei sich führen.

§§ 6—8. Verhütung und Löschung von Waldbränden.

§ 6. Wer verwachsene Wiesen, Aecker oder Torfmoore in einem Walde oder in gefährlicher Nähe desselben ausbrennen will, darf solches nicht ohne Einwilligung des Ortsvorstehers, in dessen Bezirk der Wald liegt, in Königlichen Forsten nicht ohne Erlaubniß des Revierverwalters (Oberförsters) und nur im Beisein des betreffenden Schutzbeamten (Försters, Waldwärters) vornehmen. Auch darf mit dem Ausbrennen erst begonnen werden, nachdem nach Anordnung der Ortsbehörde, in Königlichen Forsten des Revierverwalters (Oberförsters) rings um die auszubrennende Fläche ein hinlänglich breiter Streifen von allem Laub, Nadelwerk und anderen brennbaren Gegenständen bis auf den todten Boden befreit worden und die von dem Ortsvorsteher oder dem Forstbeamten für nothwendig erachtetete Anzahl brauchbarer Personen mit Hacken, Spaten oder Schippen zur Feuerwehr an Ort und Stelle erschienen ist. Vor dem vollendeten Erlöschen der Brandfläche darf die Sicherheitsmannschaft nicht entlassen werden.

Dieselben Vorschriften gelten für das Verbrennen des Abraums auf abgeholzten Schlägen.

Uebertretungen ziehen die in den § 32 bezw. 46 F. u. FPG. angedrohten Strafen nach sich.

§ 7. In eine Geldstrafe bis zu 30 Mark verfällt derjenige, welcher in einem vorwiegend mit Nadelholz bestandenen Walde außerhalb der öffentlichen Wege in der Zeit vom 1. April bis zum 30. September anders als aus gedeckelter Pfeife Tabak raucht.

§ 8. Wer nach § 7 Tit. IV der Forstordnung vom 24. Dezember 1777 zur Gestellung bei der Löschung von Waldfeuer verpflichtet ist, die Vorschriften des gedachten Gesetzes nicht befolgt, insbesondere, wer sich nicht pünktlich mit den erforderlichen Geräthschaften — Schippe, Spaten oder Axt — versehen, einstellt, wer sich von der Brandstelle entfernt, bevor er von dem die Löschanstalten leitenden Beamten oder Waldeigenthümer oder dessen Stellvertreter entlassen ist, oder wer überhaupt deren Anordnungen nicht befolgt, verfällt, falls nicht die härteren Strafbestimmungen in § 360 No. 10 resp. § 368 No. 8 StGB., sowie in § 44 No. 4 F. u. FPG. zur Anwendung kommen, in eine Geldbuße bis zu 30 Mark.

§§ 9—14. Vernichtung schädlicher Thiere und Pflanzen.

§ 9. Das Auslegen von Gift oder Giftpräparaten zur Vertilgung der Mäuse oder anderer schädlicher Thiere außerhalb der Gebäude darf nur mit polizeilicher Erlaubniß geschehen und diese in der Regel nur dann ertheilt werden, wenn die sämmtlichen Ackerwirthe einer Gemeinde oder auch eine Anzahl derselben, welche wenigstens den 4. Theil der Flur bewirthschaftet, die Feldmäuse oder andere ihren Feldern schädliche Thiere durch Phosphor oder andere Gifte, mit Ausnahme des Arseniks, vertilgen wollen.

§ 10. Die Erlaubniß ist bei der Ortspolizeibehörde nachzusuchen unter Angabe der ungefähren Größe der betheiligten Grundstücke, der Art und Quantität des zu verwendenden Giftes, sowie der Zeit, in welcher diese Maßregel zur Ausführung gelangen soll.

In der Erlaubniß zur Anwendung der Gifte bestimmt die Polizeibehörde zugleich

a) Tag und Stunde, zu welcher die Vergiftung der schädlichen Thiere vorgenommen werden soll,
b) die Art und Quantität des zu beschaffenden Giftes,
c) für den Fall, daß die Maßregel die Grundstücke mehrerer Besitzer umfassen soll, denjenigen, welcher dasselbe in Empfang zu nehmen, sicher zu verwahren, die vorschriftsmäßige Anwendung und den gänzlichen Verbrauch zu controliren hat.

§ 11. Der Landrath ist befugt, auf den Antrag sämmtlicher

Ackerwirthe einer Gemeinde oder einer Anzahl derselben, welche wenigstens die Hälfte der Flur bewirthschaftet, ausnahmsweise und unter Anordnung besonderer Vorsichtsmaßregeln die Anwendung von Arsenik und Arsenikpräparaten zu gestatten.

§ 12. In jedem Falle der ertheilten Erlaubniß sind nachstehende Vorschriften zu beachten:

1) Alle Giftstoffe dürfen nur in augenfällig als ungenießbar sich darstellenden Mischungen und Formen, welche keine Verwechselung mit Nahrungsmitteln für Menschen und Hausthiere zulassen, angewendet werden, sie müssen vielmehr ein vom Genusse abschreckendes Ansehn, Geruch und Geschmack haben. Phosphor darf nur als Präparat verwendet werden.
2) Das Auslegen des Gifts muß mit der größten Sorgfalt ausgeführt werden dergestalt, daß dasselbe vollständig in die Mäuselöcher gebracht und nicht auf den Grundstücken verstreut wird.

Für die gewissenhafte Handhabung der Controle hierüber sind diejenigen Personen verantwortlich, welche die Polizeibehörde bezw. der Kreislandrath mit dieser Controle beauftragt haben.

§ 13. Wer ohne die in den §§ 9—11 vorgeschriebene Erlaubniß oder unter Nichtbeachtung der polizeilich vorgeschriebenen Vorsichtsmaßregeln Gift außerhalb der Gebäude auslegt, wird, sofern nicht ein nach dem Reichsstrafgesetzbuch härter zu ahndendes Vergehen oder Verbrechen vorliegt, nach § 34 F. u. FPG. bestraft.

§ 14. In die letztere Strafe verfällt auch derjenige, welcher in einer Entfernung von 100 Metern von Ackergrundstücken Berberitzensträucher anpflanzt oder hält.

§ 15. Sammeln von Kräutern, Beeren und Pilzen. Wer in einem fremden Walde zu Folge Vergünstigung des Waldeigenthümers oder auf Grund eines anderen Rechtstitels Kräuter, Beeren oder Pilze sammelt, bedarf zur Ausübung dieser Befugniß eines ihm vom Waldeigenthümer zu ertheilenden Legitimationsscheins, welchen er beim Sammeln bei sich zu führen hat.

Ausgenommen von der Verpflichtung zur Lösung des Legitimationsscheins sind Reisende, Spaziergänger, Botaniker und Besucher von Badeorten, sofern sie die bezeichneten Gegenstände zum eigenen Genuß oder Bedarf einsammeln.

Uebertretungen werden mit Geldbuße bis zu 10 Mark bestraft.

Wo in nichtfiskalischen Forsten die Ertheilung des Legitimationsscheins nicht eingeführt ist, findet diese Strafbestimmung keine Anwendung.

§§ 16—19. Transport und Einbringen von Holz in die Städte.

§ 16. Alles Brenn-, unbearbeitetes Bau- oder Nutzholz oder Borke, sowie Birkenreiser und davon gebundene Besen oder Besenstiele, Stangen jeder Art, Bandstöcke, Korbruthen, Weihnachtsbäume und Maien dürfen nicht ohne nachstehend § 18 vorgeschriebenes Forst-Attest (Ursprungs-Attest) in die Städte eingeführt werden.

§ 17. Ausgenommen von dieser Bestimmung (§ 7) sind:

1) alles Bau-, Nutz- und Brennholz, welches auf Dampfschiffen, Seeschiffen, Küstenfahrzeugen, großen Oderkähnen, vermittelst Holzflößen oder endlich mit der Eisenbahn in die Städte gelangt,
2) verarbeitetes Bau- und Nutzholz, wie z. B. Balken, Bohlen, Bretter, Latten, Querhölzer, Dachsplisse,
3) das unmittelbare von den Holzhöfen in die Städte eingeführte Holz.

Bei der Einbringung des letzteren ist jedoch zum Ausweise dessen, daß das Holz wirklich von einem Holzhofe und nicht direct aus einer Forst kommt, die Beibringung eines von dem Besitzer oder Verwalter des Hofes auszustellenden Legitimationsscheins erforderlich, welcher nur für drei Tage nach erfolgter Ausstellung Gültigkeit behält.

Den Holzhöfen werden in dieser Beziehung auch solche Holzablagen und andere Holzplätze und Stellen außerhalb der Forsten gleichgestellt, in denen das Holz vor dessen Einführung in die Stadt bereits längere Zeit gelagert war. In diesem letzteren Falle ist das vorerwähnte Legitimationsattest von der Ortspolizeibehörde des Lagerorts auszustellen, welche den redlichen Erwerb des Holzes darin zu bescheinigen hat.

§ 18. Für das der Controle unterworfene Holz (§ 16), welches aus Königlichen Forsten in die Städte gebracht wird, ist der Nachweis des Ursprungs durch ein von dem betreffenden Reviervewalter ertheiltes Forstattest dem dazu bestellten Aufsichtsbeamten gegenüber zu führen.

Für das controlpflichtige Holz aus Communal-, Instituts-, Genossenschafts- und Privatforsten hat der betreffende Gemeindevorstand, bezw. der Eigenthümer oder Verwalter der Forst das Ursprungsattest zu ertheilen.

Befindet sich der Eigenthümer oder Verwalter der Forst nicht im Besitze eines öffentlichen Dienstsiegels, so ist dessen Unterschrift von einem öffentlichen Beamten unter Beidrückung seines Amtssiegels zu beglaubigen.

Diese Atteste müssen den Namen, Stand und Wohnort der Person, von welcher das Holz in die Stadt eingebracht werden soll, sowie die Gattung und die Menge des einzuführenden Holzes — letztere in Buchstaben geschrieben — enthalten und den redlichen Erwerb des Holzes bescheinigen.

Die Gültigkeitsdauer dieser Atteste wird auf den Zeitraum von 3 Monaten, vom Tage der Ausstellung ab, festgesetzt.

§ 19. Einbringer von controlpflichtigem Holz ohne Forst- bezw. Legitimations-Attest unterliegen der in § 43 F. u. FPG. angedrohten Strafe.

Das Holz ist von der Polizeibehörde einstweilen mit Beschlag zu belegen und nur dann vor rechtskräftig entschiedener Sache freizugeben, wenn der Nachweis des redlichen Erwerbes erfolgt.

§ 20. Entnahme von Fossilien: Mit Geldbuße bis zu 30 Mark wird bestraft, wer vermöge einer Servitut zur Entnahme von Steinen, Lehm, Sand ꝛc. oder zum Torfstich in einem fremden Walde berechtigt ist und diese Nutzung ohne vorherige Meldung bei dem Waldeigenthümer oder Forstbeamten ausübt, sofern nicht bereits bestimmte Gruben zur Werbung bezeichnet sind.

§ 21. Die Bestimmungen des § 5 F. u. FPG. finden auf diese Verordnung analoge Anwendung.

§ 22. Aufhebung älterer Polizei-Verordnungen: Alle mit

den vorstehenden Bestimmungen im Widerspruch stehenden Regierungs-, Kreis- und Lokal-Polizei-Verordnungen werden hiermit aufgehoben, insbesondere v. 17. November 1818, (Amtsbl. S. 19), v. 8. September 1843, (Amtsbl. S. 229), v. 27. Dezember 1845, (Amtsbl. pro 1846 S. 37), v. 17. April 1846, (Amtsbl. S. 151), v. 26. November 1846, (Amtsbl. S. 321), v. 15. Juli 1858, (Amtsbl. S. 255), v. 5. Juni 1860, (Amtsbl. Extrabeilage zu Stück 27), v. 7. Juni 1860, (Amtsbl. S. 113), v. 23. Mai 1865, (Amtsbl. S. 174), v. 13. Dezember 1866, (Amtsbl. S. 309), v. (9. November 1867, (Amtsbl. S. 264), v. 5. Februar 1870, (Amtsbl. S. 43), v. 26. April 1875, (Amtsbl. S. 90), v. 23. August 1879, Amtsbl. S. 215).

3. Regierungsbezirk Cöslin.

Polizeiverordnung des Regierungspräsidenten vom 26. März 1885. (Amtsbl. S. 79).

Zur Regelung der Ausführung des F. u. FPG. insbesondere der §§ 2, 11, 13, 29, 32, 34, 36, 40, 41, 43, 44, 46, 60 und 96 desselben verordne ich auf Grund der §§ 6, 12 und 15 PVG. 50 und der §§ 137 und 140 LVG. 83 nach erfolgter Zustimmung des Bezirksausschusses für den Umfang des Regierungs-Bezirks Cöslin hiermit was folgt:

Ausübung der Weide. (§ 13).

§ 1. Mit Geldstrafe bis zu 30 Mark wird bestraft:

1. wer sein Vieh während des Zeitraums von 1 Stunde nach Sonnenuntergang bis zum Sonnenaufgang außerhalb eingefriedigter Koppeln, ohne dasselbe anzutüdern (festzubinden) beläßt oder hütet.

   Der Amtsvorsteher des betreffenden Bezirks ist jedoch ermächtigt, von dieser Anordnung eine Ausnahme zu gestatten, und zwar in einzelnen Fällen, in welchen hieraus den Nachbargrundstücken kein Nachtheil entspringen kann;

2. wer in Ausübung einer Weideberechtigung sein Vieh während der Nachtzeit in fremden Schonungen, Saatkämpen, Baumschulen oder sonstigen Kulturanlagen beläßt;
3. wer, wenn er zur gemeinschaftlichen Hütung mit anderen Personen auf fremden Grundstücken berechtigt ist, sein Vieh nicht dem gemeinschaftlichen Hirten vortreibt, sondern unbefugt in gesonderten Abtheilungen oder einzeln auf die Weide bringt oder hütet;
4. wer Vieh auf öffentlichen Wegen oder mit einem so langen Strick festbindet, daß das angebundene Vieh den Weg erreichen kann, oder wer Vieh, welches er auf der Weide antüdert, nicht an festen Pflöcken und sicheren Seilen befestigt;
5. derjenige Hirte einer gemeinschaftlichen Heerde, welcher von dem Eigenthümer des Grund und Bodens oder dessen Beauftragten befragt, sich weigert, die Eigenthümer des von ihm gehüteten Viehs und die Zahl des einem jeden derselben gehörigen Viehs anzugeben, oder hierüber unrichtige Angaben macht.

Einfriedigung von Lehm- ꝛc. Gruben. (§ 29).

§ 2. Lehm-, Sand-, Mergel-, oder Kiesgruben sowie Torfstiche müssen, wenn sie in einer Tiefe von mehr als einem Meter und mit geringerer Entfernung als fünf Meter von öffentlichen Wegen sich befinden, mit einer festen Einfriedigung versehen werden.

Unterlassungen werden nach § 29 F. u. FPG. mit Geldstrafe bis zu 150 Mark bestraft.

Abbrennen von Torfmooren ꝛc. (§ 32).

§ 3. Wer in Wäldern oder Haiden und auch selbst an nicht gefährlichen Stellen, oder in an und für sich nicht gefährlicher Nähe von Gebäuden oder Feuer fangenden Sachen, eigene Torfmoore, Haidekraut oder Bülten abbrennen will, hat, abgesehen von der nöthigen vorgängigen Anzeige bei der Ortsobrigkeit, zur Vermeidung weiterer Verbreitung des Feuers zuvor auf Torfmooren um die anzuzündende Fläche in der Tiefe der brennbaren Schicht einen entsprechend breiten Graben zu ziehen und beim Abbrennen von

Haidekraut und Bülten auf nicht torfigen Flächen um diese einen genügend breiten Streifen auszuschälen und von brennbaren Stoffen zu befreien. Das Ausheben des Grabens und das Ausschälen des Streifens hat überall da stattzufinden, wo die abzubrennende Fläche einen Anschluß an anderweitig vorhandene Brennstoffe hat.

Zuwiderhandlungen werden nach § 32 F. u. FPG. mit Geldstrafe bis zu 150 Mark bestraft.

Schutz nützlicher und Vertilgung schädlicher Thiere und Pflanzen. (§ 34). *)

a. Vögel.

§ 4. Das Tödten oder Einfangen folgender Vögel als Nachtigall, Sprosser, Blaukehlchen, Rothkehlchen, Rothschwanz, Grasmücken, Steinschmätzer, Wiesenschmätzer, Bachstelze, Piper, Zaunkönig, Pirol, Drossel, Goldhähnchen, Meise, Lerche, Ammer, Dompfaffe, Fliegenschnepper, Fink, Hänfling, Zeisig, Stieglitz, Baumläufer, Wiedehopf, Schwalbe, Staar, Dohle, Racke (Mandelkrähe), Kuckuck, Specht, Wendehals und Eule, mit Ausschluß des Uhu während der Zeit vom 1. Dezember jeden Jahres bis zum 1. Oktober des folgenden Jahres ist verboten.

Ingleichen ist das Ausnehmen der Eier oder der Brut und das Zerstören der Nester dieser Vogelarten, — es sei denn, daß das Zerstören der Nester in der Absicht geschieht, Gebäude vor Beschmutzung oder Beschädigung zu sichern, — untersagt.

Ebenso ist es unstatthaft, in der oben angegebenen Zeit Bussarde zu tödten oder zu fangen oder Nester derselben zu zerstören oder Eier oder Junge aus denselben zu entnehmen, sofern dies nicht seitens des Jagdberechtigten des betreffenden Grundstücks oder dessen Beauftragten geschieht.

Ferner sind alle Vorbereitungen zum Fangen der obenbezeichneten Vogelarten, namentlich das Aufstellen von Leimruthen, Vogelnetzen, Schlingen, Dohnen, Sprenkeln, Fangkäfigen während jener Schonzeit verboten; auch macht sich strafbar, wer unbefugt auf fremden

---

*) Vergl. Reichsgesetz, betr. den Schutz von Vögeln, vom 22. März 1888 (RGBl. S. 111).

Grund und Boden im Besitz derartiger Geräthe angetroffen wird, oder wer jene Vogelarten in ihrer Schonzeit feilhält.

Zuwiderhandlungen gegen die vorstehenden Vorschriften werden nach § 34 F. u. FPG. mit Geldstrafen bis zu 150 Mark bestraft.

b. Insekten. (§ 34).

§ 5. Besitzer von Forstgrundstücken sind, wenn sich in diesen schädliche Forstinsekten in ungewöhnlicher Anzahl zeigen, verpflichtet, hiervon der Ortspolizeibehörde Anzeigc zu machen, die nöthigen ausreichenden Vertilgungsmaßregeln sofort zu beginnen und innerhalb einer von der Ortspolizeibehörde zu bestimmenden angemessenen Frist in Ausführung zn bringen.

Unterlassungen werden nach § 34 F. u. FPG. mit Geldstrafen bis zu 150 Mark bestraft.

Unbefugter Aufenthalt im Walde. (§ 36).

§ 6. Mit einer Geldstrafe bis zu 50 Mark werden diejenigen im Walde beschäftigten Arbeiter und Führer von Fuhrwerken bestraft, welche im Walde resp. in den Ablagen oder sonstigen Arbeitsplätzen länger als eine Stunde nach Sonnenuntergang verbleiben, ohne daß ihnen vom Waldeigenthümer oder dessen Beauftragten Erlaubniß hierzu ertheilt ist.

Die Verfolgung tritt nur auf Antrag ein.

Ablagerung von Torf ꝛc. (§ 36).

§ 7. Mit Geldstrafen bis zu dreißig Mark wird bestraft, wer unbefugt auf fremden Grundstücken: Torf-, Bau- und Erdmaterialien, Steine, Dünger, Streu, Gras, Früchte und Futter ablagert.

Waldnutzung. (§ 40).

§ 8. Mit Geldstrafe bis zu 100 Mark werden bestraft:

1. Käufer oder sonstige Empfangsberechtigte von Holz oder Torf, welche
   a. ohne besondere Erlaubniß das von ihnen überwiesene Holz oder den ihnen angewiesenen Torf an Sonn- oder Festtagen, oder zur Nachtzeit aus dem Walde oder Torfstiche abfahren oder entfernen oder solches thun lassen,

b. dort, wo die Ertheilung eines Holz- oder Torf-Verabfolge-Zettels eingeführt ist, Holz aus dem Walde oder Torf aus dem Torfstich entfernen, verladen, bezw. abfahren, oder dies durch Dritte ausführen lassen, bevor sie von dem betreffenden Wald- oder Torfstich-Eigenthümer oder dessen Beauftragten den daselbst vorgeschriebenen Holz- bezw. Torf-Verabfolgezettel ausgehändigt erhalten und denselben an den die Aufsicht führenden Forstbeamten abgegeben haben;

c. nicht innerhalb der beim Verkauf oder der Ueberweisung bestimmten Abfuhrzeit das ihnen gehörige Holz bezw. den Torf aus dem Walde oder Torfstich fortschaffen;

2. die zum Selbsteinschlage in einem fremden Walde Berechtigten, welche ohne Wissen des Waldeigenthümers oder Waldaufsehers Holz fällen beziehentlich abfahren oder dies durch dritte Personen ausführen lassen;

3. Dienstbarkeits- oder sonstige Nutzungs-Berechtigte oder Pächter von Forstgrundstücken, welche auf diesen zur Gewinnung von Raff-, und Leseholz, sowie Lagerholz, Abraum, Kiehn, Stubben, Streu, Nadeln, Gras, Plaggen und Torf oder ähnlichen Erzeugnissen befugt und zur Lösung von Legitimationsscheinen in Folge des Herkommens oder vermöge besonderer Rechtstitel verpflichtet sind, wenn dieselben

a. derartige Erzeugnisse entnehmen, ohne vorher den ihnen von dem Eigenthümer oder dessen Beauftragten auszustellenden Legitimationsschein gelöst resp. erhalten zu haben;

b. den Legitimationsschein, welchen sie als Dienstbarkeitsberechtigte erhalten haben, an andere, als zu ihrem Hausstande gehörige Personen, oder

c. den Legitimationsschein, welchen sie als sonstige Nutzungsberechtigte oder Pächter empfangen haben, an Leute, auf welche derselbe nicht lautet, zur Werbung der Erzeugnisse, wozu sie befugt sind, überlassen.

4. Raff- und Leseholz-Berechtigte, welche bei Ausübung ihrer

Gerechtsame ohne besondere Befugniß oder Erlaubniß Aexte, Beile, Sägen, Stangen, Haken oder andere Instrumente, wodurch Aeste der Bäume heruntergerissen werden können, bei sich führen.

Sammeln von Kräutern ꝛc. (§ 41).

§ 9. Wer in einem fremden Walde zufolge Vergünstigung des Waldeigenthümers oder auf Grund eines anderen Rechtstitels, Kräuter, Beeren oder Pilze sammelt, bedarf zur Ausübung dieser Befugniß eines ihm vom Waldeigenthümer zu ertheilenden Legitimationsscheins, welchen er beim Sammeln bei sich zu führen hat.

Ausgenommen von der Verpflichtung zur Lösung des Legitimationsscheins sind Reisende, Spaziergänger, Besucher von Badeorten und Botaniker, sofern sie die bezeichneten Gegenstände zum eigenen Genuß bezw. Botaniker zum eigenen Bedarf einsammeln.

Uebertretungen werden mit Geldbuße bis zu 10 Mark bestraft.

Wo in nichtfiskalischen Forsten die Ertheilung des Legitimationsscheins nicht eingeführt ist, findet diese Strafbestimmung keine Anwendung.

Entnahme von Fossilien. (§ 41).

§ 10. Mit Geldbuße bis zu 30 Mark wird bestraft, wer vermöge einer Servitut zur Entnahme von Steinen, Lehm, Sand, Kies, Thon, Mergel u. s. w., oder zum Torfstich in einem fremden Walde berechtigt, diese Nutzung ohne vorherige Meldung bei dem Waldeigenthümer oder dessen Aufsichtsbeamten ausübt, sofern nicht bereits bestimmte Gruben zur Werbung bezeichnet sind.

Transport und Einbringen von Holz in die Städte. (§ 43).

§ 11. Alles Brenn-, unbearbeitetes Bau- und Nutzholz oder Borke, sowie Birkenreiser und davon gebundene Besen oder Besenstiele, Stangen jeder Art, Bandstöcke, Korbruthen, Weihnachtsbäume und Maien dürfen nicht ohne nachstehend im § 12 vorgeschriebenes Forstattest (Ursprungsattest) in die Städte eingeführt werden.

Ausgenommen von dieser Bestimmung sind:

1. alles Bau-, Nutz- und Brennholz, welches auf Dampfschiffen

Seeschiffen, Küstenfahrzeugen, vermittelst Holzflößen oder endlich mit der Eisenbahn in die Städte gelangt,

2. verarbeitetes Bau- und Nutzholz, wie z. B. Balken, Bohlen, Bretter, Latten, Querhölzer, Dachsplisse;
3. das unmittelbar von den Holzhöfen in die Städte eingeführte Holz.

Bei der Einbringung des letzteren ist jedoch zum Ausweise dessen, daß das Holz wirklich von einem Holzhof und nicht direkt aus der Forst kommt, die Beibringung eines von dem Besitzer oder Verwalter des Hofs auszustellenden Legitimationsscheins erforderlich, welcher nur für acht Tage nach erfolgter Ausstellung Gültigkeit behält.

Den Holzhöfen werden in dieser Beziehung auch solche Holzablagen und andere Holzplätze und Stellen außerhalb der Forsten gleich gestellt, in denen das Holz vor dessen Einführung in die Stadt bereits gelagert hat.

Ausstellen 2c. der Atteste. (§ 43).

§ 12. Für das der Controle unterworfene Holz (§ 11) welches aus Königlichen Forsten in die Städte gebracht wird, ist der Nachweis des Ursprungs durch ein von dem betreffenden Reviervverwalter ertheiltes Forstattest dem dazu bestellten Aufsichtsbeamten gegenüber zu führen.

Für das aus Kommunal-, Anstalts- oder Privat-Forsten abgefahrene kontrolpflichtige Holz hat der betreffende Gemeinde-Vorstand bezw. der Eigenthümer oder Verwalter der Forst das Ursprungs-Attest zu ertheilen.

Diese Atteste müssen außer Ort und Datum der Ausstellung den Namen, Stand und Wohnort der Person, von welcher das Holz in die Stadt eingebracht werden soll, sowie die Gattung und Masse des einzuführenden Holzes und zwar bei unbearbeitetem Bau-Lang-Nutzholz, gebundenen Besen, Nutzholzstangen, Weihnachtsbäumen und Maien die Stückzahl, — Masse resp. Stückzahl in Buchstaben geschrieben, — enthalten und den redlichen Erwerb des Holzes bescheinigen.

Die Gültigkeitsdauer dieser Atteste wird auf den Zeitraum

von vier Wochen, vom Tage der Ausstellung ab, festgesetzt, falls dieselben keine kürzere Frist enthalten.

Strafen zu §§ 11 und 12. (§ 43).

§ 13. Zuwiderhandlungen gegen die Vorschriften der §§ 11 und 12 werden nach § 43 F. u. FPG. mit Geldstrafe bis zu 50 Mark bestraft.

Das Holz ist von der Polizeibehörde einstweilen mit Beschlag zu belegen und nur dann vor rechtskräftig entschiedener Sache freizugeben, wenn vorher der Nachweis des redlichen Erwerbes erfolgt.

Hilfeleistung bei Waldbrand. (§ 44[4]).

§ 14. Jedermann, welcher einen Waldbrand wahrnimmt und sich in der Nähe desselben befindet, ist zur Dämpfung desselben verbunden, oder wenn diese aus unzureichenden Mitteln nicht ausführbar ist, verpflichtet, davon im nächsten ihm bekannten bewohnten Hause oder Ort Anzeige zu machen. Sofort nach dem unverzüglich zu veranlassenden Feuerlärm müssen die löschpflichtigen Mannschaften der benachbarten Gemeinden, Güter, Vorwerke, Mühlen und der sonstigen Etablissements, soweit es ausführbar ist, mit Aexten oder Beilen, Spaten oder Schaufeln und Hacken zur Brandstelle eilen und die von der Direktion des Löschgeschäfts ausgehenden Anordnungen befolgen.

Zuwiderhandlungen werden, insoweit nicht die Strafbestimmungen des § 360 Nr. 10 StGB. und des § 44 Nr. 4 F. u. FPG. zur Anwendung kommen, mit einer Geldstrafe bis zu dreißig Mark bestraft.

Die Direktion des Löschgeschäfts steht in den Königlichen Forsten dem anwesenden, dem Range nach höchsten Königlichen Forstbeamten, in den übrigen Forsten der Ortspolizeibehörde zu.

Abbrennen von Waldflächen ꝛc. (§ 46).

§ 15. Mit Geldstrafe bis zu 150 Mark wird bestraft, wer das Brennen einer Waldfläche, das Abbrennen von liegenden oder zusammengebrachten Bodendecken und das Sengen von Rothhecken bewirkt, ohne vorgängige Anzeige bei der Ortspolizeibehörde und ohne diejenigen Vorsichtsmaßregeln zu ergreifen, welche auf die

Entfernung von leicht Feuer fangenden Gegenständen, Lokalisirung des Feuers durch Ziehung von Gräben, die Bewachung der Brandstelle und dergleichen sich beziehen, und in den Königlichen Forsten durch den betreffenden Königlichen Revierverwalter, in den übrigen Forsten durch die Ortspolizeibehörde für den einzelnen Fall angeordnet werden müssen.

§ 16. Alle mit den vorstehenden Bestimmungen im Widerspruch stehenden Regierungs-, Kreis- und Lokal-Polizei-Verordnungen werden hiermit aufgehoben, insbesondere die PV.:

1. v. 15. Juni 1819 (Amtsbl. S. 313), betr. Verhütung und Bestrafung der Brandstiftungen in den Wäldern;
2. v. 27. Oktob. 1840 (Amtsbl. S. 255) wegen der Legitimations-Atteste bei dem Transport von birkenem Besenreis und Besen;
3. v. 20. Oktober 1881 § 3 (Amtsbl. S. 212) wegen Aufbietens der Kreishilfe zur Vertilgung schädlicher Waldinsekten;
4. v. 14. Juni 1843 (Amtsbl. S. 117) betr. die forstpolizeilichen Strafbestimmungen wegen Weide- und Schonungsfrevel in den Königlichen Forsten der landräthlichen Kreise Schivelbein und Dramburg;
5. v. 24. Januar 1844 (Amtsbl. S. 23) §§ 1 und 4 bis 6, betr. das Einfangen und Halten von Nachtigallen;
6. v. 1. November 1845 (Amtsbl. S. 215), betr. die Bestrafung der Holzberechtigten, welche in Königlichen Forsten ohne Vorwissen des Forstaufsehers Holz fällen und abführen;
7. v. 9. Juli 1856 (Amtsbl. S. 324), betr. das Verfahren bei Waldbränden,
8. v. 1. März 1868 (besondere Beilage zu Nr. 12 des Amtsbl.), betr. die Forstpolizei-Verordnung für den Regierungsbezirk Cöslin, und
9. v. 23. April 1860 (Amtsbl. S. 135), betr. den Schutz der durch Insektenvertilgung nützlichen Vögel.

V. Provinz Posen.

1. Regierungsbezirk Posen.

Polizeiverordnung der Königl. Regierung zu Posen vom 10. Januar 1883 (Amtsbl. S. 30.)

Auf Grund der §§ 11 und 6a und b PVG. 50, sowie auf Grund der §§ 11, 13, 33, 34, 38 bis 43 und 96 F. u. FPG. wird, unter Aufhebung der entgegenstehenden Verordnungen insbesondere:

1) der Forst-PV. für den Regierungsbezirk Posen vom 7. Januar 1871 (Anhang zu Nr. 6 des A.-Bl.) nebst der zusätzlichen Verordnung vom 4. August 1874 (A.-Bl. S. 381),

2) derjenigen Bestimmungen der PV., betr. die Holz- und Wildpret-Bezettelung vom 18. September 1876 (republizirt am 3. Januar 1879 A.-Bl. S. 24), welche sich auf die Holz-Bezettelung beziehen,

3) der PV., betr. das Tödten, Einfangen ꝛc. gewisser nützlicher Vogelarten vom 21. November 1868 (A.-Bl. S. 393),

4) der PV. wegen Vertilgung der Engerlinge und Maikäfer vom 16. April 1867 (A.-Bl. S. 161),

5. der PV., betr. den Kolorado- oder Kartoffelkäfer vom 10. September 1877 (A.-Bl. S. 310),

6) der PV., betr. das Vertilgen der Heuschrecken vom 15. Juli 1876 (A.-Bl. S. 307),

7) der PV., betr. die Vertilgung der Wucherblume vom 18. Dezember 1876 (A.-Bl. pro 1877 S. 13), bezw. vom 30. Juni 1879 (A.-Bl. S. 252)

für den Umfang des Regierungsbezirks Posen die nachstehende PV. erlassen.

I. Ausübung der Weide-Befugniß.

§ 1. Mit Geldstrafe von 1. bis 10 Mark oder mit Haft bis zu 3 Tagen wird bestraft:

a. wer auf Grundstücken, welche unter $0{,}_{25}$ ha im Zusammenhange groß und nicht eingefriedigt sind, sein Vieh ungekoppelt oder unangebunden weidet oder weiden läßt,

b. wer sein Vieh von untüchtigen Hirten, wofür Kinder unter 11 Jahren stets zu halten sind, oder von solchen Personen, die wegen Feld-, Forst- oder Jagdfrevels im zweiten Rückfalle bestraft sind, hüten läßt,

c. wer auf öffentlichen Wegen oder deren Gräben hütet.

Die Bestrafung tritt in den Fällen zu a und b nur auf Antrag ein.

§ 2. a. Eine weideberechtigte Gemeinde oder eine Mehrzahl von weideberechtigten Mitgliedern derselben Gemeinde darf ihr Vieh im Walde nur in einer gemeinschaftlichen Heerde unter einem gemeinsamen Hirten weiden lassen.

Das Einzelhüten wird gegen den Weidevieh-Eigenthümer mit einer Strafe von 3 bis 15 Mark für jeden einzelnen Fall geahndet.

b. Derjenige Weideberechtigte, welcher sein Vieh zur Nachtzeit außerhalb eingehegten Koppeln oder Buchten hütet oder weiden läßt, wird mit einer Geldstrafe von 1 bis 30 Mark bestraft

II. Vorschriften über das Viehtreiben.

§ 3. Mit Geldstrafe von 1 bis 10 Mark oder mit Haft bis zu 3 Tagen wird bestraft:

a. wer Rindvieh auf öffentlichen Wegen außerhalb der Guts- oder Gemeinde-Feldmark seines Wohnorts ungekoppelt treibt oder treiben läßt,

b. wer als Viehhändler oder Beauftragter eines solchen eine Heerde zur Nachtzeit treibt, ohne einen ortskundigen Begleiter zur Aufsicht mitzunehmen.

III. Geordnete Waldnutzung.

a) Holznutzung.

§ 4. Wer in einem fremden Walde bereits aufgearbeites Bau-, Nutz-, Schirr- oder Brennholz als Käufer oder Rechtsnachfolger eines solchen oder aus irgend einem anderen Rechtstitel zu empfangen hat, darf, wenn nicht etwas Anderes bestimmt ist,

a. das Holz nicht eher sich aneignen, als bis ihm von dem Waldeigenthümer oder dessen Stellvertreter ein Verabfolgezettel ausgehändigt worden ist, welcher den Vermerk enthält, daß der für das Holz zu zahlende Betrag berichtigt oder gestundet, oder daß das Holz unentgeltlich zu verabfolgen sei, und muß

b. die Abfuhr des angewiesenen Holzes innerhalb der bei dem Verkaufe oder der Ueberweisung bestimmten Abfuhrzeit und beim Mangel einer solchen acht Wochen nach demjenigen Tage beendet haben, an welchem das Holz verkauft oder von welchem die Benachrichtigung datirt ist, daß das Holz zur Abfuhr bereit stehe.

Zuwiderhandlungen gegen diese Bestimmungen werden, soweit nicht die §§ 38 bis 40 F. u. FPG. Anwendung finden, mit Geldstrafe bis zu 30 Mark belegt. Die Bestrafung tritt nur auf Antrag ein.

Ist die Abfuhr in der § 4 zu b bestimmten Zeit nicht erfolgt, so kann der Waldeigenthümer die Aufforderung zur Abholung nach vier Wochen wiederholen und es tritt bei jeder fruchtlos erfolgten Aufforderung die neue Bestrafung ein.

§ 5. Wer befugt ist, in einem fremden Walde Holz irgend einer Art durch Selbsthieb zu fällen und sich anzueignen, darf, wenn nicht etwas anderes bestimmt ist,

a. dieses Holz nicht eher einschlagen, als bis es ihm von dem Waldeigenthümer oder dessen Beamten besonders angewiesen ist;

b. das gefällte Holz nur an den festgesetzten Tagen, niemals aber an Sonn- und Festtagen oder zur Nachtzeit und nicht eher verladen oder abfahren, als bis der Waldeigenthümer oder der betreffende Forstaufsichtsbeamte von der Beendigung des Hiebes benachrichtigt ist und muß

c. Hieb und Abfuhr des Holzes innerhalb der bei der Abweisung (zu a) bestimmten Frist, beim Mangel einer solchen aber acht Wochen nach der Ueberweisung (zu a) beendet haben.

§ 6. Wer in einem fremden Walde die Befugniß zur Nutzung

a. des Raff- und Leseholzes,

b. des auf den abgeholzten Schlägen zurückbleibenden Abraums,

c. des Stockholzes,

d. des Lagerholzes,

e. des Wind-, Schnee-, Eis- und Duftbruches,

auf Grund einer Servitut oder eines anderen Rechtstitels ausüben will, muß sich jährlich vor dem 1. Oktober oder vor Beginn der etwa besonders festgesetzten Nutzungsperiode von dem Waldeigenthümer oder dessen verwaltenden Beamten einen auf seinen Namen lautenden Legitimations-Schein ausstellen lassen. Dieser Schein muß die Waldtheile und die Wochentage, in und an welchen die Nutzung ausgeübt werden darf, die Dauer der Nutzungsperiode und die Transportmittel, auf welche der Inhaber bei Fortschaffung des eingesammelten Holzes etwa beschränkt sein soll, angeben; er darf an Fremde niemals und an die Hausangehörigen der Arbeiter der Berechtigten nur dann, wenn diese die Nutzung für ihn ausüben sollen, überlassen werden, muß bei Ausübung der Nutzung im Walde, sowie beim Transporte des angesammelten Holzes nach Hause jederzeit vorgezeigt werden können, und ist spätestens vier Wochen nach erloschener Giltigkeit dem Aussteller zurückzugeben.

§ 7. Die im vorstehenden § 6 genannten Nutzungen dürfen ohne besondere Genehmigung des Waldeigenthümers oder dessen Verwalters niemals ausgeübt werden:

a. in Schonungen und in denjenigen Schlägen, in welchen die Holzschläger noch mit dem Einschlagen und Aufklaftern der Hölzer beschäftigt, oder welche sonst von Seiten des Waldeigenthümers oder dessen Beamten für die betreffenden Nutzungen noch nicht freigegeben sind;

b. an anderen als an den auf dem Legitimations-Scheine bemerkten oder ein für alle Mal bestimmten Tagen, Orten und Tageszeiten, an Sonn- und Festtagen oder zur Nachtzeit;

c. mit anderen als nach dem Gesetze oder der besonderen Berechtigung zulässigen Werkzeugen und Transportmitteln.

b) Gras- und Waldstreu- 2c. Nutzung.

§ 8. Wer Gras, Waldstreu, Moos, Dünger, Haide- und andere Kräuter, Beeren, Pilze, Schwämme oder Holzsämereien irgend einer Art aus einem fremden Walde auf Grund einer Servitut oder eines anderen Rechtstitels entnehmen will, ist, soweit nicht die Verordnung über die Ausübung der Waldstreu-berechtigung vom 5. März 1843 (hierunter in Anhang 1 im Auszuge abgedruckt) Platz greift, allen in den §§ 6 und 7 (auch rücksichtlich der Legitimationsscheine) getroffenen Bestimmungen unterworfen.

Das unbefugte Sammeln von Kräutern, Beeren und Pilzen auf Forstgrundstücken ohne Erlaubniß des Waldeigenthümers ist verboten. Wer einen Erlaubnißschein erhält, muß denselben beim Sammeln stets mit sich führen.

c) Entnahme von Fossilien.

§ 9. Wer aus einem fremden Walde Steine, Lehm, Sand oder andere Fossilien oder Torf auf Grund einer Servitut oder eines anderweiten Rechtstitels zu entnehmen befugt ist, unterliegt, wenn nicht etwas Anderes vereinbart ist, den in den §§ 5 bis 7 getroffenen Bestimmungen.

§ 10. Zuwiderhandlungen gegen die Vorschriften der vorstehenden §§ 5 bis 8 Absatz 1 und § 9 werden nach den §§ 36, 38 bis 41 F. u. FPG. bestraft.

Zuwiderhandlungen gegen die Vorschriften des § 8 Absatz 2 (Sammeln von Kräutern, Beeren und Pilzen) werden mit Geldstrafe bis zu 10 Mark oder mit Haft bis zu drei Tagen bestraft.

Die Verfolgung tritt nur auf Antrag ein.

IV. Unbefugte Benutzung von Forstgrundstücken.

§ 11. Mit Geldstrafe bis zu 30 Mark oder mit Haft bis zu einer Woche wird bestraft, wer unbefugt auf Forstgrundstücken, Gras, Heu oder andere Bodenerzeugnisse ausbreitet oder niederlegt.

V. Maßregeln gegen Feuerschaden.

§ 12. Wer im Falle des § 44 Nr. 4 F. und FPG. zur Hülfeleistung bei Waldbränden entboten, es verabsäumt, eine Schippe, einen Spaten, eine Axt oder eine Rodehacke mitzubringen, wird mit einer Geldstrafe von 1 bis 3 Mark bestraft.

VI. Beschädigung der Lehmstraßen.

§ 13. Mit Geldstrafe von 3 bis 30 Mark wird bestraft, wer auf den als Lehmstraßen bezeichneten Straßen innerhalb eines

Forstgrundstücks, sofern sie mit den vorschriftsmäßigen Nebenwegen versehen sind, fährt, reitet oder Vieh treibt, während dieselben durchnäßt sind.

VII. Holzbezettelung.

§ 14. Wer Bau-, Brenn- und Nutzholz oder Borke, junge Bäume, Reiserholz, Besen, Kien-, Raff- oder Leseholz, Waldstreu, Bandstöcke (Reifstäbe), Korbruthen, Faschinen in Ortschaften einbringt, hat durch ein mitzuführendes Attest den rechtmäßigen Besitz der einzuführenden Gegenstände den Polizei-, Steuer- und Forstbeamten auf Erfordern nachzuweisen, und zwar auch dann, wenn der betreffende Wald ihm eigenthümlich gehört.

§ 15. Das Attest (§ 14) muß entweder von dem betreffenden Forstbeamten, der Gutsherrschaft oder deren Stellvertreter, oder dem Gemeinde-Vorstande mit gehöriger Unterschrift und Untersiegelung ausgestellt, oder von der Ortspolizeibehörde beglaubigt werden.

Das im Anhange 2 abgedruckte Formular wird zur Benutzung empfohlen.

§ 16. Die vorgezeigten und genügend befundenen Atteste sind durch den kontrolirenden Beamten mittelst eines Vermerkes und Durchstreichung als kassirt zu bezeichnen und dem Inhaber zurückzugeben.

Geht der Transport noch weiter nach anderen Ortschaften, so ist das Attest von den kontrolirenden Beamten nur mit Visum und Datum zu versehen.

§ 17. Zuwiderhandlungen gegen die Vorschriften der §§ 14 und 15 unterliegen der Bestrafung nach § 43 F. u. FPG.

VIII. Schutz nützlicher und Vernichtung schädlicher Thiere und Pflanzen.

a) Vögel.*)

§ 18. Das Tödten und Einfangen von Vögeln der nachbenannten Arten:

---

*) Vergl. Reichsgesetz, betr. den Schutz von Vögeln, vom 22. März 1888 (R. G. Bl. S. 111).

Blaukehlchen, Rothkehlchen, Nachtigall, Grasmücke, Rothschwanz, Steinschmätzer, Wiesenschmätzer, Bachstelze, Pieper, Zaunkönig, Pirol, Goldhähnchen, Meise, Ammer, Lerche, Fink, Hänfling, Zeisig, Stieglitz, Baumläufer (Kleiber), Wiedehopf, Schwalbe, Tagschlaf, Staar, Dohle, Saatkrähe, Rabe (Mandelkrähe), Fliegenschnäpper, Würger, Kuckuck, Specht, Wendehals, Bussard (Mäusefalk) und Eule (mit Ausschluß des Uhu) ist untersagt.

§ 19. Ingleichen ist das Ausnehmen der Eier oder der Brut sowie das Zerstören der Nester von Vögeln der im § 18 aufgeführten Arten mit Ausnahme der Nester in und an Gebäuden verboten. Dasselbe gilt auch von allen Vorbereitungen zum Fang von Vögeln der im § 18 benannten Arten, insbesondere von dem Anlegen von Vogelheerden, von dem Aufstellen von Vogelnetzen, Schlingen, Dohnen, Sprenkeln, Käfigen und Leimruthen.

§ 20. Vögel der im § 18 aufgeführten Arten dürfen auf den Wochenmärkten bei Vermeidung der im § 149 Nr. 6 der Reichsgewerbe-Ordnung bestimmten Strafe nicht mehr feil gehalten werden.

b) Engerlinge und Maikäfer.

§ 21. Die Besitzer von Feld- und Gartengrundstücken sind verpflichtet, Maßregeln zu treffen zur Vertilgung der Engerlinge und Maikäfer, wenn durch das häufige Auftreten derselben ein erheblicher Schaden für die Feldfrüchte zu besorgen ist.

§ 22. Die Ortspolizeibehörden bestimmen, wenn nach ihrem Ermessen der Fall einer zwangsweisen Vertilgung von Engerlingen und Maikäfern vorliegt, in welcher Zeit und auf welche Weise die Vertilgung auszuführen ist. Eine solche Anordnung kann von der Ortspolizeibehörde für eine einzelne Feldmark oder auch für mehrere oder sämmtliche Feldmarken ihres Bezirks erfolgen. Anordnungen dieser Art, welche sich weiter erstrecken, werden von der unterzeichneten Regierung getroffen.

§ 23. Die Ortspolizeibehörden haben den Gemeinde-Vorständen resp. Gutsherrschaften die näheren Anweisungen wegen der Vertilgung zu ertheilen, und die letzteren Organe die Ausführung zu überwachen. Für diejenigen Grundbesitzer, welche in der gestellten Frist den ergangenen Geboten nicht genügen, wird auf deren Kosten, mit Vorbehalt der verwirkten Strafe, die bezügliche Arbeit ausgeführt.

§ 24. Die Vertilgung der Engerlinge erfolgt durch Sammeln und Tödten (Verfuttern) derselben. Das Aufsammeln haben die Grundbesitzer rücksichtlich ihrer mit dem Pfluge oder dem Spaten kultivirten Grundstücke bei Gelegenheit des Pflügens oder Grabens zu bewirken und dafür Sorge zu tragen, daß die mit dem Graben beschäftigten Arbeiter dazu Gefäße erhalten und den Pflügern eine verhältnißmäßige Zahl von Aufsammlern folgt.. Die diesfällige Kontrolle liegt den Gemeindevorständen resp. Gutsherrschaften ob.

§ 25. Die Vertilgung der Maikäfer erfolgt gleichzeitig durch das Sammeln und Tödten derselben.

Die Verpflichtung hierzu hat jeder Besitzer hinsichtlich seiner in Gärten, Plantagen und Alleen stehenden Laubholzbäume. Von den Gemeindevorständen resp. Gutsherrschaften ist jedem Besitzer von Laubhölzern auf den vorbezeichneten Grundstücken nach der Menge derselben das Sammeln eines nach Scheffeln bestimmten Maßes in jeder Woche desjenigen Zeitraums, welcher für die Vertilgung angeordnet ist, aufzuerlegen. Davon, daß dieser Verpflichtung überall nachgekommen und die Einstampfung des gesammelten Quantums erfolgt ist, haben die Gemeindevorstände resp. Gutsherrschaften sich in geeigneter Weise Ueberzeugung zu verschaffen.

c) Heuschrecken.

§ 26. Sobald an einem Orte sich die Heuschrecken in größerer Zahl zeigen, sind die Gutsbesitzer und Gemeinden verpflichtet, die zur Ausführung der Vertilgungsmaßregeln nöthigen Mannschaften und Gespanne unentgeltlich zu gestellen.

§ 27. Der Landrath hat erforderlichen Falls den Umfang dieser Leistungen, die Zahl der von jedem einzelnen Grundbesitzer und Gemeindemitgliede zu leistenden Hand- und Spanndiensttage zu bestimmen.

§ 28. Die gemeinschaftlich von den Betheiligten zu ergreifenden Maßregeln beziehen sich insbesondere auf:

die Ziehung der nöthigen Gräben in und um die von den Heuschrecken befallenen Felder und Grundstücke,

die Anlegung von Fanglöchern in den Gräben, das Hineintreiben der Heuschrecken in dieselben, sowie demnächst das Tödten der Heuschrecken.

§ 29. Jede Gemeinde oder Gutsherrschaft, deren Feldmark von der Heuschreckenplage noch nicht befallen, ist verpflichtet, nahe gelegenen oder angrenzenden Bezirken in der Verfolgung und Vertilgung des Ungeziefers Hülfe zu leisten und wird der Umfang dieser Leistung vom Landrathe festgesetzt.

§ 30. An Orten, wo die Heuschrecken im Sommer gewesen sind und Brut in die Erde gelegt haben, sind die betreffenden Brutstellen noch vor Winter und zwar etwas flach umzupflügen resp. umzuhacken, damit die Bruteier blosgelegt und durch die Winterwitterung möglichst zerstört werden.

Es ist Pflicht der Gemeinde- und Gutsvorstände, für die Ermittelung solcher Brutstellen Sorge zu tragen.

d) Colorado- (Kartoffel-) Käfer.

§ 31. Jeder, welcher von dem Vorkommen des Kartoffelkäfers, seiner Puppen, Larven oder Eier in irgend einer Weise Kenntniß erhalten hat, ist verpflichtet, hiervon sofort der Polizeibehörde Anzeige zu machen.

§ 32. Die von dem Eigenthümer, Nießbraucher oder Pächter eines Grundstückes oder von den damit beauftragten Personen abgelesenen Käfer, Puppen, Larven und Eier sind sofort an Ort und Stelle zu vernichten resp. zu tödten.

Die Aufbewahrung der Käfer, Puppen, Larven und Eier ist verboten. Wer sich bei Erlaß dieser Verordnung bereits im Besitze lebender Eier, Larven, Puppen oder Käfer befindet, hat solche sofort der Ortspolizeibehörde abzuliefern.

§ 33. Jeder Eigenthümer, Nießbraucher oder Pächter eines Grundstücks ist verpflichtet, alle von der Polizeibehörde angeordneten Maßregeln zur Bekämpfung und Vernichtung des Kartoffelkäfers gehörig auszuführen, sowie Kinder oder andere unter seiner

Gewalt stehende Personen, welche seiner Aufsicht übergeben sind und zu seiner Hausgenossenschaft gehören, von der Uebertretung der im § 31 und 32 getroffenen Bestimmungen abzuhalten.

e) Wucherblume.

(senecio vernalis.)

§ 34. Jeder Besitzer oder Pächter von Grundstücken, auf welchen sich die gelbe Wucherblume befindet, ist verpflichtet, dieses Unkraut, bevor es abgeblüht hat und der Samen weiter fliegt, herauszunehmen und zu vernichten.

§ 35. Zu diesem Zwecke sind die betreffenden Grundstücke in zwei verschiedenen Perioden mit ausreichenden Arbeitskräften sorgfältig abzusuchen, und zwar in der Zeit vom 15. bis 20. Mai und vom 5. bis 10. Juni und die vorgefundenen Wucherblumen aus dem Boden herauszuziehen und zu vergraben.

§ 36. Die Vorschriften der §§ 34 und 35 beziehen sich sowohl auf bebaute landwirthschaftliche, wie auf unbebaute Grundstücke, sowie auf Wege und Wegeränder, Chausseedossirungen, Eisenbahnkörper und ähnliche Flächen. Bei Forstgrundstücken muß die Vertilgung der Wucherblume in gleicher Weise erfolgen, jedoch nur in den Grenzen bis auf 300 Meter in den Forst hinein.

§ 37. Derjenige, auf dessen Grundstücke sich nach dem 10. Juni noch Wucherblumen befinden, wird bestraft, sofern er nicht nachweisen kann, daß er die im § 35 vorgeschriebenen Vertilgungsmaßregeln angewendet hat.

§ 38. Zuwiderhandlungen gegen die Vorschriften der vorstehenden §§ 18 und 19, 21 bis 37 bezw. die Nichtbefolgung der auf Grund dieser Vorschriften von den Behörden getroffenen Anordnungen werden nach den §§ 33 und 34 F. u. FPG. bestraft.

Anhang 1.

(Vorschriften der **Verordnung vom 5. März 1843**, soweit solche nach § 96 F. u. FPG. in Geltung geblieben sind.)

§ 1. Die Waldstreu-Berechtigung besteht in der Befugniß, abgefallenes Laub und Nadeln, sowie dürres Moos zum Unterstreuen unter das Vieh, behufs der Bereitung des Düngers, in dem Walde eines Anderen einzusammeln.

§ 2. Wo der Umfang und die Art der Ausübung dieser Berechtigung durch Verleihung, Vertrag, richterliche Entscheidnng oder bereits vollendete Verjährung bestimmt festgestellt worden ist, behält es hierbei sein Bewenden. In Ermangelung solcher auf besonderen Rechtstiteln beruhender Verhältnisse dienen die nachstehenden Vorschriften lediglich zur Richtschnur.

§ 3. Die Berechtigten müssen sich, wenn sie die Waldstreu-Nutzung in der nächsten Periode (§ 4b) ausüben wollen, spätestens bis zum 15. August eines jeden Jahres bei dem Waldbesitzer oder dessen verwaltenden Beamten melden, worauf ihnen ein kostenfrei ausgefertigter Zettel zu ihrer Legitimation ertheilt wird. Dieser Zettel ist nur für den Zeitraum, für das Revier und für die Personen giltig, auf welche derselbe lautet.

Die Streu-Berechtigten oder die von ihnen mit Einsammlung der Waldstreu beauftragten Leute müssen diese Zettel, wenn sie Streu im Walde einsammeln, stets bei sich führen und beim Ablauf der zur Streusammlung bestimmten Zeit wieder abliefern.

§ 4. Die Berechtigung darf nur:

a) in den vom Waldeigenthümer nach Maßgabe einer zweckmäßigen Bewirthschaftung des Forstes geöffneten Distrikten,

b) in den sechs Wintermonaten vom 1. Oktober bis zum 1. April,

c) an bestimmten, vom Waldeigenthümer mit Rücksicht auf die bisherige Observanz festzusetzenden, jedoch auf höchstens zwei Tage in der Woche zu beschränkenden und von den Raff- und Leseholztagen verschiedenen Wochentagen ausgeübt werden. Besteht aber nach dem Herkommen der Gebrauch, daß die Einsammlung der Streu gleich beim Beginn des Oktobers an mehreren nach einander folgenden Tagen, von allen Berechtigten gleichzeitig unter Aufsicht des Waldeigenthümers geschieht und hiermit das Einsammeln für das ganze Jahr geschlossen ist, so behält es hierbei sein Bewenden.

Die Berechtigung darf auch nur

d) mit den in den Zetteln bezeichneten, nach der bisherigen Observanz zu bestimmenden Transportmitteln, und

e) nicht mit eisernen, sondern nur mit hölzernen, unbeschlagenen Rechen oder Harken, deren Zinken ebenfalls nur von Holz sein dürfen und mindestens $2^1/_2$ Zoll von einander abstehen müssen,

ausgeübt werden.

§ 5. Entstehen über die Frage: welche Distrikte zum Streusammeln zu öffnen sind,

zwischen dem Waldeigenthümer und den Berechtigten Streitigkeiten, so werden solche von dem Kreislandrath unter Zuziehung eines von diesem zu wählenden hierbei unbetheiligten Forstbeamten und eines Oekonomieverständigen, unter Vorbehalt des Rekurses an das Plenum der vorgesetzten Regierung, entschieden. Ueber Streitigkeiten in Betreff der Transportmittel, sowie über die mit Berücksichtigung der bisherigen Observanz zum Streuholen zu bestimmende Zahl der Tage (§ 4 litt. c) findet dagegen das ordentliche Rechtsverfahren statt.

§ 6. Die Waldstreu kann zwar vorübergehend auch zu anderen wirthschaftlichen Zwecken (§ 1), z. B. zur Versetzung der Wände der Wohngebäude, zur Bedeckung der Kartoffelgruben u. s. w. benutzt, darf aber in ihrer Endbestimmung nur zum Unterstreuen unter das Vieh verbraucht, auch weder verkauft noch sonst an Andere überlassen werden.

§ 7. Die (wegen Zuwiderhandlung gegen diese Verordnung erkannten) Geldstrafen fallen dem Waldeigenthümer anheim.

§ 8. Bei Betretung des Frevlers auf einer der in den §§ 3 und 4 bezeichneten Kontraventionen tritt Pfändung ein, und der Waldeigenthümer ist das abgenommene Pfand nur gegen Erlegung der auf die Kontravention gesetzten Strafe auszuantworten verpflichtet.

Anhang 2.

Formular

a) für Atteste, welche von dem Forstbeamten, dem Waldbesitzer oder dessen Stellvertreter auszustellen sind:

Vorzeiger dieses der .... aus ....
hat von dem Unterzeichneten (zwei Klafter Kiefern-Kloben) erhalten, welches bescheinigt.

................, den .... 188...

Siegel. Unterschrift.

b) für Atteste, welche von dem Gemeinde-Vorstande oder von der Ortspolizeibehörde auszustellen sind:

Vorzeiger dieses der .... aus ....
bringt aus seinem Walde (ein Stück Kiefern-Bauholz) nach .....
....

................, den .... 188...

Siegel. Unterschrift.

2. Regierungsbezirk Bromberg.

Polizeiverordnung der Königl. Regierung zu Bromberg vom 31. August 1883. (Extrabeilage zum Amtsblatt No. 35).

Auf Grund der §§ 6, 11 und 12 PVG. 50 verordnen wir unter Bezugnahme auf die §§ 11, 13, 29, 32, 34, 40, 41, 43 und 46 F. u. FPG. und den § 1 Abs. 2 FDG. für den ganzen Umfang unseres Verwaltungsbezirks, was folgt:

I. Die Weide betreffend.

§ 1. Kein Vieh darf außerhalb eingefriedigter Grundstücke ohne Hirten ungekoppelt oder unangebunden weiden oder durch Kinder unter zwölf Jahren gehütet werden.

Zuwiderhandlungen werden mit Geldstrafe bis zu zehn Mark bestraft.

§ 2. In der Zeit von Sonnenuntergang bis Sonnenaufgang darf im Walde gar nicht und auf andern Grundstücken nur dann gehütet werden, wenn dieselben derart fest eingeschlossen sind, daß ein Austreten des Viehs dadurch verhindert wird; auch muß das Vieh bereits bei Sonnenuntergang in diesen umschlossenen Raum untergebracht sein und darf vor Sonnenaufgang denselben nicht verlassen.

Alles Weidevieh, welches nicht mit der vorstehenden Beschränkung im Freien übernachtet, muß spätestens eine Stunde nach Sonnenuntergang zu Stalle gebracht und darf nicht früher als eine Stunde vor Sonnenaufgang ausgetrieben werden.

§ 3. Jede weideberechtigte Gemeinde oder Genossenschaft, sowie eine Mehrzahl weideberechtigter Mitglieder einer solchen darf ihr sämmtliches Vieh derselben Gattung nur in einer gemeinschaftlichen Heerde und unter der Aufsicht eines oder mehrerer tüchtiger Hirten weiden. Eine Theilung der Heerde darf nur mit Genehmigung des Eigenthümers des Hütungsreviers, bei Königlichen Forsten mit Genehmigung des Oberförsters, erfolgen.

§ 4. Auf den der gemeinschaftlichen Hütung unterliegenden Wiesen oder Fettweiden findet, soweit durch Statuten oder Gewohnheiten nicht ein Anderes festgestellt ist, die Vorhut nur bis zum 1. April, die Nachhut dagegen auf Fettweiden erst nach völlig beendeter Ernte und auf zwei- und mehrschürigen Wiesen nicht vor dem 1. Oktober statt.

Diese Termine können im Bedürfnißfalle durch Lokalordnungen abgeändert werden.

Nasse, durchbrüchige Wiesen sind der Hütung mit Vieh, welches nicht dem Eigenthümer der Wiese gehört, gar nicht, neue oder umgebaute Wiesen erst nach Verlauf von zwei Jahren nach Ausführung der Anlage unterworfen; aber auch nach Ablauf dieser Frist ist die Hütung mit solcher Schonung auszuüben, wie zur Vollendung der Anlage und Sicherung ihres Zwecks erforderlichst. Die in diesen Fällen erforderlichen Festsetzungen erfolgen durch Lokalordnung.

§ 5. Lokalordnungen im Sinne des § 4 können nach erfolgter Vernehmung derjenigen, welche dieselben beantragen, nach Untersuchung der maßgebenden Verhältnisse und Anhörung der Betheiligten für städtische Feldmarken von der Ortspolizeibehörde, für das platte Land von dem Landrathe festgesetzt werden.

§ 6. Zuwiderhandlungen gegen die Bestimmungen der §§ 2 bis 5 werden gegen den Eigenthümer des weidenden Viehs mit Geldstrafe bis zu dreißig Mark, im Unvermögensfalle aber mit Haft bis zu drei Tagen bestraft.

II. Das Treiben von Rindvieh betreffend.

§ 7. Niemand darf Rindvieh auf öffentlichen Wegen außerhalb der Guts- oder Gemeindefeldmark seines Wohnorts ungekoppelt treiben oder treiben lassen.

Viehhändler oder Beauftragte derselben dürfen Heerden zur Nachtzeit nur treiben, wenn sie einen ortskundigen Begleiter zur Aufsicht mitnehmen.

Zuwiderhandlungen werden mit Geldstrafe bis zu zehn Mark oder mit Haft bis zu drei Tagen bestraft.

III. Holz- und andere Waldnutzungen betreffend.

§ 8. Wer in einem fremden Walde bereits aufgearbeitetes Bau-, Nutz-, Schirr- oder Brennholz oder andere Waldprodukte nach bestimmten Maße als Käufer oder Rechtsnachfolger eines solchen, oder aus irgend einem andern Rechtstitel zu empfangen hat, darf sofern etwas Anderes nicht ausdrücklich vereinbart worden ist, die Abfuhr desselben weder an Sonn- und Feiertagen noch zur Nachtzeit vornehmen und ist verpflichtet, sie innerhalb der besonders dafür vereinbarten Zeit, oder beim Mangel einer desfalsigen Bestimmung binnen acht Wochen nach demjenigen Tage beendet zu haben, an welchem das Holz oder die andern Waldprodukte verkauft oder zur freien Abfuhr übergeben worden sind.

Zuwiderhandlungen werden mit einer Geldstrafe bis zu dreißig Mark, im Unvermögensfalle mit Haft bis zu drei Tagen bestraft.

Bestrafung tritt nur auf Antrag ein.

§ 9. Wer befugt ist, in einem fremden Walde Holz irgend einer Art durch Selbsthieb zu fällen und sich anzueignen, darf, wenn nicht etwas Anderes bestimmt ist,

a) dieses Holz nicht eher einschlagen, als bis es ihm von dem Waldeigenthümer oder dessen Beamten besonders angewiesen ist;

b) das gefällte Holz nur an den festgesetzten Tagen, niemals aber an Sonn- und Feiertagen oder zur Nachtzeit oder früher, als bis der Waldeigenthümer oder der betreffende Aufsichtsbeamte von der Beendigung des Hiebes benachrichtigt ist, verladen oder abfahren.

Der Berechtigte muß den Hieb und die Abfuhr des Holzes, sofern bei der Anweisung (zu a) nicht eine längere Frist bestimmt ist, innerhalb acht Wochen nach der Ueberweisung beendet haben.

§ 10. Wer in einem fremden Walde die Befugniß zur Nutzung:

a) des Raff- und Leseholzes,
b) des auf den abgeholzten Schlägen zurückbleibenden Abraums,
c) des Stockholzes,
d) des Lagerholzes,
e) des Wind-, Schnee-, Eis- und Duftbruches

auf Grund einer Servitut oder eines andern Rechtstitels ausüben will, darf die Nutzung — insoweit der Waldeigenthümer oder dessen Verwalter nicht ausdrücklich eine Abweichung gestatten — niemals ausüben:

a) in Schonungen und denjenigen Schlägen, in welchen die Holzschläger noch mit dem Einschlagen und Aufklaftern des Holzes beschäftigt sind;
b) an andern als den nach dem Gesetz oder der Art der Berechtigung zulässigen Tagen und Orten sowie an Sonn- und Feiertagen oder in der Zeit von Sonnenuntergang bis Sonnenaufgang;
c) mit andern als den nach dem Gesetze oder besonderer Berechtigung zulässigen Werkzeugen und Transportmitteln.

§ 11. Der Anordnung des § 10 unterliegt ferner, wer Gras, Waldstreu, Moos, Dünger, Heide- und andere Kräuter, Beeren, Pilze, Schwämme oder Holzsämereien jeder Art, sowie Torf, Steine, Lehm, Sand oder andere Fossilien auf Grund einer Servitut oder eines sonstigen Rechtstitels aus einem fremden Walde entnehmen will, soweit nicht die Verordnung über die Ausübung der Waldstreu-Berechtigung vom 5. März 1843, G.-S. S. 105 (cfr. Anlage I)*) hier Platz greift.

§ 12. Wer auf Grund einer Servitut oder eines anderen Rechtstitels aus einem Walde Holz der im § 10 bezeichneten Art, oder der im § 11 bezeichneten Waldprodukte und Fossilien entnehmen, oder Vieh weiden will, muß sich alljährlich vor Beginn der Nutzung von dem Waldeigenthümer oder dessen verwaltenden Beamten einen auf seinen Namen lautenden Legitimationsschein ausstellen lassen. Dieser Schein muß die Waldtheile und die Wochentage, in und an welchen die Nutzung ausgeübt werden darf, die Dauer der Nutzungsperiode und die Transportmittel, auf welche der Inhaber bei Fortschaffung des eingesammelten Holzes ꝛc. etwa beschränkt sein soll, angeben; derselbe darf an Fremde niemals, an die Hausangehörigen oder Arbeiter des Berechtigten aber nur dann, wenn sie die Benutzung für denselben ausüben sollen, überlassen werden und muß auf Verlangen vier Wochen nach erloschener Gültigkeit dem Aussteller zurückgegeben werden.

Verweigert der Waldeigenthümer oder dessen verwaltender Beamter die Ertheilung des Legitimationsscheines, so tritt keine strafrechtliche Verfolgung ein, wenn den Bestimmungen des vorhergehenden Absatzes zuwider gehandelt wird.

§ 13. Zuwiderhandlungen gegen die Vorschriften der §§ 9—12 werden gemäß § 40 F. u. FPG. mit Geldstrafe bis zu 100 Mark oder mit Haft bis zu 4 Wochen bestraft. Die Bestrafung tritt nur auf Antrag ein.

§ 14. Wer unbefugt Kräuter, Beeren und Pilze von Forstgrundstücken sammeln will, bedarf hierzu, soweit nicht die gesammelten Gegenstände von unbedeutendem Werthe oder in geringer Menge zum alsbaldigen Verbrauche gesammelt sind, der schriftlichen Erlaubniß des Waldeigenthümers oder dessen Vertreters.

Diesen Erlaubnißschein muß der Sammelnde stets bei sich führen.

Zuwiderhandlungen werden mit Geldstrafe bis zu zehn Mark, im Unvermögensfalle mit Haft bis zu drei Tagen bestraft. Bestrafung tritt nur auf Antrag ein.

*) Vgl. S. 60 Anhang 1.

IV. Die Anlage und den Betrieb von Steinbrüchen, Gruben ꝛc. betreffend.

§ 15. Wer einen Steinbruch, eine Lehm-, Sand-, Kies-, Mergel-, Kalk- oder Tongrube eröffnen will, hat vor der Eröffnung des Bruches oder der Grube der Ortspolizeibehörde davon Anzeige zu machen. Diese ist befugt, für die Anlage oder den Betrieb Anordnungen zu treffen, welche zu beobachten sind.

Einer Anzeige bedarf es nicht, wenn es sich um die Anlegung solcher Gruben der vorstehend erwähnten Art handelt, welche nur vorübergehend zum eignen Bedarf benutzt werden.

§ 16. Kein Steinbruch und keine Grube der im § 15 gedachten Art darf einem Wege so nahe angelegt oder durch den Betrieb so nahe geführt werden, daß der Verkehr auf dem Wege dadurch gefährdet wird. Mindestens muß der Bruch oder die Grube 5 Meter vom Wege entfernt bleiben.

§ 17. Werden Steinbrüche oder Gruben der im § 15 bezeichneten Art im Tiefbau oder an einem Hange betrieben, so muß die Böschung des Tiefbaus oder des Hanges so angelegt und stets so erhalten werden, daß ein Abrutschen oder Einschießen des Tiefbaus oder des Hanges nicht eintreten kann. Dieselben sind von den obern Rändern des Tiefbaus oder des Hanges, und zwar mindestens in einer Entfernung von zwei Metern von den Rändern, mit einer festen Befriedigung zu versehen.

§ 18. Das Arbeiten in den im § 15 aufgeführten Brüchen und Gruben ist während der Zeit von Sonnenuntergang bis Sonnenaufgang untersagt. Kinder unter 14 Jahren dürfen hierbei nur unter Aufsicht erwachsener Personen beschäftigt werden.

§ 19. Bergwerkschachte und Schürflöcher sind bis zum völligen Wiederzuwerfen fest einzufriedigen.

Die durch Stockroden entstehenden Löcher sind nach beendigter Rodung wieder zuzuwerfen.

§ 20. Oeffnungen, welche in die Eisflächen auf Teichen, Seen, Flüssen oder Kanälen gemacht werden, sind zu umfriedigen oder mit deutlichen Zeichen zur Warnung vor Annäherung zu versehen.

§ 21. Zuwiderhandlungen gegen die Vorschriften der §§ 15 bis 20 werden, abgesehen von den Fällen des § 367 Nr. 12 StGB., auf Grund des § 29 F. u. FPG. mit Geldstrafe bis zu einhundertundfünfzig Mark oder mit Haft bestraft.

V. Sicherung gegen Waldbrände und Feuersgefahr betreffend.

§ 22. Wer eine stehende Waldfläche abbrennen will, hat dazu die Erlaubniß des Landraths nachzusuchen. Dieser hat das Gesuch zu prüfen und nach Umständen entweder unter Anordnung der zur Vorbeugung von Unglücksfällen und zur Benachrichtigung benachbarter Besitzer erforderlichen Maßregeln die Erlaubniß zu ertheilen, oder wenn zur Zeit oder überhaupt eine gemeine Gefahr daraus zu besorgen ist, sie auf Zeit oder gänzlich zu untersagen.

§ 23. Das Abbrennen von Bodendecken, gleichviel ob dieselben sich in gewachsenem Zustande befinden oder vorher abgeschält, aber nicht in einzelnen, mindestens zwanzig Meter von einander entfernten Haufen zusammen gebracht sind (cfr. § 25), ist nur dann zulässig, wenn diese Flächen mindestens einhundert Meter von Gebäuden, bestandenen Forstgrundstücken, noch nicht abgeernteten Feldern und öffentlichen Wegen entfernt liegen.

Wer dergleichen Flächen abbrennen will, ist verpflichtet, dieselben vor dem Anzünden ringsum mit einem mindestens 0,6 Meter breiten und bis zu 0,2 Meter unter die brennbare Bodenschicht auszuhebenden Graben zu umgeben, während des Brennens dauernd eine ausreichende Aufsicht zu bestellen, welche insbesondere ein Ueberlaufen des Feuers über die Grenze zu verhüten hat, auch der Ortspolizeibehörde drei Tage vor Beginn des Brennens Anzeige zu machen und denjenigen Anordnungen derselben nachzukommen, welche zur Benachrichtigung der Umgegend oder zur Sicherheit für erforderlich erachtet werden. Die Ortspolizeibehörde ist befugt, für größere abzubrennende Flächen eine größere Breite des Umfassungsgrabens anzuordnen.

§ 24. Zuwiderhandlungen gegen die Anordnungen der §§ 22

und 23 werden gemäß § 46 F. u. FPG. mit Geldstrafe von zehn bis zu einhundertundfünfzig Mark oder mit Haft bestraft.

§ 25. Das Verbrennen von Abraum in den Holzschlägen ist nur gestattet, wenn derselbe zuvor in einzelne, mindestens dreißig Meter vom stehenden Holze und zwanzig Meter von einander entfernten Haufen zusammen gebracht ist.

Von dem Verbrennen solcher Abraumhaufen in Holzschlägen und von dem Abbrennen abgeschälter und in mindestens zwanzig Meter von einander entfernte Haufen zusammen gebrachte Bodendecken aller Art ist spätestens am vorhergehenden Tage der Ortspolizeibehörde Anzeige zu erstatten und deren Anweisungen Folge zu geben. Auch ist fortdauernd bis zum Erlöschen des Feuers die nöthige Aufsicht zu stellen.

Zuwiderhandlungen werden mit Geldstrafe bis zu dreißig Mark, im Unvermögensfalle mit Haft bis zu zehn Tagen bestraft.

§ 26. Für das Brennen von Torfmooren gelten die im § 23 wegen des Abbrennens von mit brennbaren Bodendecken versehenen Flächen gegebenen Bestimmungen.

Zuwiderhandlungen werden abgesehen von den Fällen des § 308 StGB. auf Grund des § 32 F. u. FPG. mit Geldstrafe bis zu einhundertundfünfzig Mark oder mit Haft bestraft.

VI. Den Nachweis des rechtmäßigen Besitzes bei eingebrachtem Holze betreffend.

§ 27. Wer Hopfenstangen, Bohnenstangen, Dachstöcke, Birkenreiser, oder aus solchen gefertigte Besen, Korbruthen, Bandstöcke, und junge Bäume (Weihnachtsbäume), wer ferner in Bürden, Bündeln, Körben oder Säcken auf Karren, Handwagen oder Handschlitten, oder derartigen von Hunden gezogenen Gefährten Brennholz jeder Art mit Einschluß von Kiehn, Borke, Raff- und Leseholz und Kiehnäpfeln, sowie Waldstreu in Ortschaften einbringt oder in denselben zum Verkauf anbietet, ist verpflichtet, sich durch ein mitzuführendes Attest des Ortsvorstandes oder der Ortspolizeibehörde seines Wohnorts über den rechtmäßigen Besitz dieser Gegenstände auszuweisen, auch wenn sie aus eigenem Walde entnommen sind.

Diese Atteste sind auf Verlangen den Polizei-, Steuer- und Forstbeamten vorzuweisen.

Die im § 12 vorgeschriebenen Legitimationsscheine vertreten die Stelle dieser Atteste für alle auf Grund derselben zu entnehmenden Waldprodukte.

Die von der Ortspolizeibehörde oder dem Ortsvorstande ausgestellten Atteste müssen mit dem Dienstsiegel versehen sein.

Zuwiderhandlungen gegen diese Vorschriften werden nach § 43 F. u. FPG. mit Geldstrafe bis zu fünfzig Mark oder mit Haft bis zu vierzehn Tagen bestraft.

Neben dieser Strafe ist das Holz einzuziehen, wenn nicht der rechtmäßige Erwerb desselben binnen fünf Tagen nachgewiesen wird.

VII. Unbefugte Benutzung von Forstgrundstücken betreffend.

§ 28. Mit Geldstrafe bis zu dreißig Mark, im Unvermögensfalle mit Haft bis zu sechs Tagen wird bestraft, wer unbefugt auf Forstgrundstücken Gras, Heu oder andere Bodenerzeugnisse ausbreitet oder niederlegt.

Bestrafung tritt nur auf Antrag ein.

VIII. Den Schutz nützlicher und die Vertilgung schädlicher Thiere betreffend.

§ 29*). Zur Erhaltung der der Land- und Forstwirthschaft überwiegend nützlichen Vogelarten und zwar:

Blaukehlchen, Rothkehlchen, Nachtigall, Grasmücke, Rothschwanz, Steinschmätzer, Wiesenschmätzer, Bachstelze, Pieper, Zaunkönig, Pirol, Goldhähnchen, Meise, Ammer, Lerche, Fink, Hänfling, Zeisig, Stieglitz, Baumläufer, Wiedehopf, Schwalbe, Tagschlaf, Staar, Dohle, Krähe, Mandelkrähe, Fliegenschnäpper, Würger, Kukuk, Specht, Wendehals, Bussard (Mäusefalk) und Eule (mit Ausnahme des Uhu)

ist verboten,

---

*) Vgl. Reichsgesetz, betr. den Schutz von Vögeln, vom 22. März 1888 (RGBl. S. 111).

a) diese Vögel zu fangen, vorsätzlich zu tödten, oder in Käfigen zu halten;
b) zum Fange derselben Vogelheerde, Leimruthen oder Sprenkel aufzustellen oder andere Vorrichtungen für diesen Zweck zu treffen;
c) die Nester dieser Vögel zu zerstören, oder ihre Eier und ihre Brut auszunehmen;
d) sie zum Verkaufe auszubieten.

§ 30. Die gleichen Vorschriften gelten für alle Drosselarten für die Zeit vom 1. November bis 15. September.

§ 31. Die Vertilgung der Maikäfer hat auf Anordnung der Orts-Polizeibehörden in der von denselben zu bestimmenden Art, Zeit und Ausdehnung zu erfolgen.

§ 32. Zur Verhütung des Auftretens und der Verbreitung des Kartoffelkäfers, sowie zur Vertilgung desselben wird Folgendes bestimmt:

a) Jeder, welcher von dem Auftreten des Kartoffelkäfers, seiner Eier, Larven oder Puppen in irgend einer Weise Kenntniß erhalten hat, ist verpflichtet, hiervon der Ortspolizeibehörde sofort Anzeige zu erstatten;
b) die von dem Eigenthümer, Nießbraucher oder Pächter eines Grundstücks, oder von den damit von diesen beauftragten Personen abgelesenen Käfer, Eier, Larven oder Puppen sind sofort an Ort und Stelle zu tödten; die Aufbewahrung der Käfer, Eier, Larven oder Puppen in lebendem Zustande ist verboten; wer sich beim Erlaß dieser Verordnung bereits im Besitze lebender Eier, Larven oder Puppen befindet, hat dieselben sofort der Ortspolizeibehörde abzuliefern;
c) jeder Eigenthümer, Nießbraucher oder Pächter eines Grundstücks ist verpflichtet, die von dem Landrath oder der Ortspolizeibehörde angeordneten Absuchungen der Grundstücke gehörig auszuführen;
d) der Landrath und die Ortspolizeibehörden sind befugt, behufs Absperrung von Grundstücken Anordnungen zu treffen, welche von Jedem zu befolgen sind;

e) Jeder ist verpflichtet, Kinder, Pflegebefohlene, Dienstboten oder andere Personen, welche seiner Aufsicht unterstellt sind und zu seinem Hausstande gehören, von den in diesen Paragraphen aufgeführten Uebertretungen abzuhalten.

§ 33. Das Abraupen der in Gärten, auf Feldern, an Wegen und Straßen stehenden Obstbäume ist von den Eigenthümern, Pächtern oder Nutznießern alljährlich im Frühjahr vorzunehmen.

Die Ortspolizeibehörden haben zu bestimmen, wann diese Maßregel begonnen und bis wann sie durchgeführt werden muß.

§ 34. Zur Vertilgung der Heuschrecken wird Folgendes bestimmt:

a) Sobald an einem Orte sich die Heuschrecken in größerer Anzahl zeigen, sind die Gutsbesitzer und Gemeinden verpflichtet, die zur Ausführung der Vertilgungsmaßregeln nöthigen Mannschaften und Gespanne unentgeltlich zu stellen. Der Landrath hat erforderlichen Falls den Umfang dieser Leistungen, sowie die Zahl der von jedem einzelnen Grundbesitzer und Gemeindemitgliede zu leistenden Hand- und Spanndienste zu bestimmen;

b) die gemeinschaftlich von den betheiligten Interessenten zu ergreifenden Maßregeln beziehen sich insbesondere auf die Ziehung der nöthigen Gräben in und um die von den Heuschrecken befallenen Felder, die Anlegung von Fanglöchern in den Gräben, das Hineintreiben der Heuschrecken in dieselben, sowie demnächst das Tödten der Heuschrecken;

c) jede Gemeinde oder Gutsherrschaft ist verpflichtet, wenn ihre Feldmark noch nicht von der Heuschreckenplage befallen ist, angrenzenden oder nahe gelegenen Bezirken in der Verfolgung oder Vertilgung des Ungeziefers Hülfe zu leisten; der Umfang dieser Leistungen wird vom Landrath festgesetzt;

d) an Orten, in denen sich die Heuschrecken im Sommer gezeigt und Brut in die Erde gelegt haben, sind die betreffenden Brutstellen noch vor Winter und zwar etwas flach umzupflügen, oder umzuhacken, damit die Bruteier blos zu liegen kommen und durch die Winterwitterung möglichst zerstört werden.

Es ist Pflicht der Gemeinden und Gutsbestände zu ermitteln, ob solche Brutstätten vorhanden sind.

Sind die Brutstätten auf Aeckern gelegen, welche nicht in Brache liegen bleiben, sondern bestellt werden sollen, so muß das Umpflügen derselben noch vor Eintritt des Winters erfolgen.

In wie weit dies auch bei Brachländereien mit Rücksicht auf den Weidebedarf der betreffenden Eigenthümer geschehen muß, hat der Landrath, geeigneten Falls nach Anhörung von Sachverständigen, vorzuschreiben.

§ 35. Wer den Vorschriften der §§ 29 bis 34 zuwiderhandelt, wird, soweit nicht die durch § 368 Nr. 2 StGB. bestimmte Strafe Platz greift, nach § 34 F. u. FPG. mit einer Geldstrafe bis zu einhundertundfünfzig Mark oder mit Haft bestraft.

IX. Einführungs-Termin.

§ 36. Vorstehende PV. tritt mit dem 1. September d. J. in Kraft.

X. Aufhebung anderer Polizei-Vorschriften.

§ 37. Mit demselben Tage treten die den vorstehenden Bestimmungen widersprechenden Polizeiverordnungen außer Kraft.

Insbesondere werden aufgehoben:

1) Die V. betr. den Blutegelfang in den Königl. Forsten vom 23. Dezember 1834 (A.-Bl. 1835 S. 33).
2) die V., betr. die Benutzung und Anlage von Lehm- und Sandgruben vom 10. März 1836 (A.-Bl. S. 218).
3) Die PV. wegen des willkürlichen Ausbrennens von Brüchen und Torfstrecken vom 2. November 1843 (A.-Bl. S. 963) und der Ergänzungs-V. vom 3. September 1868 (A.-Bl. S. 327).
4) Die PV. gegen das Beschädigen von Wegen u. s. w. v. 22. April 1846 (A.-Bl. S. 484).
5) Die V., betr. die Holz-Legitimations-Atteste vom 9. Februar 1856 (A.-Bl. S. 105).
6) Die FPV., betr. die Legitimationsführung bei Entnahme von Waldprodukten u. s. w. vom 26. Februar 1859 (A.-Bl. S. 79).

7) Die PV., betr. den Schutz der der Landwirthschaft nützlichen Vögel vom 10. Juli 1860 (A.-Bl. S. 205).
8) Die V. gegen das Einzelhüten in Waldungen vom 3. Juli 1862 (A.-Bl. S. 217).
9) Die V. über Entnahme von Holz aus Waldungen vom 30. September 1862 (A.-Bl. S. 266).
10) Die FPV., betr. die Holzentnahme vor Beendigung des Hiebes in den Schlägen vom 5. Mai 1863 (A.-Bl. S. 114).
11) Die PV. wegen zwangsweiser Vertilgung der Engerlinge und Maikäfer vom 28. Juni 1866 (A.-Bl. S. 219).
12) Die FPV., betr. die Empfangnahme und Abfuhr des angekauften Holzes vom 17. April 1867 (A.-Bl. S. 148).
13) Die FV., betr. das Sammeln von Ameisen u. s. w. vom 17. April 1867 (A.-Bl. S. 155).
14) Die FPV., betr. den Schutz der Waldungen vom 2. Januar 1872 (A.-Bl. S. 21).
15) Die PV., betr. die Vertilgung der Heuschrecken vom 3. März 1877 (A.-Bl. S. 73).
16) Die PV., betr. das Abraupen der Bäume vom 1. März 1878 (A.-Bl. S. 63).
17) Die PV. zur Verhütung des Auftretens und der Verbreitung des Kartoffelkäfers vom 8. März 1878 (A.-Bl. S. 93).

VI. Provinz Schlesien.

1. Regierungsbezirk Breslau.

Polizeiverordnung des Regierungspräsidenten vom 17. Juli 1882. (Amtsbl. S. 203.)

Unter Bezugnahme auf die Bestimmungen des F. u. FPG., insbesondere der §§ 13, 34, 41, 43, 46 und 60 und auf Grund der §§ 6, 12 und 15 des PVG. 50 und der §§ 73 und 75 des LVG. 80 verordne ich hiermit nach erfolgter Zustimmung des Bezirksraths, unter Aufhebung aller entgegenstehenden P.-V., für den ganzen Umfang des Regierungs-Bezirks Breslau was folgt:

Gemeinsame Hutung.

§ 1. Soweit auf einem Hutungsrevier einer Mehrheit von Berechtigten aus der nämlichen Gemeinde das Hutungsrecht zusteht, darf das Vieh nicht einzeln zur Hutung geschickt, muß vielmehr durch einen gemeinschaftlichen Hirten, oder von den einzelnen Berechtigten einer vereinigten Heerde vorgetrieben und gehütet werden, sofern nicht einem Berechtigten das Einzelhüten herkömmlich oder vermöge besonderer Rechtstitel zusteht.

Zuwiderhandlungen werden mit einer Geldstrafe bis zu 10 Mark bestraft.

Wo besondere örtliche oder wirthschaftliche Verhältnisse für alle oder einzelne Berechtigte Abweichungen von der Vorschrift ad 1 erforderlich machen, können dieselben durch Lokal-Ordnungen, in welchen zugleich die nöthigen Sicherheitsmaßregeln festzusetzen sind, gestattet werden. (Siehe § 2.)

Zuwiderhandlungen gegen solche Lokal-Ordnungen unterliegen ebenfalls einer Geldstrafe bis zu 10 Mark.

§ 2. Lokal-Ordnungen im Sinne des § 1 können nach Anhören der Betheiligten von der Ortspolizeibehörde nach Maßgabe der für Erlaß von P.-V. geltenden gesetzlichen Vorschriften erlassen werden.

§ 3. Auf den der gemeinschaftlichen oder wechselseitigen Hutung unterliegenden Wiesen oder Fettweiden findet, soweit durch Statuten oder Gewohnheiten nicht ein anderes festgestellt ist,

> die Vorhut nur bis zum 1. April, die Nachhut auf Fettweiden nicht vor dem 1. November, auf Wiesen dagegen erst nach völlig beendeter Heuernte und auf zwei- und mehrschnittigen Wiesen nicht vor dem 1. Oktober statt.

Diese Termine können, wo ein Bedürfniß dazu obwaltet, durch Lokal-Ordnung (§ 2) abgeändert werden.

§ 4. Nasse durchbrüchige Wiesen müssen zu allen Jahreszeiten mit fremder Hutung verschont werden. Neugebaute oder umgebaute Wiesen sind mit fremder Hutung während der ersten zwei Jahre nach Ausführung der Anlage ganz zu verschonen. Auch muß die Schonung in der späteren Zeit noch so lange in demjenigen Umfange fortgesetzt werden, als sie zur Vollendung der Anlage und zur Sicherheit ihres Zweckes nothwendig ist.

Die in allen diesen Fällen etwa erforderlichen besonderen Festsetzungen erfolgen durch Lokal-Ordnung. (§ 2.)

§ 5. Auf einzelnen, im Gemenge liegenden und der gemeinschaftlichen oder wechselseitigen Hutung unterworfenen Feld- und Wiesenstücken darf die Hutung nicht eher ausgeübt werden, als bis die Aberntung der Früchte und die Werbung des Heues auch auf allen anderen zu demselben Feldtheile (dem Winter- oder Sommergetreidefelde) gehörigen Stücken geschehen ist.

Den Zeipunkt, mit welchem die Hutung auf den abgeernteten Stücken allgemein beginnen darf, hat die Ortspolizeibehörde zu bestimmen.

§ 6. Die Vorschriften der §§ 3 bis 5 treten auch dann ein, wenn die Hutungsbefugniß auf einem einseitigen Dienstbarkeitsrechte beruht.

Dagegen finden diese Vorschriften in allen denjenigen Fällen keine Anwendung, in welchen durch entgegenstehende, rechtsbeständige Willenserklärungen, rechtskräftige Erkenntnisse oder durch Verjährung rücksichtlich des Zeitpunktes oder der Art der Ausübung ein abweichendes Rechtsverhältniß begründet ist.

§ 7. Zuwiderhandlungen gegen die §§ 3 bis 6 werden mit einer Geldstrafe bis zu 30 Mark, im Unvermögensfalle mit verhältnißmäßiger Haft bestraft.

Hutung auf Grundstücken von geringem Umfange.

§ 8. Auf Hutungsplätzen, die von so geringem Umfange sind, daß ein Uebertreten des Viehes auf die benachbarten fremden Grundstücke leicht zu besorgen steht, muß das Vieh mit Stricken an feste Gegenstände angebunden (getüdert) oder an Stricken geführt werden. Letzteres muß auch dann geschehen, wenn das Vieh auf Wegen zur Weide gebracht wird, denen die erforderliche Breite fehlt. Das Behüten öffentlicher Wege ist auch an der Leine nicht gestattet.

Wo ein Bedürfniß zu einer dieserhalb zu treffenden allgemeinen Lokal-Ordnung vorhanden ist, kann dieselbe auf dem im § 2 bezeichneten Wege festgesetzt werden.

Wer diesen Vorschriften zuwiderhandelt, ist mit Geldstrafe bis zu 10 Mark zu bestrafen.

Hutung zur Nachtzeit.

§ 9. Grundstücke, welche nicht auf allen Seiten so eingeschlossen sind, daß dadurch das Austreten des Viehes verhindert wird, sowie Waldungen dürfen nur während der Tageszeit zur Viehweide benutzt werden.

§ 10. Wenn das weidende Vieh nicht über Nacht in Hürden oder anderen geschlossenen Räumen verbleibt, so muß dasselbe spätestens eine Stunde nach Sonnenuntergang zu Stalle gebracht sein und darf nicht früher als eine Stunde vor Sonnenaufgang wieder ausgetrieben werden.

§ 11. Verbleibt das Vieh über Nacht im Freien in Hürden oder anderen geschlossenen Räumen, so darf dasselbe nicht vor Sonnenaufgang auf die Weide gebracht werden und muß bei Sonnenuntergang wieder eingetrieben sein.

§ 12. Für solche Feldmarken oder Bezirke, in denen das nächtliche Hüten auf nicht umschlossenen Grundstücken bisher üblich gewesen und nach den eigenthümlichen wirthschaftlichen Verhältnissen entweder für die ganze Weideperiode oder für einen Theil derselben nicht zu entbehren ist, kann dasselbe durch besondere Lokal-Ordnungen (§ 2) gestattet werden, in welchen die zum Schutze gegen Beschädigungen und Mißbräuche erforderlichen Maßregeln vorzuschreiben sind.

§ 13. Wer den Bestimmungen der §§ 9 bis 11 oder einer nach § 12 errichteten Lokal-Ordnung zuwiderhandelt wird, auch wenn kein Vieh auf ein fremdes Grundstück übergetreten ist, mit Geldstrafe bis zu 30 Mark belegt.

§ 14. Viehtreiber, welche ihre Heerden zur Nachtzeit (§ 10) treiben, müssen bei Vermeidung einer Geldstrafe bis zu 10 Mark, im Unvermögensfall verhältnißmäßigen Haftstrafe von Ort zu Ort einen von ihnen zu lohnenden Begleiter zur Aufsicht mitnehmen.

Ausführung des § 34 des F. u. FPG.

§ 15. Den Strafen des § 34 des F. und FPG. (150 Mark oder Haft) unterliegt, wer der, durch die Lokal-Polizei-Behörden ihm auferlegten Verpflichtung:

a) zur Vertilgung von Maikäfern, Heuschrecken, Raupen und Feldmäusen,

b) Kleeseide zu beseitigen,

c) Berberitzensträucher, Disteln, Hedrich, Karbe oder Kornblumen und andere schädliche Unkräuter entweder überhaupt oder wenigstens innerhalb einer gewissen Entfernung von benachbarten Grundstücken zu beseitigen oder

d) Tauben während der Saatzeit eingesperrt zu halten,

nicht nachkommt.

§ 16. Ferner wer im Falle des Auftretens einer verdächtigen Krankheit an Weinreben oder Obstbäumen resp. in Kartoffelfeldern es unterläßt, die zur Abwendung der Reblauskrankheit resp. Kartoffelkäferkrankheit erforderliche sofortige Anzeige bei der nächsten Polizeibehörde zu erstatten.

§ 17. Ferner wer als Eigenthümer oder Nutzungsberechtigter oder Pächter es trotz Aufforderung der Polizeibehörde unterläßt, die in den Gärten, Feldern, Angern, Rainen und Wiesen stehenden Bäume, Sträucher und Hecken vor dem 1. April abzuraupen.

§ 18*). Ferner wer nachbenannte Thiere:

Blaukehlchen, Rothkehlchen, Nachtigall, Grasmücke, Rothschwanz, Steinschmätzer, Wiesenschmätzer, Bachstelze, Pieper, Zaunkönig, Pirol, Goldhähnchen, Meise, Ammer, Finke, Hänfling, Zeisig, Stieglitz, Baumläufer (Kleiber), Wiedehopf, Lerche, Tagschlaf, Staar, Dohle, Saatkrähe, Rocke (Mandelkrähe), Fliegenschnepper, Würger, Kukuk, Specht, Wendehals, Bussard (Mäusefalk) und Eule, mit Ausschluß des Uhu,

tödtet oder einfängt.

---

*) Vergl. Reichsgesetz, betr. den Schutz von Vögeln, vom 22. März 1888. (RGBl. 111.)

Bei gleicher Strafe ist das Ausnehmen der Eier oder der Brut, sowie das Zerstören der Nester vorgenannter Vögel verboten.

Dasselbe gilt auch von allen Vorbereitungen zum Fangen der Thiere, insbesondere von dem Aufstellen von Vogelnetzen, Schlingen, Dohnen, Sprengeln, Käfigen und Leimruthen.

Ausführung des § 32 daselbst.

§ 19. Wer als Eigenthümer, Nießbraucher oder Pächter und auch selbst an nicht gefährlichen Stellen in Wäldern oder Haiden oder in an und für sich nicht gefährlicher Nähe von Gebäuden oder feuerfangenden Sachen, Torfmoore, Haidekraut oder Bülten anbrennen will, hat, abgesehen von der erforderlichen vorgängigen Anzeige bei der Ortsobrigkeit, zuvor um die anzuzündende Fläche in der Tiefe der brennenden Schicht einen entsprechend breiten Graben überall da zu ziehen, wo diese Fläche irgend einen Anschluß an anderweitig vorhandene gleichartige Brennstoffe, Gras oder Gestrüpp 2c. hat.

Zuwiderhandelnde verfallen der Strafe des § 32 F. u. FPG.

Ausführung des § 40 daselbst.

§ 20. Wer auf Forstgrundstücken oder Torfmooren als Dienstbarkeits- oder Nutzungsberechtigter oder als Pächter die Gegenstände der Berechtigung z. B. Weidenutzung, Mast, Gräserei, Raff- und Leseholz, Streu, Laub, Rodestöße, Kien, Harz, Tannzapfen, Eicheln, Buchecker, Grünes Moos, Kräuter, Beeren, Pilze, Erz, Moor sich aneignen will, bedarf hierzu eines ihm von der Forstverwaltung oder von dem Grundeigenthümer auszustellenden Legitimationsscheines und einer von ebenda einzuholenden Ueberweisung der zu nutzenden Forst- oder sonstigen Flächen und Gegenstände.

Zuwiderhandlungen gegen diese Bestimmungen unterliegen den Strafen des § 40 F. u. FPG.

§ 21. Derselben Strafe unterliegt, wer bei Ausübung einer dergleichen Berechtigung

1) diese durch Anwendung herkömmlich dazu nicht erlaubter Werkzeuge oder Transportmittel, sei es in- oder außerhalb des

der Berechtigung unterliegenden Terrains oder durch Zuhilfenahme fremder d. i. nicht zu seinem Hausstand gehöriger Personen oder durch Heimbringung und weitere Fortschaffung der Produkte an anderen, als den für die Ausübung der Berechtigung festgesetzten Tagen, oder welcher dieselbe in der Wahl der Produkte überschreitet,

2) den bei der Bewilligung ihm schriftlich ertheilten besonderen Vorschriften zuwiderhandelt,

3) sich den von den Aufsichtsbeamten getroffenen Anordnungen nicht fügt,

4) sein Legitimationszeichen an Andere abgiebt,

5) unbefugter Weise das entnommene Gras im Walde dörrt,

6) Feuer anmacht oder raucht.

§ 22. Wer ohne eine darauf gerichtete Berechtigung Kräuter, Beeren oder Pilze im Walde sammeln will, bedarf dazu der schriftlichen Erlaubniß des Eigenthümers bezw. der Forstverwaltung. Wer ohne diese schriftliche Erlaubniß beim Sammeln betroffen wird, wird mit einer Geldstrafe bis zu 3 Mark, im Unvermögensfall mit verhältnißmäßiger Haft bestraft.

§ 23. Mit Geldstrafe bis zu 10 Mark, im Unvermögensfalle mit verhältnißmäßiger Haft wird bestraft, wer

a) im Walde außerhalb der Wege und auf fremden Grundstücken mit anderen als durchweg hölzernen Rechen oder Harken, deren Zinken mindestens 7 Centimeter Abstand von einander haben, betroffen wird,

b) innerhalb und außerhalb der Wege in Waldungen in der Zeit vom 1. April bis 1. Oktober Cigarren oder aus Pfeifen ohne Deckel raucht.

§ 24. 1. Wer rohes Holz irgend einer Art, insbesondere auch grüne Hölzer oder junge Baumstämme verfährt, sei es nach Städten oder außerhalb derselben, muß ein Attest des Königl. Forstbeamten (Oberförster) oder der Privat-Forstverwaltung oder des Guts- oder Gemeindevorstehers derjenigen Feldmark, aus welcher das Holz herstammt, über den rechtmäßigen Erwerb desselben bei sich führen. Privat-Atteste müssen durch Beidrückung des Orts-Polizei-Siegels beglaubigt sein.

2. Wer ohne solches Attest bei dem Transport von Holz betroffen wird und sich auch nicht auf der Stelle als Eigenthümer desselben oder als Beauftragter des Eigenthümers anderweit ausweisen kann, unterliegt für jeden Uebertretungsfall, mag übrigens der Ausweis nachträglich geführt werden oder nicht, einer Geldstrafe bis zu 30 Mark, im Unvermögensfalle verhältnißmäßiger Haft.

3. Derselben Strafe unterliegt, wer das erkaufte oder frei verabreichte Holz zu dem bestimmten Abfuhrtermine nicht abfährt oder bei Hochwasser Holz ohne besondere Erlaubniß im Kahne abfährt.

§ 25. Mit Geldbuße bis zu 30 Mark, im Unvermögensfalle verhältnißmäßiger Haft, wird bestraft:

1) der Schiffer, welcher — außer in Nothfällen bei Hochwasser — die Anker der Oderkähne in die an Forsten grenzenden Ufer einwirft oder die Oderkähne an die zu Forsten gehörigen Bäume anbindet;
2) wer ohne Genehmigung der Forstverwaltung Bau- und Nutzholz im Walde beschlägt, zersägt oder anderweit bearbeitet, Brennholz zerkleinert oder Weidenruthen im Walde schält;
3) wer ohne Genehmigung der Forstverwaltung Holz, Steine, Dünger und andere Gegenstände auf fremdem Forstgrund ablagert.

§ 26. Wer auf eigenem Grund und Boden eine Waldfläche brennen, liegende oder zusammengebrachte Bodendecken abbrennen will, muß die Polizei-Verwaltungen der im Umkreise einer Meile belegenen Ortschaften benachrichtigen und den von der Orts-Polizei-Verwaltung angeordneten Sicherheitsmaßregeln Folge leisten.

Zuwiderhandlungen unterliegen der im § 46 des F. u. FPG. vorgesehenen Strafe.

§ 27. Vorstehende PV. tritt mit dem 1. Oktober d. J. in Kraft.

2. Regierungsbezirk Liegnitz.

Polizeiverordnung des Regierungspräsidenten vom 22. November 1882. (Amtsbl. S. 291.)

Auf Grund des § 73 des LVG. 80 und in Gemäßheit der §§ 6, 12 und 15 PVG. 50 wird unter Zustimmung des Bezirksraths unter Aufhebung sämmtlicher über diesen Gegenstand zur Zeit bestehenden PV. für den Umfang des Regierungsbezirk Liegnitz folgende P.=V. erlassen.

A. Feld= und Forst=Polizei.

Gemeinsame Hutung.

§ 1. Soweit auf einem Hutungs=Revier einer Mehrheit von Berechtigten aus der nämlichen Gemeinde das Hutungsrecht zusteht, darf das Vieh nicht einzeln zur Hutung geschickt, muß vielmehr durch einen gemeinschaftlichen Hirten oder von den Hirten der einzelnen Berechtigten in einer gemeinschaftlichen Heerde vorgetrieben und gehütet werden, sofern nicht einem Berechtigten das Einzelhüten herkömmlich oder vermöge besonderer Rechtstitel zusteht.

Zuwiderhandlungen werden mit einer Geldstrafe bis zu 10 Mark oder mit Haft bestraft.

Wo besondere örtliche oder wirthschaftliche Verhältnisse für alle oder einzelne Berechtigte Abweichungen von der Vorschrift des al. 1 erforderlich machen, können dieselben durch Lokal=Ordnungen, in welchen zugleich die nöthigen Sicherheits=Maßregeln festzusetzen sind, gestattet werden. (Siehe § 2.)

Zuwiderhandlungen gegen solche Lokal=Ordnungen unterliegen derselben Strafe.

§ 2. Lokal=Ordnungen im Sinne des § 1 können nach Anhörung der Betheiligten von der Ortspolizei=Behörde nach Maßgabe der für den Erlaß von P.=V. geltenden gesetzlichen Vorschriften erlassen werden.

Vorhut — Nachhut.

§ 3. Auf den der gemeinschaftlichen oder wechselseitigen Hutung unterliegenden Wiesen oder Fettweiden findet, soweit durch Statuten oder Gewohnheiten nicht ein anderes festgestellt ist, die Vorhut nur bis zum 1. April, die Nachhut auf Fettweiden nicht vor dem 1. Oktober, auf Wiesen dagegen erst nach völlig beendigter Heuernte, und auf zwei- und mehrschnittigen Wiesen nicht vor beendigter Grummeternte statt.

Diese Termine können, wo ein Bedürfniß dazu obwaltet, durch Lokal-Ordnung (§ 2) abgeändert werden.

Durchbrüchige und neue Wiesen.

§ 4. Nasse durchbrüchige Wiesen müssen zu allen Jahreszeiten, neugebaute oder umgebaute Wiesen während der ersten zwei Jahre nach Ausführung der Anlage mit fremder Hutung verschont werden, die Schonung auch in der späteren Zeit noch so lange und in demjenigen Umfange fortgesetzt werden, als sie zur Vollendung der Anlage und zur Sicherung ihres Zweckes nothwendig ist.

Die in allen diesen Fällen etwa erforderlichen besonderen Festsetzungen erfolgen durch Lokal-Ordnung. (§ 2.)

Hutung nach Aberntung aller Früchte.

§ 5. Auf einzelnen im Gemenge liegenden und der gemeinschaftlichen oder wechselseitigen Hutung unterworfenen Feld- und Wiesenstücken darf die Hutung nicht eher ausgeübt werden, als bis die Aberntung der Früchte und die Werbung des Heues oder Grummets auch auf allen andern zu demselben Feldtheile (dem Winter- oder Sommergetreidefelde) gehörigen Stücken geschehen ist.

Den Zeitpunkt, mit welchem die Hutung auf den abgeernteten Stücken allgemein beginnen darf, hat die Ortspolizeibehörde zu bestimmen.

Ausnahme.

§ 6. Die Vorschriften der §§ 3 bis 5 treten auch dann ein, wenn die Hutungsbefugniß auf einem einseitigen Dienstbarkeits-Rechte beruht.

Dagegen finden diese Vorschriften in allen denjenigen Fällen keine Anwendung, in welchen durch entgegenstehende, rechtsbeständige Willens-Erklärungen, rechtskräftige Erkenntnisse oder durch Verjährung rücksichtlich des Zeitpunktes oder der Art der Ausübung ein abweichendes Rechtsverhältniß begründet ist.

§ 7. Zuwiderhandlungen gegen die §§ 3 bis 6 werden, abgesehen von dem etwa zu ersetzenden Schaden, mit einer Geldstrafe bis zu 30 Mark, im Unvermögensfalle mit verhältnißmäßiger Haft bestraft.

Hutung auf Grundstücken von geringem Umfange.

§ 8. Auf Hutungsplätzen, die von so geringem Umfange sind, daß ein Uebertreten des Viehes auf die benachbarten fremden Grundstücke leicht zu besorgen steht, muß das Vieh mit Stricken an feste Gegenstände angebunden (getüdert) oder an Stricken geführt werden.

Letzteres muß auch dann geschehen, wenn das Vieh auf Wegen zur Weide gebracht wird, denen die erforderliche Breite fehlt.

Wo ein Bedürfniß zu einer dieserhalb zu treffenden Lokal-Ordnung vorhanden ist, kann dieselbe auf dem in § 2 bezeichneten Wege festgesetzt werden.

Wer diesen Vorschriften zuwiderhandelt, ist mit Geldstrafe bis zu 10 Mark oder verhältnißmäßiger Haft zu bestrafen.

Hutungszeit.

§ 9. Grundstücke, welche nicht auf allen Seiten so eingeschlossen sind, daß dadurch das Austreten des Viehes verhindert wird, sowie Waldungen dürfen nur während der Tageszeit zur Viehweide benutzt werden, falls nicht aus besonderen Rechtstiteln eine Befugniß zum Nachthüten besteht.

§ 10. Wenn das weidende Vieh nicht über Nacht in Hürden oder anderen geschlossenen Räumen verbleibt, so muß dasselbe spätestens eine Stunde nach Sonnen-Untergang zu Stalle gebracht sein, und darf nicht früher als eine Stunde vor Sonnen-Aufgang wieder ausgetrieben werden. Verbleibt das Vieh über Nacht im Freien, in Hürden oder anderen geschlossenen Räumen, so darf dasselbe nicht vor Sonnen-Aufgang auf die Weide getrieben werden, und muß bei Sonnen-Untergang wieder eingetrieben sein.

Hutung zur Nachtzeit auf Grund von Lokal-Ordnungen.

§ 10. Für solche Feldmarken oder Bezirke, in denen das nächtliche Hüten auf nicht umschlossenen Grundstücken bisher üblich gewesen und nach den eigenthümlichen wirthschaftlichen Verhältnissen entweder für die ganze Weide-Periode oder für einen Theil derselben nicht zu entbehren ist, kann dasselbe durch besondere Lokal-Ordnungen (§ 2) gestattet werden, in welchen die zum Schutze gegen Beschädigungen und Mißbräuche erforderliche Maßregeln vorzuschreiben sind.

Strafmaaß.

§ 12. Wer den Bestimmungen der §§ 9 bis 11 oder einer nach § 12 errichteten Lokal-Ordnung zuwiderhandelt, wird, auch wenn kein Vieh auf ein fremdes Grundstück übergetreten ist, mit Geldstrafe bis zu 30 Mark oder verhältnißmäßiger Haft belegt.

Hutung nur in dazu geöffneten Distrikten.

§ 13. Hutungsberechtigte dürfen nur in den ihnen dazu angewiesenen Distrikten hüten. Reichen diese nicht aus, oder glauben die Weideberechtigten durch die getroffene Auswahl der Hutungsflächen sich in ihrem Rechte verletzt, so muß es doch bis zur Entscheidung im Aufsichts- oder Rechtswege bei der erfolgten Anweisung verbleiben.

Zuwiderhandelnde, sowie solche, welche eine größere Anzahl oder eine andere Gattung Vieh austreiben, als sie berechtigt sind, verfallen der Bestrafung nach den Sätzen, welche in den §§ 71 und 72 F. u. FPG. als Ersatzgeld festgesetzt sind.

Schonung nützlicher Thiere.

§ 14.*) Mit Strafe bis 150 Mark oder entsprechender Haft wird bestraft:

1. wer nachbenannte Thiere

a) Igel,

b) Eule, Mandelkrähe, Kuckuck, Wiedehopf, Specht, Wendehals, Spechtmeise, Baumläufer, Buchfink, Hänfling, Stieglitz, Zeisig, Giebitz, Gold-, Grau- und Rohrammer, Ortolan, Amsel, Staar, Seidenschwanz, Fliegenfänger, weiße und gelbe Bachstelze, Nachtigal, Sprosser, Grasmücke, Laub- und Rohrsänger, Rothkehlchen, Blaukehlchen, Rothschwänzchen, Zaunkönig, Goldhähnchen,

*) Vgl. Reichsgesetz, betr. den Schutz von Vögeln, vom 22. März 1888 (RGBl. 111.)

Stein- und Wiesenschmätzer, Pieper, Lerchen, Meisen, Schwalben, Mauersegler, Tagschläfer, ferner Bussarden und Drosseln, und zwar, die beiden letzteren in der Zeit vom 1. April bis 1. September tödtet oder einfängt.

2. Wer Eier oder die Brut der vorgenannten Vögel ausnimmt oder deren Nester zerstört.

3. Wer einen der sub 1b genannten Vögel kauft oder verkauft.

4. Wer Vorbereitungen zum Fangen dieser Thiere trifft insbesondere durch Aufstellen von Vogelnetzen, Schlingen, Dohnen, Sprenkeln, Käfigen und Leimruthen.

Ausgenommen von dem Verbote zu 3 und 4 ist der Kauf und Verkauf von Drosseln und das Dohnenstellen in der Zeit vom 1. September bis zum 1. April.

Vertilgung schädlicher Thiere. Reblaus, Kolorado-Käfer.

§. 15. Im Falle des Auftretens einer verdächtigen Krankheit an Weinreben oder Obstbäumen resp. in Kartoffelfeldern ist jeder, der hiervon Kenntniß erlangt hat, verpflichtet, die zur Abwendung der Reblaus oder einer anderen Krankheit ꝛc. erforderliche sofortige Anzeige bei der nächsten Polizei-Behörde zu erstatten.

Wer hiergegen verstößt, wird nach Maßgabe des § 34 F. u. FPG. bis 150 Mark oder entsprechender Haft bestraft.

Engerlinge, Maikäfer, Heuschrecken und Mäuse.

§ 16. 1. Die Besitzer von Feld-, Garten- und Wald-Grundstücken sind verpflichtet, Maßregeln zur Vertilgung der Engerlinge und Maikäfer, der Heuschrecken und Feldmäuse zu treffen, wenn durch das Auftreten dieser Thiere ein erheblicher Schaden für die Feldfrüchte, bezw. für die Bäume zu besorgen ist.

2. Die Kreis-Landräthe haben zu bestimmen, wenn der Fall einer zwangsweisen Vertilgung dieser Thiere vorliegt, und die Gemeinde- resp. Gutsvorsteher mit näherer Anweisung zu versehen, sowie mit der Aufsicht zu beauftragen.

Eine solche Bestimmnng kann für einzelne oder mehrere Feldmarken, oder für den ganzen Kreis erfolgen, sich aber auch auf einzelne Theile einer Feldmark beschränken. Diese ist in allen Fällen sowohl durch das Kreisblatt, wie in den betheiligten Gemeinden- und Gutsbezirken auf die für die Verkündigung ortspolizeilicher Verordnungen vorgeschriebene ortsübliche Weise bekannt zu machen.

3. Die Vertilgung der Engerlinge erfolgt durch Sammeln und Tödten derselben. Das Aufsammeln haben die Grundstücksbesitzer rücksichtlich ihrer mit dem Pfluge oder Spaten kultivirten Grundstücke bei Gelegenheit des Pflügens oder Grabens zu bewirken und dafür Sorge zu tragen, daß die mit dem Graben beschäftigten Arbeiter dazu Gefäße erhalten, und den Pflügern besondere Aufsammler folgen. Die diesfällige Aufsicht hierüber liegt den Gemeinde- bezw. Gutsvorstehern ob.

4. Die Vertilgung der Maikäfer und Heuschrecken erfolgt gleichfalls durch Sammeln und Tödten derselben.

5. Soweit es sich um Leistungen der Guts- und Gemeindevorsteher selbst handelt, bleibt die Festsetzung und Aufsicht den Amtsvorstehern, event. falls auch diese betheiligt sind, den Landräthen vorbehalten.

6. Grundstücksbesitzer, welche den in Folge dieser Verordnung ergehenden Anweisungen nicht genügen, verfallen der Bestrafung zufolge § 34 F. u. FPG. (150 Mark).

Raupen.

§ 17. a. Jeder Eigenthümer, Pächter oder Nutzungsberechtigter von Obstbäumen und wilden Bäumen und Hecken ist verpflichtet, alljährlich das Abraupen derselben bis Ende März genügend zu besorgen.

b. Um sich der Befolgung dieser Vorschrift zu vergewissern, haben in den Städten die Magisträte, auf dem Lande aber die Gemeinde- und Gutsvorsteher durch ihre Beamten oder sonst geeignete Personen in den ersten Tagen des Monats April alle Gärten und Alleen, soweit sie es für nothwendig erachten, darauf hin revidiren zu lassen.

c. Die Unterlassung des Raupens wird nach § 368, 2 StGB. bestraft (60 Mark oder bis 14 Tage Haft).

Kaninchen.

§ 18. Jeder Grundbesitzer ist verpflichtet, Kaninchen, falls sie dem Gartenbau und der Landwirthschaft erheblichen Schaden zufügen, auf Anordnung des Landraths und in den einen eigenen Kreis bildenden Städten, der Polizeibehörde, zu vertilgen.

Wer hiergegen verstößt, wird nach Maßgabe des § 34 F. u. FPG. vom 1. April 1880 bis 150 Mark oder entsprechender Haft bestraft.

Ausrottung schädlicher Pflanzen.

§ 19. Der gleichen Strafe unterliegt, wer den durch Uebertragung des Rostpilzes auf angrenzende Getreidefelder schädlichen Berberitzenstrauch (Berberis vulgaris) in geringerer Entfernung als 100 Meter von Ackergrundstücken auf seinem Grund und Boden pflanzt oder auch nur duldet, oder es unterläßt, die Kleeseide, die Wucherblume und Disteln von seinen Grundstücken zu vertilgen.

Brennen der Bodendecke.

§ 20. Wer auf eigenem Grund und Boden eine Waldfläche brennen, liegende oder zusammen gebrachte Bodendecken abbrennen will, muß die Polizei-Verwaltungen der im Umkreise einer Meile belegenen Ortschaften benachrichtigen und den von der Ortspolizei-Verwaltung angeordneten Sicherheitsmaßregeln Folge leisten.

Zuwiderhandlungen unterliegen der im § 46 F. u. FPG. vorgesehenen Strafe (10 bis 150 Mark).

Brennen von Torfmooren, Haidekraut, Bülten u. s. w.

§ 21. Wer als Eigenthümer, Nießbraucher oder Pächter, auch selbst an nicht gefährlichen Stellen in Wäldern oder Haiden, oder in an und für sich nicht gefährlicher Nähe von Gebäuden oder feuerfangenden Sachen, Torfmoore, Haidekraut oder Bülten anbrennen will, hat abgesehen von der erforderlichen vorgängigen Anzeige bei der Ortspolizei-Behörde, zuvor um die anzuzündende Fläche in der Tiefe der brennbaren Schicht einen entsprechend breiten Graben überall da zu ziehen, wo diese Fläche irgend einen Anschluß an anderweitig vorhandene gleichartige Brennstoffe, Gras oder Gestrüpp hat.

Zuwiderhandelnde verfallen der Strafe des § 32 F. u. FPG. (150 Mark oder Haft).

Legitimationszeichen.

§ 22. Wer auf Forstgrundstücken oder Torfmooren als Dienstbarkeits- oder Nutzungsberechtigter oder als Pächter die Gegenstände der Berechtigung, z. B. Weidennutzung, Mast, Gräserei, Raff- und Leseholz, Streu, Laub, Rodestöße, Kien, Harz, Zapfen, Eicheln, Buchecker, grünes Moos, Kräuter, Beeren, Pilze, Erz, Moor, sich aneignen will, muß sich zuvor von der Forstverwaltung oder von dem Grundeigenthümer einen Legitimationsschein ausstellen und die zu nutzenden Forst- oder sonstigen Flächen und Gegenstände überweisen lassen.

Zuwiderhandlungen gegen diese Bestimmungen unterliegen dem § 40 F. u. FPG. (100 Mark oder Haft).

Verschiedene Uebertretungen.

§ 23. Der Strafe des § 40 F. u. FPG. unterliegt, wer bei Ausübung einer dergleichen Berechtigung

1. diese durch Anwendung herkömmlich dazu nicht erlaubter Werkzeuge oder Transportmittel, sei es in- oder außerhalb des der Berechtigung unterliegenden Terrains, oder durch Zuhilfenahme fremder, d. i. nicht zu seinem Hausstande gehöriger Personen oder durch Heimbringung und weitere Fortschaffung der Produkte an anderen, als den für die Ausübung der Berechtigung festgesetzten Tagen oder zur Nachtzeit, oder nicht an demselben Tage, an dem die Produkte gesammelt sind, oder welcher dieselbe in der Wahl der Produkte überschreitet;

2. den bei der Bewilligung ihm schriftlich ertheilten, besonderen Vorschriften zuwiderhandelt;

3. sich den von den Aufsichtsbeamten getroffenen Anordnungen nicht fügt;

4. sein Legitimationszeichen an andere abgiebt;

5. unbefugte Weise das entnommene Gras im Walde dörrt;

6. seine Nutzung an anderen als den dazu angewiesenen Orten ausübt;

7. oder mit erlaubten oder unerlaubten Werkzeugen aus Fahrlässigkeit ꝛc. junge Holzpflanzen abschneidet oder beschädigt.

Sammeln von Kräutern, Beeren, Pilzen.

§ 24. Wer ohne eine darauf gerichtete Berechtigung Kräuter, Beeren oder Pilze im Walde sammeln will, bedarf dazu der schriftlichen Erlaubniß des Wald-Eigenthümers bezw. der Forstverwaltung. Wer ohne die schriftliche Erlaubniß beim Sammeln betroffen wird, wird mit einer Geldstrafe bis zu 10 Mark oder Haft bestraft.

Schleifen von Langhölzern.

§ 25. Wer in Waldungen und zwar auf den Wegen oder innerhalb der Schonungen Langhölzer auf bloßen Vorderwagen unbefugter Weise schleift oder auf der Schiene vorschriftswidrig hemmt, wird mit einer Geldstrafe von 3 bis 30 Mark oder entsprechender Haft bestraft.

Transport von Holz.

§ 26. 1. Wer rohes Holz irgend einer Art, insbesondere auch grüne Hölzer, oder junge Baumstämme verfährt, sei es nach Städten oder außerhalb derselben, muß ein Attest des Königlichen Forstbeamten (Oberförsters) oder der Privatforstverwaltung oder des Guts- oder Gemeindevorstehers derjenigen Feldmark, aus welcher das Holz stammt, über den rechtmäßigen Erwerb desselben bei sich führen.

Privatatteste müssen durch Beidrückung des Ortspolizeisiegels beglaubigt sein.

2. Wer ohne solches Attest bei dem Transport von Holz betroffen wird und sich auch nicht auf der Stelle als Eigenthümer desselben oder als Beauftragter des Eigenthümers anderweit ausweisen kann, unterliegt — abgesehen von etwaiger Bestrafung nach dem FDG. — für jeden Uebertretungsfall, mag übrigens der Ausweis nachträglich geführt werden oder nicht, und die Strafe der Entwendung eintreten oder nicht, den im § 43 F. u. FPG. vorgesehenen Strafen (50 Mark oder Haft).

3. Derselben Strafe unterliegt, wer das verkaufte oder frei verabreichte Holz oder Torf oder ein anderes Waldprodukt zu dem

bestimmten Abfuhr-Termine nicht abfährt, oder bei Hochwasser Holz ohne besondere Erlaubniß im Kahne oder auf nicht dazu angewiesenen Wegen oder zur Nachtzeit abfährt.

Beschädigung der Ufer und Bäume durch Schiffer.

§ 27. Mit Geldbuße bis zu 30 Mark oder Haft wird bestraft der Schiffer, welcher — außer in Nothfällen bei Hochwasser — die Anker der Oderkähne unbefugt in die an Forsten grenzenden Ufer einwirft oder die Oderkähne an Bäume anbindet.

B. Jagd-Polizei.

Transport von Wildpret.

§ 28. 1. Wer Wildpret transportirt, muß ein Attest eines Königlichen Forstbeamten (Oberförsters) oder der Privatforstverwaltung oder des Jagdberechtigten über den Ursprung und rechtmäßigen Erwerb bei sich führen. Die Atteste müssen Ort und Datum des Erlegens und Namen des Jagdberechtigten, sowie Anzahl und Gattung des Wildes enthalten. Privat-Atteste müssen durch Beidrückung eines öffentlichen Siegels beglaubigt sein.

2. Zuwiderhandlungen gegen diese Bestimmung werden mit einer Geldstrafe von 1 bis 30 Mark bestraft.

3. Die vorgezeigten und in Ordnung befundenen Legitimations-Atteste sind durch den kontrolirenden Beamten mit seinem Visum und Datum zu versehen.

Verkauf von Wild während der Schonzeit.

§ 29. a. Wer nach Verlauf von 14 Tagen nach eingetretener Schonzeit:

1. des weiblichen Roth- und Damwildes (1. Februar bis 15. Oktober) unzerlegtes männliches oder weibliches Roth- oder Damwild,

2. des weiblichen Rehwildes (15. Dezember bis 15. Oktober) unzerlegtes männliches oder weibliches Rehwild, bei welchem das Geschlecht nicht mehr mit Sicherheit erkennbar ist, versendet, verkauft, zum Verkaufe herumträgt, auf Märkten oder sonst auf irgend eine Art zum Verkaufe ausstellt oder feilbietet, oder den Verkauf vermittelt, oder aber selbst kauft, verfällt in eine Geldstrafe bis zu 60 Mark oder in entsprechende Haftstrafe.

b. Die Vorschrift ad a. findet keine Anwendung auf das Seitens der zuständigen Behörde in Beschlag genommene und auf dasjenige Wild, von welchem durch ein Attest der Ortspolizei-Behörde nachgewiesen wird (§ 7 al. 2 des Gesetzes vom 26. Februar 1870), daß dasselbe in den Ausnahmefällen erlegt ist, in welchen zum Schutze gegen Wildschaden die gesetzliche Befugniß zum Schießen von Wild auch während der Schonzeit von der zustehenden Behörde ertheilt ist (§ 3 des Gesetzes vom 26. Februar 1870).

Herumlaufen von Hunden.

§ 30. Wer auf fremden Jagdreviere weiter als 100 Meter von seiner Wohnung entfernt seinen Hund unbeaufsichtigt umherlaufen läßt, verfällt in eine Strafe von 1 bis 30 Mark.

Zeit des Inkrafttretens dieser Verordnung.

§ 31. Diese PV. tritt mit dem 1. Januar 1883 in Kraft.

3. Regierungsbezirk Oppeln.

Polizeiverordnung des Regierungspräsidenten vom 3. April 1882. (Amtsbl. S. 120.)

Unter Bezugnahme auf die Bestimmungen des F. u. FPG., insbesondere der §§ 13, 34, 41, 43, 46 und 60, und auf Grund der §§ 11, 12 und 15 PVG 50 und der §§ 73 und 75 LVG 80 verordne ich hiermit, nach erfolgter Zustimmung des Bezirks-Raths, unter Aufhebung aller entgegenstehenden PV., für den ganzen Umfang des Regierungsbezirks Oppeln, was folgt:

Gemeinsame Hutung.

§ 1. Soweit auf einem Hutungsrevier einer Mehrheit von Berechtigten aus der nämlichen Gemeinde das Hutungsrecht zusteht, darf das Vieh nicht einzeln zur Hutung geschickt, muß vielmehr durch einen gemeinschaftlichen Hirten oder von den Hirten der einzelnen Berechtigten in einer vereinigten Heerde vorgetrieben und gehütet werden, sofern nicht einem Berechtigten das Einzelhüten herkömmlich oder vermöge besonderer Rechtstitel zusteht.

Zuwiderhandlungen werden mit einer Geldstrafe bis zu 10 Mk., im Unvermögensfalle mit verhältnißmäßiger Haft bestraft.

Wo besondere örtliche oder wirthschaftliche Verhältnisse für alle oder einzelne Berechtigte Abweichungen von der Vorschrift des Al. 1 erforderlich machen, können dieselben durch Lokal-Ordnungen, in welchen zugleich die nöthigen Sicherheitsmaßregeln festzusetzen sind, gestattet werden. (Siehe § 2.)

Zuwiderhandlungen gegen solche Lokal-Ordnungen unterliegen ebenfalls einer Geldstrafe bis zu 10 Mark, im Unvermögensfalle verhältnißmäßiger Haft.

§ 2. Lokal-Ordnungen im Sinne des § 1 können nach Anhören der Betheiligten von der Ortspolizeibehörde nach Maßgabe der für Erlaß von P.-V. geltenden gesetzlichen Vorschriften erlassen werden.

§ 3. Auf den der gemeinschaftlichen oder wechselseitigen Hutung unterliegenden Wiesen oder Fettweiden findet, soweit durch Statuten oder Gewohnheiten nicht ein Anderes festgestellt ist,

die Vorhut nur bis zum 1. April, die Nachhut auf Fettweiden nicht vor dem 1. November, auf Wiesen dagegen erst nach völlig beendigter Heuernte und auf zwei- und mehrschnittigen Wiesen nicht vor dem 1. Oktober statt.

Diese Termine können, wo ein Bedürfniß dazu obwaltet, durch Lokalordnung (§ 2) abgeändert werden.

§ 4. Nasse durchbrüchige Wiesen müssen zu allen Jahreszeiten mit fremder Hutung verschont werden. Neugebaute oder umgebaute Wiesen sind mit fremder Hutung während der ersten zwei Jahre nach Ausführung der Anlage ganz zu verschonen. Auch muß die Schonung in der späteren Zeit noch so lange und in demjenigen Umfange fortgesetzt werden, als sie zur Vollendung der Anlage und zur Sicherung ihres Zweckes nothwendig ist.

Die in allen diesen Fällen etwa erforderlichen besonderen Festsetzungen erfolgen durch Lokalordnung (§ 2).

§ 5. Auf einzelnen, im Gemenge liegenden und der gemeinschaftlichen oder wechselseitigen Hutung unterworfenen Feld- und Wiesenstücken darf die Hutung nicht eher ausgeübt werden, als bis die Aberntung der Früchte und die Werbung des Heues auch auf allen anderen zu demselben Feldtheile (dem Winter- oder Sommergetreidefelde) gehörigen Stücken geschehen ist. Den Zeitpunkt, mit welchem die Hutung auf den abgeernteten Stücken allgemein beginnen darf, hat die Ortspolizeibehörde zu bestimmen.

§ 6. Die Vorschriften der §§ 3 bis 5 treten auch dann ein, wenn die Hutungsbefugniß auf einem einseitigen Dienstbarkeitsrechte beruht.

Dagegen finden diese Vorschriften in allen denjenigen Fällen keine Anwendung, in welchen durch entgegenstehende, rechtsbeständige Willenserklärungen, rechtskräftige Erkenntnisse oder durch Verjährung rücksichtlich des Zeitpunktes oder der Art der Ausübung ein abweichendes Rechtsverhältniß begründet ist.

§ 7. Zuwiderhandlungen gegen die §§ 3 bis 6 werden mit einer Geldstrafe bis zu 30 Mk., im Unvermögensfalle mit verhältnißmäßiger Haft bestraft.

Hutung auf Grundstücken von geringem Umfange.

§ 8. Auf Hutungsplätzen, die von so geringem Umfange sind, daß ein Uebertreten des Viehes auf die benachbarten fremden Grundstücke leicht zu besorgen steht, muß das Vieh mit Stricken an feste Gegenstände angebunden (getüdert) oder an Stricken geführt werden. Letzteres muß auch dann geschehen, wenn das Vieh auf Wegen zur Weide gebracht wird, denen die erforderliche Breite fehlt.

Das Behüten öffentlicher Wege ist auch an der Leine nicht gestattet.

Wo ein Bedürfniß zu einer dieserhalb zu treffenden allgemeinen Lokalordnung vorhanden ist, kann dieselbe auf dem im § 2 bezeichneten Wege festgesetzt werden.

Wer diesen Vorschriften zuwider handelt, ist mit Geldstrafe bis zu 10 Mark, im Unvermögensfalle mit verhältnißmäßiger Haft zu bestrafen.

Hutung zur Nachtzeit.

§ 9. Grundstücke, welche nicht auf allen Seiten so eingeschlossen sind, daß dadurch das Austreten des Viehes verhindert wird, sowie Waldungen dürfen nur während der Tageszeit zur Viehweide benutzt werden.

§ 10. Wenn das weidende Vieh nicht über Nacht in Hürden oder anderen geschlossenen Räumen verbleibt, so muß dasselbe spätestens eine Stunde nach Sonnenuntergang zu Stalle gebracht sein und darf nicht früher als eine Stunde vor Sonnenaufgang wieder ausgetrieben werden.

§ 11. Verbleibt das Vieh über Nacht im Freien in Hürden oder anderen geschlossenen Räumen, so darf dasselbe nicht vor Sonnenaufgang auf die Weide gebracht werden, und muß bei Sonnenuntergang wieder eingetrieben sein.

§ 12. Für solche Feldmarken oder Bezirke, in denen das nächtliche Huten auf nicht umschlossenen Grundstücken bisher üblich gewesen und nach den eigenthümlichen wirthschaftlichen Verhältnissen entweder für die ganze Weideperiode oder für einen Theil derselben nicht zu entbehren ist, kann dasselbe durch besondere Lokalordnungen (§ 2) gestattet werden, in welchen die zum Schutze gegen Beschädigungen und Mißbräuche erforderlichen Maßregeln vorzuschreiben sind.

§ 13. Wer den Bestimmungen der §§ 9 bis 11 oder einer nach § 12 errichteten Lokalordnung zuwiderhandelt, wird, auch wenn kein Vieh auf ein fremdes Grundstück übergetreten ist, mit Geldstrafe bis zu 30 Mark, im Unvermögensfalle mit verhältnißmäßiger Haftstrafe belegt.

§ 14. Viehtreiber, welche ihre Heerden zur Nachtzeit (§ 10) treiben, müssen bei Vermeidung einer Geldstrafe bis zu 10 Mark, im Unvermögensfalle verhältnißmäßiger Haftstrafe von Ort zu Ort einen von ihnen zu lohnenden Begleiter zur Aufsicht mitnehmen.

Ausführung des § 34 F. u. FPG.

§ 15. Den Strafen des § 34 F. u. FPG. (150 Mark oder Haft) unterliegt, wer der durch die Lokalpolizeibehörden ihm auferlegten Verpflichtung

a) zur Vertilgung von Maikäfern, Heuschrecken, Raupen und Feldmäusen,

b) Kleeseide zu beseitigen,

c) Berberitzensträucher, Disteln, Hederich, Karbe, Kornblumen und andere schädliche Unkräuter entweder überhaupt oder wenigstens innerhalb einer gewissen Entfernung von benachbarten Grundstücken zu beseitigen, oder

d) Tauben während der Saatzeiten eingesperrt zu halten,

nicht nachkommt.

§ 16. Ferner wer im Falle des Auftretens einer verdächtigen Krankheit an Weinreben oder Obstbäumen resp. in Kartoffelfeldern es unterläßt, die zur Abwendung der Reblauskrankheit resp. Kartoffelkäferkrankheit erforderliche sofortige Anzeige bei der nächsten Polizeibehörde zu erstatten.

§ 17. Ferner, wer als Eigenthümer oder Nutzungsberechtigter oder Pächter es trotz Aufforderung der Polizeibehörde unterläßt, die in den Gärten, Feldern, Angern, Rainen und Wiesen stehenden Fruchtbäume noch vor dem 1. April abzuraupen.

§ 18.*) Ferner, wer nachbenannte Thiere:

Blaukehlchen, Rothkehlchen, Nachtigall, Grasmücke, Rothschwanz, Steinschmätzer, Wiesenschmätzer, Bachstelze, Pieper, Zaunkönig, Pirol, Goldhähnchen, Meise, Ammer, Finke, Hänfling, Zeisig, Stieglitz, Baumläufer (Kleiber), Wiedehopf, Lerche, Tagschlaf, Staar, Dohle, Saatkrähe, Rake (Mandelkrähe), Fliegenschnäpper, Kuckuck, Specht, Wendehals, Bussard (Mäusefalk) und Eule (mit Ausnahme des Uhu),

tödtet oder einfängt.

Bei gleicher Strafe ist das Ausnehmen der Eier oder der Brut sowie das Zerstören der Nester vorgenannter Vögel verboten.

Dasselbe gilt auch von allen Vorbereitungen zum Fangen dieser Thiere, insbesondere von dem Aufstellen von Vogelnetzen, Schlingen, Dohnen, Sprenkeln, Käfigen und Leimruthen.

Ausführung des § 32 das.

§ 19. Wer als Eigenthümer, Nießbraucher oder Pächter und auch selbst an nicht gefährlichen Stellen in Wäldern oder Haiden,

*) Vergl. Reichsgesetz, betr. den Schutz von Vögeln, vom 22. März 1888. (RGBl. S. 111.)

oder in an und für sich nicht gefährlicher Nähe von Gebäuden oder feuerfangenden Sachen, Torfmoore, Heidekraut oder Bülten anbrennen will, hat, abgesehen von der erforderlichen vorgängigen Anzeige bei der Ortsobrigkeit, zuvor um die anzuzündende Fläche in der Tiefe der brennbaren Schicht einen entsprechend breiten Graben überall da zu ziehen, wo diese Fläche irgend einen Anschluß an anderweitig vorhandene gleichartige Brennstoffe, Gras oder Gestrüpp ꝛc. hat.

Zuwiderhandelnde verfallen der Strafe des § 32 F. u. FPG.

Ausführung des § 40 das.

§ 20. Wer auf Forstgrundstücken oder Torfmooren als Dienstbarkeits- oder Nutzungsberechtigter oder als Pächter die Gegenstände der Berechtigung, z. B. Weidennutzung, Mast, Gräserei, Raff- und Leseholz, Streu, Laub, Rodestöße, Kien, Harz Tannenzapfen, Eicheln, Buchecker, grünes Moos, Kräuter, Beeeren, Pilze, Erz, Moor, sich aneignen will, bedarf hierzu eines ihm von der Forstverwaltung oder von dem Grundeigenthümer auszustellenden Legitimationsscheines und einer von ebenda einzuholenden Ueberweisung der zu nutzenden Forst- oder sonstigen Flächen und Gegenstände.

Zuwiderhandlungen gegen diese Bestimmungen unterliegen den Strafen des § 40 F. u. FPG.

§ 21. Derselben Strafe unterliegt, wer bei Ausübung einer dergleichen Berechtigung

1. diese durch Anwendung herkömmlich dazu nicht erlaubter Werkzeuge oder Transportmittel, sei es in- oder außerhalb des der Berechtigung unterliegenden Terrains oder durch Zuhilfenahme fremder, d. i. nicht zu seinem Hausstande gehöriger Personen oder durch Heimbringung und weitere Fortschaffung der Produkte an anderen als den für die Ausübung der Berechtigung festgesetzten Tagen oder welcher dieselbe in der Wahl der Produkte überschreitet;
2. den bei der Bewilligung ihm schriftlich ertheilten besonderen Vorschriften zuwiderhandelt;

3. sich den von den Aufsichtsbeamten getroffenen Anordnungen nicht fügt;
4. sein Legitimationszeichen an andere abgiebt;
5. unbefugter Weise das entnommene Gras im Walde dörrt;
6. Feuer anmacht oder raucht.

§ 22. Wer ohne eine darauf gerichtete Berechtigung Kräuter, Beeren oder Pilze im Walde sammeln will, bedarf dazu der schriftlichen Erlaubniß des Eigenthümers bezw. der Forstverwaltung. Wer ohne diese schriftliche Erlaubniß beim Sammeln betroffen wird, wird mit einer Geldstrafe bis zu 3 Mark, im Unvermögensfalle mit verhältnißmäßiger Haft bestraft.

§ 23. Mit Geldstrafe bis zu 10 Mark wird bestraft, wer

a) im Walde außerhalb der Wege und auf fremden Grundstücken mit anderen als durchweg hölzernen Rechen oder Harken, deren Zinken mindestens 7 Centimeter Abstand von einander haben, betroffen wird;
b) außerhalb der Wege in Waldungen in der Zeit vom 1. April bis 1. Oktober aus Pfeifen ohne Deckel raucht, glimmenden Tabak oder Cigarrenstücke wegwirft.

§ 24. Mit Geldbuße bis zu 30 Mark, im Unvermögensfalle verhältnißmäßiger Haft wird bestraft:

1. der Schiffer, welcher — außer in Nothfällen beim Hochwasser — die Anker der Oderkähne in die an Forsten grenzenden Ufer einwirft oder die Oderkähne an die zu Forsten gehörigen Bäume anbindet;
2. wer ohne Genehmigung des Eigenthümers Holz, Steine, Dünger und andere Gegenstände auf fremden Grundstücken ablagert.

§ 25. Wer auf eigenem Grund und Boden eine Waldfläche brennen, liegende oder zusammengebrachte Bodendecken abbrennen will, muß die Polizeiverwaltungen der im Umkreise einer Meile belegenen Ortschaften benachrichtigen und den von der Ortspolizeiverwaltung angeordneten Sicherheitsmaßregeln Folge leisten.

Zuwiderhandlungen unterliegen der im § 46 F. u. FPG. vorgesehenen Strafe.

§ 26. Vorstehende PV. tritt mit dem 1. Juni d. Js. in Kraft.

VII. Provinz Sachsen.

1. Regierungsbezirk Erfurt.

Polizeiverordnung des Regierungspräsidenten vom 6. Oktober 1883. (Amtsbl. S. 195.)

Auf Grund der §§ 73 u. 75 LVG. 80 und der §§ 6, 12 und 15 PVG. 50 verordne ich hiermit, unter Zustimmung des Bezirksrathes, für den Umfang des Regierungsbezirkes Erfurt zur Ausführung des F. u. FPG. wie folgt:

§ 1. Grundstücke, welche nicht auf allen Seiten derartig umschlossen sind, daß das Austreten des Viehes auf benachbarte fremde Grundstücke dadurch verhindert wird, dürfen nur während der Tageszeit zur Viehweide benutzt werden.

§ 2. Wenn das weidende Vieh nicht über Nacht im Freien, in Hürden oder anderen geschlossenen Räumen verbleibt, so muß dasselbe spätestens eine Stunde nach Sonnenuntergang zu Stall gebracht sein und darf nicht früher als eine Stunde vor Sonnenaufgang wieder ausgetrieben werden.

§ 3. Verbleibt das Vieh über Nacht im Freien in Hürden oder anderen geschlossenen Räumen, so darf dasselbe nicht vor Sonnenaufgang auf die Weide gebracht werden und muß bei Sonnenuntergang wieder eingetrieben sein.

§ 4. Für solche Feldmarken oder größere Bezirke, in denen das nächtliche Hüten auf umschlossenen Grundstücken bisher üblich gewesen und nach den eigenthümlichen wirthschaftlichen Verhältnissen entweder für die ganze Weideperiode oder für einen Theil derselben nicht zu entbehren ist, kann dasselbe durch besondere Orts-PV. gestattet werden. In einer solchen Verordnung sind gleichzeitig die zum Schutz gegen Beschädigungen und Mißbräuche erforderlichen Maßregeln vorzuschreiben.

§ 5. Auf Hütungsplätzen, die von so geringem Umfange sind, daß ein Uebertreten des Viehes auf benachbarte fremde Grundstücke zu besorgen steht, muß das Vieh mit Stricken an feste Gegenstände angebunden (getüdert) oder an Stricken geführt werden. Letzteres muß auch dann geschehen, wenn das Vieh auf

Wegen zur Weide gebracht wird, denen die zum Viehtreiben erforderliche Breite fehlt.

§ 6. Gemeinschaftliche Heerden (Gemeinde- oder Genossenschaftsheerden) sind unter die Aufsicht von tüchtigen Hirten zu stellen. Bei Gemeindeheerden hat der Gemeindevorstand und bei Hütungsgenossenschaften mit besonderem Vorstand dieser mit Genehmigung des Gemeindevorstandes dafür zu sorgen.

Wie viele gemeinschaftliche Hirten zu halten und ob die verschiedenen Vieharten abgesondert oder gemischt zu hüten sind, ist durch Beschlüsse der Gemeinden und an Orten, wo nicht alle Gemeindemitglieder an der gemeinschaftlichen Weide Theil haben, durch Beschlüsse der Hutungsgenossenschaft mit Genehmigung des Gemeindevorstandes zu bestimmen.

§ 7. Jeder Theilnehmer eines gemeinschaftlichen Hutungsrechts ist bei dessen Ausübung verpflichtet, sein Vieh vor Eintritt in den gemeinschaftlichen Hutungsbezirk dem gemeinschaftlichen Hirten vorzutreiben und von diesem hüten zu lassen, sofern ihm nicht das Recht zum Einzelhüten herkömmlich oder vermöge besonderen Rechtstitels zusteht oder die im § 8 gedachte Ausnahme eintritt.

§ 8. Wo nach besonderen örtlichen oder wirthschaftlichen Verhältnissen für alle oder für einzelne Theilnehmer eines gemeinschaftlichen Hutungsrechts ein solches Einzelhüten (§ 7) während des ganzen Jahres oder gewisser Jahreszeiten nothwendig ist, kann dasselbe durch Ortspolizeiverordnung, in welcher zugleich die erforderlichen Sicherungsmaßregeln festzusetzen sind, gestattet werden.

Im Uebrigen ist den Theilnehmern eines gemeinschaftlichen Hutungsrechts das Einzelhüten von Vieh auf der gemeinschaftlichen Weide verboten.

§ 9. Auf den der gemeinschaftlichen oder wechselseitigen Hutung unterliegenden Wiesen oder Fettweiden findet, soweit durch Statuten oder Gewohnheiten nicht ein Anderes festgestellt ist,

die Vorhut nur bis zum 1. April, die Nachhut auf Fettweiden nicht vor dem 1. November, auf einschnittigen Wiesen dagegen erst nach völlig beendeter Heuernte und auf zwei-

und mehrschnittigen Wiesen nicht vor dem 1. Oktober jeden Jahres

statt.

Diese Termine können, wo ein Bedürfniß dazu obwaltet, durch Ortspolizeiverordnung anders bestimmt werden.

§ 10. Nasse, durchbrüchige Wiesen müssen zu allen Jahreszeiten mit fremder Hutung verschont werden.

Neugebaute oder umgebaute Wiesen sind mit fremder Hutung während der ersten zwei Jahre nach Ausführung der Anlage ganz zu verschonen. Auch muß die Schonung in der späteren Zeit noch so lange und in demjenigen Umfange fortgesetzt werden, als sie zur Vollendung der Anlage und zur Sicherung ihres Zweckes nothwendig ist.

Die in allen diesen Fällen etwa erforderlichen besonderen Festsetzungen sind von der Ortspolizeibehörde zu treffen.

§ 11. Auf einzelnen im Gemenge liegenden und der gemeinschaftlichen oder wechselseitigen Hutung unterworfenen Feld- und Wiesenstücken darf die Hutung nicht eher ausgeübt werden, als bis die Aberntung der Früchte und die Werbung des Heus auch auf allen andern zu demselben Feldtheile (dem Winter- oder Sommergetreidefelde ꝛc.) gehörigen Stücken geschehen ist.

§ 12. Die Vorschriften der §§ 9—11 treten auch dann ein, wenn die Hutungsbefugniß auf einem einseitigen Dienstbarkeitsrechte beruht.

Dagegen finden diese Vorschriften in allen denjenigen Fällen keine Anwendung, in welchen durch entgegenstehende rechtsbeständige Willenserklärungen, rechtskräftige Erkenntnisse oder durch Verjährung rücksichtlich des Zeitpunktes oder der Art der Ausübung ein abweichendes Rechtsverhältniß begründet ist.

§ 13. Viehtreiber, welche ihre Heerden zur Nachtzeit (§ 2 Nr. 1 F. u. FPG.) treiben, müssen von Ort zu Ort einen von ihnen zu lohnenden Begleiter zur Aufsicht mitnehmen.

§ 14. Den Hutungsberechtigten in einem fremden Walde wird verboten:

1. Ziegen auf solche Plätze zu bringen, wo Beschädigung am Holze, an Bäumen oder Hecken zu besorgen ist,
2. unreines oder mit ansteckender Krankheit behaftetes Vieh auf die Waldweide zu bringen.

Die zur Beaufsichtigung des Viehs bestellten Hirten haben darauf zu achten, daß das Vieh nicht in fremde Reviere oder in ausgeschlossene Distrikte übertritt, nicht Gräben, Tafeln, Wische, Einfriedigungen oder Grenzzeichen beschädigt oder sonstigen Schaden anrichtet.

§ 15. Hirten dürfen beim Hüten in einem fremden Walde nicht mit Werkzeugen, welche zum Fällen von Holz, oder mit Geräthen, welche zum Sammeln oder Wegschaffen von Holz, Gras, Streu oder Harz oder zur Verübung von Jagdfreveln ihrer Beschaffenheit nach bestimmt erscheinen, nicht versehen sein, es sei denn, daß sie sich über solche Befugniß durch schriftliche Erlaubniß des Waldeigenthümers oder seines Vertreters ausweisen können.

§ 16. Jede Zuwiderhandlung gegen die Vorschriften in den vorstehenden §§ 1 bis 15 wird, soweit nicht die Strafbestimmungen in den §§ 11, 12 und 14 F. u. FPG. Anwendung finden, mit einer Geldstrafe bis zu 50 Mark bestraft, an deren Stelle im Unvermögensfalle verhältnißmäßige Haft tritt. Daneben ist eintretenden Falls Schadenersatz zu leisten oder ein Ersatzgeld nach Maßgabe des § 69 des erwähnten Gesetzes an den Beschädigten zu entrichten und die Pfändung des Viehs nach Maßgabe des § 77 desselben Gesetzes zu gewärtigen.

§ 17. Wer Feld- oder Gartengrundstücke als Eigenthümer oder Nießbraucher oder als Pächter oder Verwalter bewirthschaftet, ist verpflichtet, auf polizeiliche Anordnung Maßregeln zur Vertilgung der Hamster, Mäuse, Engerlinge und Maikäfer zu treffen, wenn durch das häufige Auftreten dieser Thiere ein erheblicher Schaden für die Feldfrüchte, bezw. für das Laubholz zu besorgen ist.

Die Landräthe, in den Stadtkreisen die Polizeiverwaltungen, haben in der Regel zu entscheiden, wann das Bedürfniß zu einer zwangsweisen Vertilgung dieser Thiere vorliegt, und alsdann die

Ortspolizeibehörden mit näherer Anweisung zu versehen. In dringenden Fällen können dagegen die Ortspolizeibehörden die zwangsweise Vertilgung der erwähnten Thiere selbstständig anordnen und haben solchenfalls in Landkreisen dem Landrathe davon Anzeige zu machen.

§ 18. Die Vertilgung der Hamster und Mäuse erfolgt, je nach der Beschaffenheit der Oertlichkeit, durch Ausgraben, Ausräuchern oder Ausgießen der Löcher mit Wasser (womöglich mit Mistjauche), bei den Mäusen ferner durch Einfangen in zu diesem Zwecke gezogenen Gräben oder in glatt geränderten Bohrlöchern oder in Töpfen, welche in die Erde eingesenkt sind, endlich auch durch Festwalzen oder Festhüten der Felder oder durch anderweite zum Zwecke der Vertilgung polizeilich anzuordnende Maßregeln.

§ 19. Giftige Stoffe dürfen zur Vertilgung dieser Thiere in Feldern oder Gärten nicht angewendet werden, es sei denn, daß die zuständige Ortspolizeibehörde hierzu für den einzelnen Fall eine schriftliche Erlaubniß ertheilt hat. Solchenfalls darf das anzuwendende Gift nicht ohne Weiteres auf die Erde gestreut werden, sondern ist in die Schlupfwinkel der zu vertilgenden Thiere oder in Drainröhren dergestalt zu legen, daß es für andere als die zu tödtenden Thiere unzugänglich ist.

§ 20. Die Vertilgung der Engerlinge erfolgt durch Sammeln und Tödten (Verfuttern) derselben. Das Aufsammeln ist hinsichtlich der mit dem Pfluge oder dem Spaten kultivirten Grundstücke bei Gelegenheit des Grabens oder Pflügens zu bewirken, und von den nach der polizeilichen Anordnung zur Vertilgung Verpflichteten (§ 17) dafür zu sorgen, daß die mit dem Graben beschäftigten Arbeiter dazu Gefäße erhalten und den Pflügern eine angemessene Zahl von besonderen Aufsammlern folgt.

§ 21. Die Vertilgung der Maikäfer erfolgt gleichfalls durch Sammeln und Tödten derselben. Die Verpflichtung hierzu erstreckt sich im Falle einer zwangsweise angeordneten Vertilgung (§ 17) auf die in Gärten, Plantagen, Alleen, sowie auf Feldern und Wiesen stehenden Laubholzbäume. Je nach der Menge solcher

Laubhölzer kann dem Verpflichteten (§ 17) die Einsammlung und Vernichtung eines bestimmten Quantums Maikäfer innerhalb eines bestimmten Zeitraumes oder wiederkehrender Zeitabschnitte auferlegt werden.

§ 22. Sobald an einem Ort der Provinz Sachsen die Wanderheuschrecken in größerer Anzahl auftreten, sind die Gemeinden und Gutsbesitzer oder diejenigen, welche die Grundstücke der letzteren als Nießbraucher oder als Pächter oder Verwalter bewirthschaften, in der Umgebung der von diesem Insekt befallenen Flur verpflichtet, die zur Ausführung der Vertilgungsmaßregeln nöthigen Gespanne und Mannschaften unentgeltlich zu stellen.

Die Landräthe, in Stadtkreisen die Polizeiverwaltungen, haben eintretenden Falls den Umfang dieser Leistungen sowie die Zahl der von jeder Gemeinde und jeden sonst Verpflichteten zu leistenden Hand- und Spanndienste zu bestimmen.

§ 23. Die von den Betheiligten gemeinschaftlich zu ergreifenden Maßregeln bestehen nach der Anordnung des Landraths, bezw. der Ortspolizeibehörde in der Ziehung der nöthigen Gräben im Innern und am Rande der von Heuschrecken befallenen Felder, in der Anlegung von Fanglöchern in den Gräben, in dem Eintreiben der Heuschrecken in dieselben und in dem Tödten der Heuschrecken, sowie in der Vernichtung oder Desinfektion der getödteten Thiere und erforderlichen Falles in der Umpflügung der Brutstätten (§ 24).

An Orten, wo die Wanderheuschrecken im Sommer sich gezeigt und Brut in die Erde gelegt haben, sind die betreffenden Brutstellen vor Eintritt des Winters flach umzupflügen, damit die Bruteier bloßgelegt und durch die Winterkälte zerstört werden. Den Gemeinden und Gutsvorständen liegt es ob, für die Ermittelung solcher Brutstätten Sorge zu tragen.

§ 25. Wer von dem Vorkommen des Kartoffel- (Colorado-) Käfers, sowie von dessen Eiern, Larven oder Puppen in irgend einer Weise Kenntniß erhält, ist verpflichtet, der betreffenden Ortspolizeibehörde hiervon sofort Anzeige zu machen. Die abgelesenen Käfer, Eier, Larven oder Puppen sind an Ort und Stelle sofort zu tödten, die Aufbewahrung der Käfer, Eier, Larven oder Puppen in lebendem Zustande ist dagegen verboten.

Wer als Eigenthümer oder Nießbraucher oder als Pächter oder Verwalter Grundstücke bewirthschaftet, hat die polizeilich angeordneten Absuchungen der Grundstücke mit Sorgfalt auszuführen.

§ 26. Wer als Eigenthümer oder Nutznießer oder als Pächter oder Verwalter Forstgrundstücke bewirthschaftet, ist verpflichtet, den polizeilichen Anordnungen wegen Vertilgung der Nadelholzverderber und wegen Vorbeugung gegen deren Verbreitung nachzukommen.

§ 27. Die Seidenpflanze (Kleeseide cusenta), die Wucherblume (chrysanthemum segetum) und das Frühlingskreuzkraut (senecio vernalis) sind auf Ackerländereien jeder Art, sowie auf Ackerrainen, Wiesen und Weiden, Wegerändern, Eisenbahndämmen pp. von dem Unterhaltungspflichtigen, bezw. demjenigen, welcher die Grundstücke als Eigenthümer oder Nutznießer oder als Pächter oder Verwalter bewirthschaftet, so frühzeitig zu vertilgen, daß sie nirgends im abblühenden oder reifen Zustande vorgefunden werden.

In gleicher Weise haben auf Wegen und Triften die zur Unterhaltung derselben Verpflichteten, sowie auf Viehweiden diejenigen, welche sie als Eigenthümer oder Nutznießer oder als Pächter oder Verwalter bewirthschaften, das Abblühen aller Distelarten durch rechtzeitiges Abschneiden zu verhindern.

§ 28. Außer den in §§ 17 bis 27 besonders hervorgehobenen Vertilgungsmaßregeln von schädlichen Thieren und Pflanzen können auch andere zu diesem Zwecke geeignete Maßnahmen polizeilich angeordnet werden.

§ 29. Jede Zuwiderhandlung gegen die Vorschriften in den vorstehenden §§ 17 bis 27 oder gegen die sonstigen zum Zwecke der Vernichtung der erwähnten schädlichen Thiere oder Pflanzen erlassenen polizeilichen Anordnungen wird gemäß § 34 des F. u. FPG. mit Geldstrafe bis zu 150 Mark oder mit Haft bestraft. Daneben haben im Versäumnißfalle die Verpflichteten zu gewärtigen, daß das kulturschädliche Ungeziefer unter Ausführung der erforderlichen Sicherungsmaßregeln auf ihre Kosten durch Dritte vernichtet bezw.

die erwähnten kulturschädlichen Pflanzen in gleicher Weise durch Abschneiden und Verbrennen, sowie durch tiefes Umgraben der mit ihnen bestandenen Flächen beseitigt werden.

§ 30. Wer in einem fremden Walde Holz, welches er erworben hat, oder zu dessen Bezuge in bestimmten Massen er berechtigt ist, unbefugt ohne Genehmigung oder Anweisung des Grundeigenthümers oder dessen Vertreters fällt, zusammenrückt, oder die für das Zusammenrücken gegebenen Vorschriften nicht befolgt, oder das Holz nicht innerhalb der bestimmten Frist oder zur Nachtzeit (§ 2 Nr. 1 F. u. FPG.) fortschafft, wird mit Geldstrafe bis zu 50 Mark bestraft, an deren Stelle im Unvermögensfalle verhältnißmäßige Haft tritt.

Die Verfolgung tritt nur auf Antrag ein.

§ 31. Wer auf Forstgrundstücken Kraft einer Vergünstigung zur Ausübung einer Waldnutzung befugt ist, wird mit Geldstrafe bis zu 60 Mark, an deren Stelle im Unvermögensfalle verhältnißmäßige Haft tritt, bestraft, wenn er die Waldnutzung in nicht geöffneten Distrikten oder in einer Jahreszeit, in welcher die Nutzung auszuüben nicht gestattet ist, oder an anderen als den bestimmten Tagen oder Tageszeiten oder zur Nachtzeit (§ 2 Nr. 1 F. u. FPG.) ausübt, oder sich anderer als der gestatteten Werbungs- oder Fortschaffungsgeräthe bedient. — Die Verfolgung tritt nur auf Antrag ein.

§ 32. Wer auf Forstgrundstücken Kraft eines Rechts oder einer Vergünstigung zur Ausübung einer Waldnutzung befugt ist, hat behufs Ausübung der Nutzung, sofern er nicht herkömmlich oder nach dem Inhalt der Berechtigung davon befreit ist, auf Verlangen des Grundeigenthümers für jede Nutzungsperiode einen Legitimationsschein von dem Grundeigenthümer zu lösen und den Schein nach Ablauf der Nutzungsperiode wieder zurückzugeben. Dieser Legitimationsschein darf nicht an andere als die zum Hausstande des Berechtigten gehörigen Personen und nur, soweit diese die Nutzung für den Berechtigten ausüben sollen, abgegeben werden.

§ 33. Wer auf Forstgrundstücken zur Grasnutzung befugt ist darf dabei das zwischen dem Gras aufwachsende Holz nicht beschädigen.

§ 34. Wer auf Forstgrundstücken zur Grasnutzung, zur Raff- und Leseholz-, zur Afterschlag-, der Wind-, Schnee- oder Duftbruch-Nutzung oder zur Stockrodung befugt ist, darf das Gras oder Holz, soweit es in Schonungen gewonnen wird, aus denselben nicht mit Wagen oder Karren fortschaffen, sollte deren Benutzung im Allgemeinen auch gestattet sein, sondern hat es bis über die Grenzen der Schonung dergestalt hinaus zu tragen, daß der Boden mit dem Gras oder Holz nicht geschleift wird. Auch darf in Schonungen das Gras nur mittels Ausrupfens mit der bloßen Hand, ohne Anwendung schneidender Instrumente, gewonnen werden.

§ 35. Wer auf Forstgrundstücken zur Raff- und Leseholz-Nutzung oder zur Afterschlag- oder Wind-, Schnee- oder Duftbruch-Nutzung befugt ist, darf ohne Erlaubniß des Grundeigenthümers bei der Ausübung der Nutzung keine Aexte, Beile, Sägen oder andere Werkzeuge, durch welche stehende Bäume oder Aeste heruntergebracht werden können, bei sich führen oder gebrauchen.

Zur Werbung von Bruchholz, sowie zum Brechen trockener Aeste und Stangen ist, wenn nach dem Inhalt der Berechtigung oder Begünstigung die Anwendung eines Hakens überhaupt zuläßig ist, nur der Gebrauch von hölzernen Haken ohne Eisenbeschlag gestattet, sofern nicht Herkommen oder sonstige besondere Rechtstitel zur Benutzung anderer Werbungsgeräthe berechtigen. Wo die Berechtigten hiernach sich der Aexte und Beile bedienen dürfen, ist dennoch Personen unter 14 Jahren die Benutzung solcher Werkzeuge bei der Ausübung der Nutzung untersagt.

§ 36. Wer auf Forstgrundstücken zur Stock- oder Kienrodung befugt ist, darf in den zur Kultur bestimmten Distrikten von dem Zeitpunkte an, wo dieselben in Kultur gelegt und als solche äußerlich durch Tafeln, Wische und dergleichen Zeichen kenntlich gemacht sind die Nutzung nicht weiter ausüben, es sei denn, daß er aus einem besonderen Rechtstitel die Befreiung von dieser Einschränkung nachzuweisen vermag.

§ 37. Jeder Erwerber von Nadelholzstämmen oder Blochen, welche eingeschlagen in einem fremden Walde liegen, ist verpflichtet, auf die Aufforderung des Grundeigenthümers bis zum ersten Tage des auf den Einschlag folgenden Monats Juni die Schälung der Stämme und Bloche vorzunehmen.

§ 38. Die Verfolgung der Zuwiderhandlungen gegen die Vorschriften in den §§ 31 bis 36 tritt nur auf Antrag ein.

Jede Zuwiderhandlung wird, soweit nicht die Strafbestimmung im § 40 F. u. FPG. Anwendung findet, mit Geldstrafe bis zu 60 Mark bestraft, an deren Stelle im Unvermögensfalle verhältnißmäßige Haft tritt.

§ 39. Wer auf fremden Forstgrundstücken Kräuter, Beeren oder Pilze sammeln will, hat auf Verlangen des Waldeigenthümers zuvor von diesem oder seinem Vertreter einen Erlaubnißschein zu erwerben und beim Sammeln bei sich zu führen. Jede Zuwiderhandlung wird mit Geldstrafe bis zu 10 Mark bestraft, an deren Stelle im Unvermögensfalle verhältnißmäßige Haft tritt.

Die Verfolgung tritt nur auf Antrag ein.

§ 40. Wer in der Zeit vom 1. März bis zum 30. September einschließlich in einem fremden Walde ohne Erlaubniß des Waldeigenthümers oder des zuständigen Aufsichtsbeamten außerhalb der öffentlichen Fahrwege Cigarren oder Tabak raucht, wird mit Geldstrafe bis zu 30 Mark bestraft, an deren Stelle im Unvermögensfalle verhältnißmäßige Haft tritt. Das Fortwerfen oder unvorsichtige Handhaben von glimmenden Cigarren- oder Tabaksresten, von glimmendem Zunder oder brennenden Schwefelhölzern wird dagegen nach Maßgabe des § 44 Nr. 2 F. u. FPG. mit Geldstrafe bis zu 50 Mark oder mit Haft bis zu 14 Tagen bestraft.

§ 41. Wer Salzlecken beschädigt oder zerstört wird mit Geldstrafe von 1 bis 10 Mark bestraft, an deren Stelle im Unvermögensfalle verhältnißmäßige Haft tritt.

§ 42. Im Anschluß an § 30 Abs. 2 F. u. FPG. wird das Beschädigen der Bankette und Böschungen an den Wegen überhaupt, das Schleifen von Holz auf Communicationswegen und auf versteinten oder ausgebauten Wegen, sowie das Hemmen mit der Kette mit Geldstrafe bis zu 60 Mark bestraft, an deren Stelle im Unvermögensfalle verhältnißmäßige Haft tritt.

§ 43. Die vorstehende PV. tritt mit dem 1. Januar 1884 in Kraft.

Mit diesem Zeitpunkte werden aufgehoben:

1. Reg.-V. vom 15. Juli 1859. Amtsbl. pro 1859. S. 200 über zwangsweise Vertilgung culturschädlichen Ungeziefers.
2. Die über denselben Gegenstand erlassene Verordnung vom 22. April 1861. Amtsbl. S. 94.
3. FPO. vom 24. April 1866. Amtsbl. S. 108.

2. Regierungsbezirk Magdeburg.

Polizeiverordnung des Regierungspräsidenten vom 16. Oktober 1883. (Amtsbl. S. 336.)

Im Anschluß an das F. u. FPG. verordne ich auf Grund der §§ 73, 75 LVG. 80 gemäß §§ 6, 12 und 15 PVG. 50 unter Zustimmung des Bezirksraths für den Umfang des Regierungsbezirks Magdeburg, was folgt:

§ 1. Grundstücke, welche nicht auf allen Seiten derartig umschlossen sind, daß das Austreten des Viehes auf benachbarte fremde Grundstücke dadurch verhindert wird, dürfen nur während der Tageszeit zur Viehweide benutzt werden.

§ 2. Wenn das weidende Vieh nicht über Nacht im Freien, in Hürden oder anderen geschlossenen Räumen verbleibt, so muß dasselbe spätestens eine Stunde nach Sonnenuntergang zu Stall gebracht sein und darf nicht früher als eine Stunde vor Sonnenaufgang wieder ausgetrieben werden.

§ 3. Verbleibt das Vieh über Nacht im Freien in Hürden oder anderen geschlossenen Räumen, so darf dasselbe nicht vor Sonnenaufgang auf die Weide gebracht werden und muß bei Sonnenuntergang wieder eingetrieben sein.

§ 4. Für solche Feldmarken oder größere Bezirke, in denen das nächtliche Hüten auf umschlossenen Grundstücken bisher üblich gewesen und nach den eigenthümlichen wirthschaftlichen Verhältnissen entweder für die ganze Weideperiode oder für einen Theil derselben nicht zu entbehren ist, kann dasselbe durch besondere Orts-PV.

gestattet werden. In einer solchen V. sind gleichzeitig die zum Schutz gegen Beschädigungen und Mißbräuche erforderlichen Maßregeln vorzuschreiben.

§ 5. Auf Hütungsplätzen, die von so geringem Umfange sind, daß ein Uebertreten des Viehes auf benachbarte fremde Grundstücke zu besorgen steht, muß das Vieh mit Stricken an feste Gegenstände angebunden (getüdert) oder an Stricken geführt werden. Letzteres muß auch dann geschehen, wenn das Vieh auf Wegen zur Weide gebracht wird, denen die zum Viehtreiben erforderliche Breite fehlt.

§ 6. Gemeinschaftliche Heerden (Gemeinde- oder Genossenschaftsheerden) sind unter die Aufsicht von tüchtigen Hirten zu stellen. Bei Gemeindeheerden hat der Gemeindevorstand und bei Hütungs-Genossenschaften mit besonderem Vorstand dieser mit Genehmigung des Gemeindevorstandes dafür zu sorgen.

Wie viele gemeinschaftliche Hirten zu halten und ob die verschiedenen Vieharten abgesondert oder gemischt zu hüten sind, ist durch Beschlüsse der Gemeinden und an Orten, wo nicht alle Gemeindemitglieder an der gemeinschaftlichen Weide Theil haben, durch Beschlüsse der Hütungsgenossenschaft mit Genehmigung des Gemeindevorstandes zu bestimmen.

§ 7. Jeder Theilnehmer eines gemeinschaftlichen Hütungsrechts ist bei dessen Ausübung verpflichtet, sein Vieh vor Eintritt in den gemeinschaftlichen Hütungsbezirk dem gemeinschaftlichen Hirten vorzutreiben und von diesem hüten zu lassen, sofern ihm nicht das Recht zum Einzelhüten herkömmlich oder vermöge besonderen Rechtstitels zusteht oder die im § 8 gedachte Ausnahme eintritt.

§ 8. Wo nach besonderen örtlichen oder wirthschaftlichen Verhältnissen für alle oder für einzelne Theilnehmer eines gemeinschaftlichen Hütungsrechts ein solches Einzelhüten (§ 7) während des ganzen Jahres oder gewisser Jahreszeiten nothwendig ist, kann dasselbe durch Orts-PV., in welcher zugleich die erforderlichen Sicherungsmaßregeln festzusetzen sind, gestattet werden.

Im Uebrigen ist den Theilnehmern eines gemeinschaftlichen

Hütungsrechts das Einzelhüten von Vieh auf der gemeinschaftlichen Weide verboten.

§ 9. Auf den der gemeinschaftlichen oder wechselseitigen Hütung unterliegenden Wiesen oder Fettweiden findet, soweit durch Statuten oder Gewohnheiten nicht ein Anderes festgestellt ist,

> die Vorhut nur bis zum ersten April, die Nachhut auf Fettweiden nicht vor dem 1. November, auf einschnittigen Wiesen dagegen erst nach völlig beendeter Heuernte und auf zwei- und mehrschnittigen Wiesen nicht vor dem 1. Oktober jeden Jahres

statt.

Diese Termine können, wo ein Bedürfniß dazu obwaltet, durch Orts-PV. anders bestimmt werden.

§ 10. Nasse, durchbrüchige Wiesen müssen zu allen Jahreszeiten mit fremder Hütung verschont werden.

Neugebaute oder umgebaute Wiesen sind mit fremder Hütung während der ersten zwei Jahre nach Ausführung der Anlage ganz zu verschonen. Auch muß die Schonung in der späteren Zeit noch so lange und in demjenigen Umfange fortgesetzt werden, als sie zur Vollendung der Anlage und zur Sicherung ihres Zweckes nothwendig ist.

Die in allen diesen Fällen etwa erforderlichen besonderen Festsetzungen sind von der Ortspolizeibehörde zu treffen.

§ 11. Auf einzelnen im Gemenge liegenden und der gemeinschaftlichen oder wechselseitigen Hütung unterworfenen Feld- und Wiesenstücken darf die Hütung nicht eher ausgeübt werden, als bis die Aberntung der Früchte und die Werbung des Heues auch auf allen andern zu demselben Feldtheile (dem Winter- oder Sommergetreidefelde 2c.) gehörigen Stücken geschehen ist.

§ 12. Die Vorschriften der §§ 9—11 treten auch dann ein, wenn die Hütungsbefugniß auf einem einseitlichen Dienstbarkeitsrechte beruht.

Dagegen finden diese Vorschriften in allen denjenigen Fällen keine Anwendung, in welchen durch entgegenstehende rechtsbeständige Willenserklärungen, rechtskräftige Erkenntnisse oder durch Verjährung rücksichtlich des Zeitpunktes oder der Art der Ausübung ein abweichendes Rechtsverhältniß begründet ist.

§ 13. Viehtreiber, welche ihre Heerde zur Nachtzeit (§ 2 Nr. 1 F. u. FPG.) treiben, müssen von Ort zu Ort einen von ihnen zu lohnenden Begleiter zur Aufsicht mitnehmen.

§ 14. Den Hütungsberechtigten in einem fremden Walde wird verboten,

1. Ziegen auf solche Plätze zu bringen, wo Beschädigung am Holze, an Bäumen oder Hecken zu besorgen ist,

2. unreines oder mit ansteckender Krankheit behaftetes Vieh auf die Waldweide zu bringen.

Die zur Beaufsichtigung des Viehes bestellten Hirten haben darauf zu achten, daß das Vieh nicht in fremde Reviere oder in ausgeschlossene Distrikte übertritt, nicht Gräben, Tafeln, Wische, Einfriedigungen oder Grenzzeichen beschädigt oder sonstigen Schaden anrichtet.

§ 15. Hirten dürfen beim Hüten in einem fremden Walde nicht mit Werkzeugen, welche zum Fällen von Holz, oder mit Geräthen, welche zum Sammeln oder Wegschaffen von Holz, Gras, Streu oder Harz oder zur Verübung von Jagdfreveln ihrer Beschaffenheit nach bestimmt erscheinen, nicht versehen sein, es sei denn, daß sie sich über solche Befugniß durch schriftliche Erlaubniß des Waldeigenthümers oder seines Vertreters ausweisen können.

§ 16. Jede Zuwiderhandlung gegen die Vorschriften in den vorstehenden §§ 1 bis 15 wird, soweit nicht die Strafbestimmungen in den §§ 11, 12 und 14 F. u. FPG. Anwendung finden, mit einer Geldstrafe bis zu fünfzig Mark bestraft, an deren Stelle im Unvermögensfalle verhältnißmäßige Haft tritt. Daneben ist eintretenden Falls Schadenersatz zu leisten oder ein Ersatzgeld nach Maßgabe des § 69 des erwähnten Gesetzes an den Beschädigten zu entrichten und die Pfändung des Viehes nach Maßgabe des § 77 desselben Gesetzes zu gewärtigen.

§ 17. Wer Grundstücke als Eigenthümer oder Nießbraucher oder als Pächter oder Verwalter bewirthschaftet, ist verpflichtet, auf polizeiliche Anordnung Maßregeln zur Vertilgung der Hamster,

Mäuse, Engerlinge und Maikäfer zu treffen, wenn durch das häufige Auftreten dieser Thiere ein erheblicher Schaden für die Feldfrüchte, bezw. für das Laubholz zu besorgen ist.

Die Landräthe, in den Stadtkreisen die Polizeiverwaltungen, haben in der Regel zu entscheiden, wann das Bedürfniß zu einer zwangsweisen Vertilgung dieser Thiere vorliegt, und alsdann die Ortspolizeibehörden mit näherer Anweisung zu versehen. In dringenden Fällen können dagegen die Ortspolizeibehörden die zwangsweise Vertilgung der erwähnten Thiere selbstständig anordnen und haben solchenfalls in Landkreisen dem Landrathe davon Anzeige zu machen.

§ 18. Die Vertilgung der Hamster und Mäuse erfolgt, je nach der Beschaffenheit der Oertlichkeit, durch Ausgraben, Ausräuchern, oder Ausgießen der Löcher mit Wasser (womöglich mit Mistjauche), bei den Mäusen ferner durch Einfangen in zu diesem Zwecke gezogenen Gräben oder in glatt geränderten Bohrlöchern oder in Töpfen, welche in die Erde eingesenkt sind, endlich auch durch Festwalzen oder Festhüten der Felder oder durch anderweite zum Zwecke der Vertilgung polizeilich anzuordnende Maßregeln.

§ 19. Giftige Stoffe dürfen zur Vertilgung dieser Thiere in Feldern oder Gärten nicht angewendet werden, es sei denn, daß die zuständige Ortspolizeibehörde hierzu für den einzelnen Fall eine schriftliche Erlaubniß ertheilt hat. Solchenfalls darf das anzuwendende Gift nicht ohne Weiteres auf die Erde gestreut werden, sondern ist in die Schlupfwinkel der zu vertilgenden Thiere oder in Drainröhren dergestalt zu legen, daß es für andere als die zu tödtenden Thiere unzugänglich ist.

§ 20. Die Vertilgung der Engerlinge erfolgt durch Sammeln und Tödten (Verfuttern) derselben. Das Aufsammeln ist hinsichtlich der mit dem Pfluge oder dem Spaten kultivirten Grundstücke bei Gelegenheit des Grabens oder Pflügens zu bewirken, und von den nach der polizeilichen Anordnung zur Vertilgung Verpflichteten (§ 17) dafür zu sorgen, daß die mit dem Graben beschäftigten Arbeiter dazu Gefäße erhalten und den Pflügern eine angemessene Zahl von besonderen Auffammlern folgt.

§ 21. Die Vertilgung der Maikäfer erfolgt gleichfalls durch Sammeln und Tödten derselben. Die Verpflichtung hierzu erstreckt sich im Falle einer zwangsweise angeordneten Vertilgung (§ 17) auf die in Gärten, Plantagen, Alleen, sowie auf Feldern und Wiesen stehenden Laubholzbäume. Je nach der Menge solcher Laubhölzer kann dem Verpflichteten (§ 17) die Einsammlung und Vernichtung eines bestimmten Quantums Maikäfer innerhalb eines bestimmten Zeitraumes oder wiederkehrender Zeitabschnitte auferlegt werden.

§ 22. Sobald an einem Ort des Regierungsbezirks Magdeburg die Wanderheuschrecken in größerer Anzahl auftreten, sind die Gemeinden und Gutsbesitzer, oder diejenigen, welche die Grundstücke der letzteren als Nießbraucher oder als Pächter oder Verwalter bewirthschaften, in der Umgebung der von diesem Insekt befallenen Flur verpflichtet, die zur Ausführung der Vertilgungsmaßregeln nöthigen Gespanne und Mannschaften unentgeltlich zu stellen.

Die Landräthe, in Stadtkreisen die Polizeiverwaltungen haben eintretenden Falls den Umfang dieser Leistungen, sowie die Zahl der von jeder Gemeinde und jeden sonst Verpflichteten zu leistenden Hand- und Spanndienste zu bestimmen.

§ 23. Die von den Betheiligten gemeinschaftlich zu ergreifenden Maßregeln bestehen nach der Anordnung des Landraths, bezw. der Ortspolizeibehörde in der Ziehung der nöthigen Gräben im Innern und am Rande der von Heuschrecken befallenen Felder, in der Anlegung von Fanglöchern in den Gräben, in dem Eintreiben der Heuschrecken in dieselben und in dem Tödten der Heuschrecken, sowie in der Vernichtung oder Desinfektion der getödteten Thiere und erforderlichen Falls in der Umpflügung der Brutstätten (§ 24).

§ 24. An Orten, wo die Wanderheuschrecken im Sommer sich gezeigt und Brut in die Erde gelegt haben, sind die betreffenden Brutstellen vor Eintritt des Winters flach umzupflügen, damit die Bruteier bloß gelegt und durch die Winterkälte zerstört werden. Den Gemeinden und Gutsvorständen liegt es ob, für die Ermittelung solcher Brutstätten Sorge zu tragen.

§ 25. Wer von dem Vorkommen des Kartoffel- (Colorado-) Käfers, sowie von dessen Eiern, Larven oder Puppen in irgend einer Weise Kenntniß erhält, ist verpflichtet, der betreffenden Ortspolizeibehörde hiervon sofort Anzeige zu machen. Die abgelesenen Käfer, Eier, Larven oder Puppen sind an Ort und Stelle sofort zu tödten, die Aufbewahrung der Käfer, Eier, Larven oder Puppen in lebendem Zustande ist dagegen verboten.

Wer als Eigenthümer oder Nießbraucher oder als Pächter oder Verwalter Grundstücke bewirthschaftet, hat die polizeilich angeordneten Absuchungen der Grundstücke mit Sorgfalt auszuführen.

§ 26. Wer als Eigenthümer oder Nutznießer oder als Pächter oder Verwalter Forstgrundstücke bewirthschaftet, ist verpflichtet, den polizeilichen Anordnungen wegen Vertilgung der Nadelholzverderber und wegen Vorbeugung gegen deren Verbreitung nachzukommen.

§ 27. Die Seidenpflanze (Kleeseide, cuscuta), die Wucherblume (chrysanthemum segetum) und das Frühlingskreuzkraut (senecio vernalis) sind auf Ackerländereien jeder Art, sowie auf Ackerrainen, Wiesen und Weiden, Wegerändern, Eisenbahndämmen zc. von dem Unterhaltungspflichtigen, bezw. demjenigen, welcher die Grundstücke als Eigenthümer oder Nutznießer oder als Pächter oder Verwalter bewirthschaftet, so frühzeitig zu vertilgen, daß sie nirgends im abblühenden oder reifen Zustande vorgefunden werden.

In gleicher Weise haben auf Wegen und Triften die zur Unterhaltung derselben Verpflichteten, sowie auf Viehweiden diejenigen, welche sie als Eigenthümer oder Nutznießer, oder als Pächter oder Verwalter bewirthschaften, das Abblühen aller Distelarten durch rechtzeitiges Abschneiden zu verhindern.

§ 28. Außer den in §§ 17—27 besonders hervorgehobenen Vertilgungsmaßregeln von schädlichen Thieren und Pflanzen können auch andere zu diesem Zwecke geeignete Maßnahmen polizeilich angeordnet werden.

§ 29. Jede Zuwiderhandlung gegen die Vorschriften in den vorstehenden §§ 17—27 oder gegen die sonstigen zum Zwecke der Vernichtung der erwähnten schädlichen Thiere oder Pflanzen erlassenen polizeilichen Anordnungen wird gemäß § 34 F. u. FPG. mit Geldstrafe bis zu einhundertundfünfzig Mark oder mit Haft bestraft. Daneben haben im Versäumnißfalle die Verpflichteten zu gewärtigen, daß das kulturschädliche Ungeziefer unter Ausführung der erforderlichen Sicherungsmaßregeln auf ihre Kosten durch Dritte vernichtet bezw. die erwähnten kulturschädlichen Pflanzen in gleicher Weise durch Abschneiden und Verbrennen, sowie durch tiefes Umgraben der mit ihnen bestandenen Flächen beseitigt werden.

§ 30. Wer in einem fremden Walde Holz, welches er erworben hat, oder zu dessen Bezuge in bestimmten Massen er berechtigt ist, unbefugt ohne Genehmigung oder Anweisung des Grundeigenthümers oder dessen Vertreters fällt, zusammenrückt, oder die für das Zusammenrücken gegebenen Vorschriften nicht befolgt, oder das Holz nicht innerhalb der bestimmten Frist oder zur Nachtzeit (§ 2 Nr. 1 F. u. FPG.) fortschafft, wird mit Geldstrafe bis zu fünfzig Mark bestraft, an deren Stelle im Unvermögensfalle verhältnißmäßige Haft tritt.

Die Verfolgung tritt nur auf Antrag ein.

§ 31. Wer auf Forstgrundstücken kraft einer Vergünstigung zur Ausübung einer Waldbenutzung befugt ist, wird mit Geldstrafe bis zu sechszig Mark, an deren Stelle im Unvermögensfalle verhältnißmäßige Haft tritt, bestraft, wenn er die Waldnutzung in nicht geöffneten Distrikten oder in einer Jahreszeit, in welcher die Nutzung auszuüben nicht gestattet ist, oder an anderen als den bestimmten Tagen oder Tageszeiten oder zur Nachtzeit (§ 2 Nr. 1 F. u. FPG.) ausübt, oder sich anderer als der gestatteten Werbungs- oder Fortschaffungsgeräthe bedient. — Die Verfolgung tritt nur auf Antrag ein.

§ 32. Wer auf Forstgrundstücken kraft eines Rechts oder einer Vergünstigung zur Ausübung einer Waldnutzung befugt ist, hat behufs Ausübung der Nutzung, sofern er nicht herkömmlich oder nach dem Inhalt der Berechtigung davon befreit ist, auf Verlangen des Grundeigenthümers für jede Nutzungsperiode einen Legitimationsschein von dem Grundeigenthümer zu lösen und den Schein nach Ablauf der Nutzungsperiode wieder zurückzugeben.

Dieser Legitimationsschein darf nicht an andere als die zum Hausstande des Berechtigten gehörigen Personen und nur, soweit diese die Nutzung für den Berechtigten ausüben sollen, abgegeben werden.

§ 33. Wer auf Forstgrundstücken zur Grasnutzung befugt ist, darf dabei das zwischen dem Gras aufwachsende Holz nicht beschädigen.

§ 34. Wer auf Forstgrundstücken zur Grasnutzung, zur Raff- und Leseholz-, zur Afterschlag-, der Wind-, Schnee- oder Durchbruch-Nutzung oder zur Stockrodung befugt ist, darf das Gras oder Holz, soweit es in Schonungen gewonnen wird, aus denselben nicht mit Wagen oder Karren fortschaffen, sollte deren Benutzung im Allgemeinen auch gestattet sein, sondern hat es bis über die Grenzen der Schonung dergestalt hinauszutragen, daß der Boden mit dem Gras oder Holz nicht geschleift wird. Auch darf in Schonungen das Gras nur mittels Ausrupfens mit der bloßen Hand, ohne Anwendung schneidender Instrumente, gewonnen werden.

§ 35. Wer auf Forstgrundstücken zur Raff- und Leseholznutzung oder zur Afterschlag-, oder Wind-, Schnee-, oder Duftnutzung befugt ist, darf ohne Erlaubniß des Grundeigenthümers bei der Ausübung der Nutzung keine Aexte, Beile, Sägen oder andere Werkzeuge, durch welche stehende Bäume oder Aeste heruntergebracht werden können, bei sich führen oder gebrauchen.

Zur Werbung von Bruchholz, sowie zum Brechen trockener Aeste und Stangen ist, wenn nach dem Inhalt der Berechtigung die Anwendung eines Hakens überhaupt zulässig ist, nur der Gebrauch von hölzernen Haken ohne Eisenbeschlag gestattet, sofern nicht Herkommen oder sonstige besondere Rechtstitel zur Benutzung anderer Werbungsgeräthe berechtigen. Wo die Berechtigten hiernach sich der Aexte und Beile bedienen dürfen, ist dennoch Personen unter 16 Jahren die Benutzung solcher Werkzeuge bei der Ausübung der Nutzung untersagt.

§ 36. Wer auf Forstgrundstücken zur Stock- oder Kienrodung befugt ist, darf in den zur Kultur bestimmten Distrikten von dem Zeitpunkte an, wo dieselben in Kultur gelegt und als solche äußerlich durch Tafeln, Wische und dergleichen Zeichen kenntlich gemacht sind, die Nutzung nicht weiter ausüben, es sei denn, daß er aus einem besonderen Rechtstitel die Befreiung von dieser Einschränkung nachzuweisen vermag.

§ 37. Jeder Erwerber von Nadelholzstämmen oder Blochen, welche eingeschlagen in einem fremden Walde liegen, ist verpflichtet, auf die Aufforderung des Grundeigenthümers bis zum ersten Tage des auf den Einschlag folgenden Monat Juni die Schälung der Stämme und Bloche vorzunehmen.

§ 38. Die Verfolgung der Zuwiderhandlungen gegen die Vorschriften in den §§ 31—36 tritt nur auf Antrag ein.

Jede Zuwiderhandlung wird, soweit nicht die Strafbestimmung im § 40 F. u. FPG. Anwendung findet, mit Geldstrafe bis zu sechszig Mark bestraft, an deren Stelle im Unvermögensfalle verhältnißmäßige Haft tritt. In Betreff des Einbringens von Brennholz oder unverarbeiteten Bau- oder Nutzholzes in eine Stadt oder in ein Dorf behält es bei den Bestimmungen der Allerhöchsten V. vom 30. Juni 1839 und der Regierungsbekanntmachung vom 20. April 1842 (Amtsbl. S. 196) sein Bewenden.

§ 39. Wer auf fremden Forstgrundstücken Kräuter, Beeren oder Pilze sammeln will, hat auf Verlangen des Waldeigenthümers zuvor von diesem oder seinem Vertreter einen Erlaubnißschein zu erwerben und beim Sammeln bei sich zu führen. Jede Zuwiderhandlung wird mit Geldstrafe bis zu zehn Mark bestraft, an deren Stelle im Unvermögensfalle verhältnißmäßige Haft tritt.

Die Verfolgung tritt nur auf Antrag ein.

§ 40. Wer in der Zeit vom 1. April bis zum 30. September einschließlich in einem fremden Walde ohne Erlaubniß des Waldeigenthümers oder des zuständigen Aufsichtsbeamten außerhalb der öffentlichen Wege Cigarren oder Tabak raucht, wird mit Geldstrafe bis zu dreißig Mark bestraft, an deren Stelle im Unvermögensfalle verhältnißmäßige Haft tritt. Das Fortwerfen oder unvorsichtige Handhaben von glimmenden Cigarren- oder Tabaksresten, von glimmendem Zunder oder brennenden Schwefelhölzern wird nach Maßgabe des § 44 Nr. 2 F. u. FPG. mit Geldstrafe bis zu Fünfzig Mark oder mit Haft bis zu 14 Tagen bestraft.

§ 41. Die vorstehende PV. tritt mit dem Tage ihrer Verkündigung in Kraft.

Von diesem Zeitpunkte ab verlieren ihre Gültigkeit:

I. Folgende Verordnungen der Königlichen Regierung zu Magdeburg.

1) v. 25. Oktober 1817 (Amtsbl. S. 490) betr. die Vertilgung der Hamster,

2) v. 22. November 1822 (Amtsbl. S. 417) betr. das Verbot des Ausbrennens der Drömlingsländereien,

3) v. 12. Oktober 1827 (Amtsbl. S. 192) betr. die Ausrottung der Wucherblume,

4) v. 28. Oktober 1827 (Amtsbl. S. 292) betr. Verbot der Austreibung des Viehes ohne Begleitung eines Hirten,

5) v. 6. Februar 1830 (Amtsbl. S. 30) betr. Zerstörung der Raupen,

6) v. 19. Juni 1833 (Amtsbl. S. 166) betr. das Verbot des Blutegelfangs,

7) v. 20. April 1842 (Amtsbl. S. 197) betr. Einführung eines Legitimationsscheins zum Holztransport,

8) v. 7. Februar 1848 (Amtsbl. S. 46),

9) v. 19. Januar 1849 (Amtsbl. S. 25),

10) v. 22. Februar 1849 (Amtsbl. S. 50),

11) v. 4. Mai 1849 (Amtsbl. S. 137),

12) v. 29. Mai 1849 (Amtsbl. S. 169),

13) v. 1. September 1849 (Amtsbl. S. 307),

14) v. 25. September 1849 (Amtsbl. S. 318),

15) v. 24. November 1849 (Amtsbl. S. 405),

16) v. 23. Mai 1850 (Amtsbl. S. 170),

17) v. 21. Januar 1851 (Amtsbl. S. 37),

ad 8—17 die Controlle des Holztransports betreffend;

18) v. 23. März 1854 (Amtsbl. Beilage zu Nr. 13) zum Schutz der Forsten,

19) v. 19. August 1850 (Amtsbl. S. 342) betr. das Treiben von Vieh zur Nachtzeit,

20) v. 21. Januar 1861 (Amtsbl. S. 62) betr. das Verbot des Wegfangens der Sing- ꝛc. Vögel,

21) v. 21. März 1861 (Amtsbl. S. 111) betr. die Vertilgung des kulturschädlichen Ungeziefers,

22) v. 10. März 1864 (Amtsbl. S. 66) betr. das Holen von Sand ꝛc. aus Forsten,

23) v. 6. Februar 1868 (Amtsbl. S. 46) betr. das Tödten, Einfangen, Verkaufen, Feilhalten von nützlichen Vogelarten,

24) v. 22. April 1869 (Amtsbl. S. 105) betr. den Schutz nützlicher Vögel,

25) v. 12. August 1869 (Amtsbl. S. 220) betr. das Betreten fremder Grundstücke zum Zwecke des Kaninchenfangens,

26) v. 18. September 1873 (Amtsbl. S. 318) betr. den Betrieb der Erd-, Sand-, Lehm- und Thongruben oder Steinbrüche,

27) v. 14. Mai 1861 (Amtsbl. S. 202) betr. die Gestellung von Löschmannschaften bei Waldbränden,

28) v. 19. September 1872 (Amtsbl. S. 292) betr. die Gestellung von Löschmannschaften bei Waldbränden.

II. Folgende Oberpräsidial-Verordnungen:

29) v. 19. Mai 1877 (Amtsbl. S. 173) betr. die Vertilgung der Seidenpflanze,

30) v. 30. März 1877 (Amtsbl. S. 110) betr. die Vertilgung der Heuschrecken,

31) v. 8. September 1877 (Amtsbl. S. 277) betr. Maßregeln gegen den Kartoffelkäfer.

III. 32) Verordnung der Gräflichen Vormundschaft in Wernigerode vom 7. März 1851,

IV. 33) PV. für den Kreis Halberstadt vom 11. Juli 1877.

V. 34) die §§ 31—33 und 35—38 der FPO. vom 1. November 1847.

3. Regierungsbezirk Merseburg.

Polizeiverordnung des Regierungspräsidenten vom 31. März 1884. (Amtsbl. S. 191.)

Im Anschluß an das F. u. FPG. verordne ich auf Grund der §§ 73, 75 des LVG. 80 gemäß §§ 6, 12 und 15 des PVG. 50 unter Zustimmung des Bezirksraths für den Umfang des Regierungsbezirks Merseburg was folgt:

§ 1. Grundstücke, welche nicht auf allen Seiten derartig umschlossen sind, daß das Austreten des Viehes auf benachbarte fremde Grundstücke dadurch verhindert wird, dürfen nur während der Tageszeit zur Viehweide benutzt werden.

§ 2. Wenn das weidende Vieh nicht über Nacht im Freien, in Hürden oder anderen geschlossenen Räumen verbleibt, so muß dasselbe spätestens eine Stunde nach Sonnenuntergang zu Stall gebracht sein und darf nicht früher als eine Stunde vor Sonnenaufgang wieder ausgetrieben werden.

§ 3. Verbleibt das Vieh über Nacht im Freien in Hürden oder anderen geschlossenen Räumen, so darf dasselbe nicht vor Sonnenaufgang auf die Weide gebracht werden und muß bei Sonnenuntergang wieder eingetrieben sein.

§ 4. Für solche Feldmarken oder größere Bezirke, in denen das nächtliche Hüten auf umschlossenen Grundstücken bisher üblich gewesen und nach den eigenthümlichen wirthschaftlichen Verhältnissen entweder für die ganze Weideperiode oder für einen Theil derselben nicht zu entbehren ist, kann dasselbe durch besondere Ortspolizei-Verordnung gestattet werden.

In einer solchen Verordnung sind gleichzeitig die zum Schutz gegen Beschädigungen und Mißbräuche erforderlichen Maßregeln vorzuschreiben.

§ 5. Auf Hutungsplätzen, die von so geringem Umfange sind, daß ein Uebertreten des Viehs auf benachbarte fremde Grundstücke zu besorgen steht, muß das Vieh mit Stricken an feste Gegenstände angebunden (getüdert) oder an Stricken geführt werden. Letzteres muß auch dann geschehen, wenn das Vieh auf Wegen zur Weide gebracht wird, denen die zum Viehtreiben erforderliche Breite fehlt.

§ 6. Gemeinschaftliche Heerden (Gemeinde- oder Genossenschaftsheerden) sind unter die Aufsicht von tüchtigen Hirten zu stellen. Bei Gemeindeheerden hat der Gemeindevorstand und bei Hutungs-Genossenschaften mit besonderem Vorstand dieser mit Genehmigung des Gemeindevorstandes dafür zu sorgen.

Wie viele gemeinschaftliche Hirten zu halten und ob die verschiedenen Vieharten abgesondert oder gemischt zu hüten sind, ist durch Beschlüsse der Gemeinden und an Orten, wo nicht alle Gemeindemitglieder an der gemeinschaftlichen Weide Theil haben, durch Beschlüsse der Hutungsgenossenschaft mit Genehmigung des Gemeindevorstandes zu bestimmen.

§ 7. Jeder Theilnehmer eines gemeinschaftlichen Hutungsrechts ist bei dessen Ausübung verpflichtet, sein Vieh vor Eintritt in den gemeinschaftlichen Hutungsbezirk dem gemeinschaftlichen Hirten vorzutreiben und von diesem hüten zu lassen, sofern ihm nicht das Recht zum Einzelhüten herkömmlich oder vermöge besonderen Rechtstitels zusteht oder die im § 8 gedachte Ausnahme eintritt.

§ 8. Wo nach besonderen örtlichen oder wirthschaftlichen Verhältnissen für alle oder für einzelne Theilnehmer eines gemeinschaftlichen Hutungsrechts ein solches Einzelhüten (§ 7) während des ganzen Jahres oder gewisser Jahreszeiten nothwendig ist, kann dasselbe durch Ortspolizeiverordnung, in welcher zugleich die erforderlichen Sicherungsmaßregeln festzusetzen sind, gestattet werden.

Im Uebrigen ist den Theilnehmern eines gemeinschaftlichen Hutungsrechts das Einzelhüten von Vieh auf der gemeinschaftlichen Weide verboten.

§ 9. Auf den der gemeinschaftlichen oder wechselseitigen Hutung unterliegenden Wiesen oder Fettweiden findet, soweit durch Statuten oder Gewohnheiten nicht ein Anderes festgestellt ist,

> die Vorhut nur bis zum 1. April, die Nachhut auf Fettweiden nicht vor dem 1. November, auf einschnittigen Wiesen dagegen erst nach völlig beendeter Heuernte und auf zwei- und mehrschnittigen Wiesen nicht vor dem 1. October jeden Jahres

statt.

Diese Termine können, wo ein Bedürfniß dazu obwaltet, durch Ortspolizeiverordnung anders bestimmt werden.

§ 10. Nasse, durchbrüchige Wiesen müssen zu allen Jahreszeiten mit fremder Hutung verschont werden.

Neugebaute oder umgebaute Wiesen sind mit fremder Hutung während der ersten zwei Jahre nach Ausführung der Anlage ganz zu verschonen. Auch muß die Schonung in der späteren Zeit noch so lange und in demjenigen Umfange fortgesetzt werden, als sie zur Vollendung der Anlage und zur Sicherung ihres Zweckes nothwendig ist.

Die in allen diesen Fällen etwa erforderlichen besonderen Festsetzungen sind von der Ortspolizeibehörde zu treffen.

§ 11. Auf einzelnen im Gemenge liegenden und der gemeinschaftlichen oder wechselseitigen Hutung unterworfenen Feld- und Wiesenstücken darf die Hutung nicht eher ausgeübt werden, als bis die Aberntung der Früchte und die Werbung des Heus auch auf allen andern zu demselben Feldtheile (dem Winter- oder Sommergetreidefelde ꝛc.) gehörigen Stücken geschehen ist.

§ 12. Die Vorschriften der §§ 9—11 treten auch dann ein, wenn die Hutungsbefugniß auf einem einseitigen Dienstbarkeitsrechte beruht.

Dagegen finden diese Vorschriften in allen denjenigen Fällen keine Anwendung, in welchen durch entgegenstehende rechtsbeständige Willenserklärungen, rechtskräftige Erkenntnisse oder durch Verjährung rücksichtlich des Zeitpunktes oder der Art der Ausübung ein abweichendes Rechtsverhältniß begründet ist.

§ 13. Viehtreiber, welche ihre Heerden zur Nachtzeit (§ 2 Nr. 1 F. u. FPG.) treiben, müssen von Ort zu Ort einen von ihnen zu lohnenden Begleiter zur Aufsicht mitnehmen.

§ 14. Den Hutungsberechtigten in einem fremden Walde wird verboten:

1) Ziegen auf solche Plätze zu bringen, wo Beschädigung am Holze, an Bäumen oder Hecken zu besorgen ist,
2) unreines oder mit ansteckender Krankheit behaftetes Vieh auf die Waldweide zu bringen.

Die zur Beaufsichtigung des Viehs bestellten Hirten haben darauf zu achten, daß das Vieh nicht in fremde Reviere oder in ausgeschlossene Districte übertritt, nicht Gräben, Tafeln, Wische, Einfriedigungen oder Grenzzeichen beschädigt oder sonstigen Schaden anrichtet.

§ 15. Hirten dürfen beim Hüten in einem fremden Walde mit Werkzeugen, welche zum Fällen von Holz, oder mit Geräthen, welche zum Sammeln oder Wegschaffen von Holz, Gras, Streu oder Harz oder zur Verübung von Jagdfreveln ihrer Beschaffenheit nach bestimmt erscheinen, nicht versehen sein, es sei denn, daß sie sich über solche Befugniß durch schriftliche Erlaubniß des Waldeigenthümers oder seines Vertreters ausweisen können.

§ 16. Jede Zuwiderhandlung gegen die Vorschriften in den vorstehenden §§ 1 bis 15 wird, soweit nicht die Strafbestimmungen in den §§ 11, 12 und 14 F. u. FPG. Anwendung finden, mit einer Geldstrafe bis zu fünfzig Mark bestraft, an deren Stelle im Unvermögensfalle verhältnißmäßige Haft tritt. Daneben ist eintretenden Falls Schadenersatz zu leisten oder ein Ersatzgeld nach Maßgabe des § 69 des erwähnten Gesetzes an den Beschädigten zu entrichten und die Pfändung des Viehs nach Maßgabe des § 77 desselben Gesetzes zu gewärtigen.

§ 17. Wer Feld- oder Gartengrundstücke als Eigenthümer oder Nießbraucher oder als Pächter oder Verwalter bewirthschaftet, ist verpflichtet, auf polizeiliche Anordnung Maßregeln zur Vertilgung der Hamster, Mäuse, Engerlinge und Maikäfer zu treffen, wenn durch das häufige Auftreten dieser Thiere ein erheblicher Schaden für die Feldfrüchte, bezw. für das Laubholz zu besorgen ist.

Die Landräthe, in den Stadtkreisen die Polizeiverwaltungen, haben in der Regel zu entscheiden, wann das Bedürfniß zu einer zwangsweisen Vertilgung dieser Thiere vorliegt, und alsdann die Ortspolizeibehörden mit näherer Anweisung zu versehen. In dringenden Fällen können dagegen die Ortspolizeibehörden die zwangsweise Vertilgung der erwähnten Thiere selbstständig anordnen und haben solchenfalls in Landkreisen dem Landrathe davon Anzeige zu machen.

§ 18. Giftige Stoffe dürfen zur Vertilgung von Hamstern, Mäusen ꝛc. in Feldern oder Gärten nicht angewendet werden, es sei denn, daß die zuständige Ortspolizeibehörde hierzu für den einzelnen Fall eine schriftliche Erlaubniß ertheilt hat. Solchenfalls darf das anzuwendende Gift nicht ohne Weiteres auf die Erde gestreut werden, sondern ist in die Schlupfwinkel der zu vertilgenden Thiere oder in Drainröhren dergestalt zu legen, daß es für andere als die zu tödtenden Thiere unzugänglich ist.

§ 19. Die Vertilgung der Maikäfer erfolgt durch Sammeln und Tödten derselben. Die Verpflichtung hierzu erstreckt sich im Falle einer zwangsweise angeordneten Vertilgung (§ 17) auf die in Gärten, Plantagen, Alleen, sowie auf Feldern und Wiesen stehenden Laubholzbäume. Je nach der Menge solcher Laubhölzer kann dem Verpflichteten (§ 17) die Einsammlung und Vernichtung eines bestimmten Quantums Maikäfer innerhalb eines bestimmten Zeitraums oder wiederkehrender Zeitabschnitte auferlegt werden.

§ 20. Sobald an einem Orte der Provinz Sachsen die Wanderheuschrecken in größerer Anzahl auftreten, sind die Gemeinden und Gutsbesitzer, oder diejenigen, welche die Grundstücke der letzteren als Nießbraucher oder als Pächter oder Verwalter bewirthschaften, in der Umgebung der von diesem Insekt befallenen Flur verpflichtet, die zur Ausführung der Vertilgungsmaßregeln nöthigen Gespanne und Mannschaften unentgeltlich zu stellen.

Die Landräthe, in Stadtkreisen die Polizeiverwaltungen, haben eintretenden Falls den Umfang dieser Leistungen, sowie die Zahl der von jeder Gemeinde und jedem sonst Verpflichteten zu leistenden Hand= und Spanndienste zu bestimmen.

§ 21. Die von den Betheiligten gemeinschaftlich zu ergreifenden Maßregeln bestehen nach der Anordnung des Landraths bezw. der Ortspolizeibehörde in der Ziehung der nöthigen Gräben im Innern und am Rande der von Heuschrecken befallenen Felder, in der Anlegung von Fanglöchern in den Gräben, in dem Eintreiben der Heuschrecken in dieselben und in dem Tödten der Heuschrecken, sowie in der Vernichtung oder Desinfection der getödteten Thiere und erforderlichen Falls in der Umpflügung der Brutstätten. (§ 22.)

§ 22. An Orten, wo die Wanderheuschrecken im Sommer sich gezeigt und Brut in die Erde gelegt haben, sind die betreffenden Brutstellen vor Eintritt des Winters flach umzupflügen, damit die Bruteier bloß gelegt und durch die Winterkälte zerstört werden. Den Gemeinden und Gutsvorständen liegt es ob, für die Ermittelung solcher Brutstätten Sorge zu tragen.

§ 23. Wer von dem Vorkommen des Kartoffel- (Colorado-) Käfers, sowie von dessen Eiern, Larven oder Puppen in irgend einer Weise Kenntniß erhält, ist verpflichtet, der betreffenden Ortspolizeibehörde hiervon sofort Anzeige zu machen. Die abgelesenen Käfer, Eier, Larven oder Puppen sind an Ort und Stelle sofort zu tödten, die Aufbewahrung der Käfer, Eier, Larven oder Puppen in lebendem Zustande ist dagegen verboten.

Wer als Eigenthümer oder Nießbraucher oder als Pächter oder Verwalter Grundstücke bewirthschaftet, hat die polizeilich angeordneten Absuchungen der Grundstücke mit Sorgfalt auszuführen.

§ 24. Wer als Eigenthümer oder Nutznießer oder als Pächter oder Verwalter Forstgrundstücke bewirthschaftet, ist verpflichtet, den polizeilichen Anordnungen wegen Vertilgung der Nadelholzverderber und wegen Vorbeugung gegen deren Verbreitung nachzukommen.

§ 25. Die Seidenpflanze (Kleeseide cuscuta), die Wucherblume (chrysanthemum segetum) und das Frühlingskreuzkraut (senecio vernalis) sind auf Ackerländereien jeder Art, sowie auf Ackerrainen, Wiesen und Weiden, Wegerändern, Eisenbahndämmen ꝛc. von dem Unterhaltungspflichtigen, bezw. demjenigen, welcher die Grundstücke als Eigenthümer oder Nutznießer oder als Pächter oder Verwalter bewirthschaftet, so frühzeitig zu vertilgen, daß sie im abblühenden oder reifen Zustande nicht vorgefunden werden.

In gleicher Weise haben auf Wegen und Triften die zur Unterhaltung derselben Verpflichteten, sowie auf Viehweiden diejenigen, welche sie als Eigenthümer oder Nutznießer oder als Pächter oder Verwalter bewirthschaften, das Abblühen aller Distelarten durch rechtzeitiges Abschneiden zu verhindern.

§ 26. Außer den in §§ 17—25 besonders hervorgehobenen Vertilgungsmaßregeln von schädlichen Thieren und Pflanzen können auch andere zu diesem Zwecke geeignete Maßnahmen polizeilich angeordnet werden.

§ 27. Jede Zuwiderhandlung gegen die Vorschriften in den vorstehenden §§ 17—25 oder gegen die sonstigen zum Zwecke der Vernichtung der erwähnten schädlichen Thiere oder Pflanzen erlassenen polizeilichen Anordnungen wird gemäß § 34 F. u. FPG. mit Geldstrafe bis zu einhundertundfünfzig Mark oder mit Haft bestraft. Daneben haben im Versäumnißfalle die Verpflichteten zu gewärtigen, daß das kulturschädliche Ungeziefer unter Ausführung der erforderlichen Sicherungsmaßregeln auf ihre Kosten durch dritte vernichtet bezw. die erwähnten kulturschädlichen Pflanzen in gleicher Weise durch Abschneiden und Verbrennen sowie durch tiefes Umgraben der mit ihnen bestandenen Flächen beseitigt werden.

§ 28. Wer in einem fremden Wald Holz, welches er erworben hat, oder zu dessen Bezuge in bestimmten Massen er berechtigt ist, unbefugt ohne Genehmigung oder Anweisung des Grundeigenthümers oder dessen Vertreters fällt, zusammenrückt, oder die für das Zusammenrücken gegebenen Vorschriften nicht befolgt, oder das Holz nicht innerhalb der bestimmten Frist oder zur Nachtzeit (§ 2 Nr. 1 F. u. FPG.) fortschafft, wird mit Geldstrafe bis zu fünfzig Mark bestraft, an deren Stelle im Unvermögensfalle verhältnißmäßige Haft tritt.

Die Verfolgung tritt nur auf Antrag ein.

§ 29. Wer auf Forstgrundstücken kraft einer Vergünstigung zur Ausübung einer Waldnutzung befugt ist, wird mit Geldstrafe bis zu sechszig Mark, an deren Stelle im Unvermögensfalle verhältnißmäßige Haft tritt, bestraft, wenn er die Waldnutzung in nicht geöffneten Districten oder in einer Jahreszeit, in welcher die Nutzung auszuüben nicht gestattet ist, oder an anderen als den bestimmten Tagen oder Tageszeiten oder zur Nachtzeit (§ 2 Nr. 1 F. u. FPG.) ausübt, oder sich anderer als der gestatteten Werbungs- oder Fortschaffungsgeräthe bedient.

Die Verfolgung tritt nur auf Antrag ein.

§ 30. Wer auf Forstgrundstücken kraft eines Rechts oder einer Vergünstigung zur Ausübung einer Waldnutzung befugt ist, hat behufs Ausübung der Nutzung sofern er nicht auf Grund eines besonderen Rechtstitels davon befreit ist, auf Verlangen des Grundeigenthümers für jede Nutzungsperiode einen Legitimationsschein von dem Grundeigenthümer zu lösen, denselben bei der Ausübung der Nutzung bei sich zu führen und nach Ablauf der Nutzungsperiode wieder zurückzugeben. Dieser Legitimationsschein darf nicht an andere als die zum Hausstande des Berechtigten gehörigen Personen, und nur, soweit diese die Nutzung für den Berechtigten ausüben sollen, abgegeben werden.

§ 31. Wer auf Forstgrundstücken zur Grasnutzung befugt ist, darf dabei das zwischen dem Gras aufwachsende Holz nicht beschädigen.

§ 32. Wer auf Forstgrundstücken zur Grasnutzung, zur Raff- und Lese-Holz, zur Afterschlag-, der Wind-, Schnee- oder Duftbruch-Nutzung oder zur Stockrodung befugt ist, darf das Gras oder Holz, soweit es in Schonungen gewonnen wird, aus denselben nicht mit Wagen oder Karren fortschaffen, sollte deren Benutzung im Allgemeinen auch gestattet sein, sondern hat es bis über die Grenzen der Schonung dergestalt hinaus zu tragen, daß der Boden mit dem Gras oder Holz nicht geschleift wird. Auch darf in Schonungen das Gras nur mittels Ausrupfen mit der bloßen Hand, ohne Anwendung schneidender Instrumente, gewonnen werden.

§ 33. Wer auf Forstgrundstücken zur Raff- und Leseholznutzung oder zur Afterschlag- oder Wind-, Schnee- oder Duftbruchnutzung befugt ist, darf ohne Erlaubniß des Grundeigenthümers bei der Ausübung der Nutzung keine Aexte, Beile, Sägen oder andere Werkzeuge, durch welche stehende Bäume oder Aeste herunter gebracht werden können, bei sich führen oder gebrauchen.

Zur Werbung von Bruchholz, sowie zum Brechen trockener Aeste und Stangen ist, wenn nach dem Inhalt der Berechtigung die Anwendung eines Hakens überhaupt zulässig ist, nur der Gebrauch von hölzernen Haken ohne Eisenbeschlag gestattet, sofern nicht Herkommen oder sonstige besondere Rechtstitel zur Benutzung anderer Werbungsgeräthe berechtigen. Wo die Berechtigten hiernach sich der Aexte und Beile bedienen dürfen, ist dennoch Personen unter

16 Jahren die Benutzung solcher Werkzeuge bei der Ausübung der Nutzung untersagt.

§ 34. Wer auf Forstgrundstücken zur Stock- oder Kienrodung befugt ist, darf in den zur Kultur bestimmten Districten von dem Zeitpunkte an, wo dieselben in Kultur gelegt und als solche äußerlich durch Tafeln, Wische und dergleichen Zeichen kenntlich gemacht sind, die Nutzung nicht weiter ausüben, es sei denn, daß er aus einem besonderen Rechtstitel die Befreiung von dieser Einschränkung nachzuweisen vermag.

§ 35. Jeder Erwerber von Nadelholzstämmen oder Blochen, welche eingeschlagen in einem fremden Walde liegen, ist verpflichtet, auf die Aufforderung des Grundeigenthümers bis zum ersten Tage des auf den Einschlag folgenden Monat Juni die Schälung der Stämme und Bloche vorzunehmen.

§ 36. Die Verfolgung der Zuwiderhandlungen gegen die Vorschriften in den §§ 29—34 tritt nur auf Antrag ein.

Jede Zuwiderhandlung wird, soweit nicht die Strafbestimmungen im § 40 F. u. FPG. Anwendung findet, mit Geldstrafe bis zu sechszig Mark bestraft, an deren Stelle im Unvermögensfalle verhältnißmäßige Haft tritt.

§ 37. Wer auf fremden Forstgrundstücken Kräuter, Beeren oder Pilze sammeln will, hat zuvor von dem Waldeigenthümer oder seinem Vertreter einen Erlaubnißschein zu erwerben und denselben beim Sammeln bei sich zu führen. Jede Zuwiderhandlung wird mit Geldstrafe bis zu zehn Mark bestraft, an deren Stelle im Unvermögensfalle verhältnißmäßige Haft tritt.

Die Verfolgung tritt nur auf Antrag ein.

§ 38. Wer in der Zeit vom 1. März bis zum 31. October einschließlich in einem fremden Walde ohne Erlaubniß des Waldeigenthümers oder des zuständigen Aufsichtsbeamten außerhalb der öffentlichen Fahrwege Cigarren oder Tabak raucht, wird mit Geldstrafe bis zu dreißig Mark bestraft, an deren Stelle im Unvermögensfalle verhältnißmäßige Haft tritt. Das Fortwerfen oder unvorsichtige Handhaben von glimmenden Cigarren- oder Tabaksresten, von glimmendem Zunder oder brennenden Schwefelhölzern wird dagegen nach Maßgabe des § 44 Nr. 2 F. u. FPG. mit Geldstrafe bis zu fünfzig Mark oder mit Haft bis zu 14 Tagen bestraft.

§ 39. Die vorstehende PV. tritt mit dem 1. Juni d. Js. in Kraft.

Mit diesem Zeitpunkte werden aufgehoben:

1) die PV. vom 10. März 1863 (Amtsbl. pro 1879 S. 185),
2) die PV. vom 8. April 1862 (Amtsbl. S. 127),
3) die PV. vom 19. Mai 1877 (Amtsbl. S. 144).

VIII. Provinz Schleswig-Holstein.

Für die Provinz Schleswig-Holstein sind zur Ausführung bezw. Ergänzung des Feld- und Forstpolizeigesetzes vom 1. April 1880 Polizeiverordnungen bisher nicht erlassen, weil dazu ein Bedürfniß nicht hervorgetreten ist.

IX. Provinz Hannover.

1. Regierungsbezirk Hannover.

Polizeiverordnung der Königl. Landdrostei vom 11. April 1882. (Amtsbl. für Hannover S. 467.)

In Ausführung des F. u. FPG. wird auf Grund der §§ 11 und 12 PVG. 67 hiermit Folgendes verordnet:

Artikel I.

Die Ausübung der Nachtweide des Einzelhütens, sowie der Weide durch Gemeinde- und Genossenschaftsheerden wird folgendermaßen geregelt:

§ 1. Grundstücke, welche nicht auf allen Seiten so eingeschlossen sind, daß dadurch das Austreten des Viehes verhindert wird, dürfen nur während der Tageszeit zur Viehweide benutzt werden.

Wer dieser Bestimmung zuwiderhandelt, wird, wenn auch kein Vieh auf ein fremdes Grundstück übergetreten ist, mit Geldbuße bis zu 10 Mark belegt. Diese Strafe kann im Wiederholungsfalle bis zu 30 Mark erhöht werden.

§ 2. Viehtreiber, welche ihre Heerden zur Nachtzeit treiben, müssen bei Vermeidung einer Strafe bis zu 10 Mark von Ort zu Ort einen von ihnen zu lohnenden Begleiter mitnehmen.

§ 3. Wer zur Gemeinheitsweide befugt, die Viehhütung an verbotenen Orten, zu verbotener Zeit oder sonst auf verbotene Weise ausübt, wird mit Geldstrafe bis zu 15 Mark bestraft.

§ 4. Wer zur Gemeinheitsweide oder zur Hütung im Walde berechtigt, mit dem eigenen Vieh unbefugt fremdes Vieh auf die gemeinsame Weide bezw. die Waldweide eintreibt, verwirkt Geldstrafe bis zu 30 Mark.

Gleiche Strafe trifft den Eigenthümer des unbefugt aufgetriebenen Viehes, wenn er um die Uebertretung gewußt hat.

Artikel II.

Die im § 32 F. u. FPG. festgesetzte Strafe — „Geldstrafe bis zu 150 Mark oder Haft" — wegen Außerachtlassung der bezüglich des Brennens von Torfmooren, Haidekraut oder Bülten im Freien polizeilich angeordneten Vorsichtsmaßregeln tritt namentlich ein:

a) wenn die abzubrennende Fläche nicht genügend — beim Moorbrennen durch Gruben, beim Haidbrennen durch Abplaggen — begrenzt ist,
b) wenn das Feuer verlassen wird, bevor es erloschen ist,
c) wenn das Moor- oder Haidbrennen in gefährlicher Nähe von Gebäuden, Forsten oder sonstigen, der Feuersgefahr ausgesetztem Eigenthum geschieht, oder wenn das Feuer nicht gelöscht wird, sobald bei Aenderung oder Verstärkung des Windes Gefahr für Gebäude ꝛc. entsteht,
d) wenn etwaigen sonstigen Sicherungsanordnungen der Behörden zuwidergehandelt wird,
e) wenn das Haid- oder Moorbrennen in der Zeit vom 1. Juni

bis 1. September stattfindet, es sei denn, daß die Obrigkeit das Abbrennen während dieser Zeit ausnahmsweise aus dringenden Gründen gestattet hat.

Artikel III.

§ 1. Wer auf einer Haide oder einem Moore brennende oder glimmende Gegenstände außerhalb der mit Seitengräben eingefaßten Wege fallen läßt, fortwirft oder unvorsichtig handhabt, verfällt in eine Geldstrafe bis zu 30 Mark.

§ 2. Jeder, welcher bemerkt, daß in einem Walde, einer Haide, oder einem Moore ein Brand ausgebrochen ist, hat hiervon den Gemeindevorsteher der Gemeinde, in deren Bezirk der Brand stattfindet und bei einem Brande in einer Waldung, wenn ein Forstbeamter in der Nähe wohnt, auch Letzteren zu benachrichtigen.

Der Gemeindevorsteher hat sofort die Obrigkeit von dem ausgebrochenen Brande in Kenntniß zu setzen.

§ 3. Bei ausgebrochenem Brande begeben sich unverzüglich die männlichen Bewohner der benachbarten Ortschaften, soviel thunlich mit Schaufeln, Spaten, Aexten oder Beilen versehen, zur Brandstelle.

§ 4. Alle Amtsunterbedienten, Gendarmen und Polizeioffizianten der Nachbarschaft begeben sich zur Brandstelle, um daselbst für die Handhabung der Ordnung zu sorgen.

§ 5. Die Anordnung der zur Löschung des Feuers und zur Bewachung der Brandstelle zu ergreifenden Maßregeln geht von der Obrigkeit — Amtshauptmann, Bürgermeister — oder deren Beauftragten, und in deren Abwesenheit von dem Gemeindeortsvorsteher oder dem Vertreter der selbstständigen Besitzung aus.

Der Feuerlöschdirigent und dessen Vertreter sind befugt, sich Gehülfen zu bestellen, deren Anordnungen Folge zu leisten ist.

§ 6. Wer den Bestimmungen der §§ 2 und 3 zuwiderhandelt, ingleichen wer den Weisungen des Feuerlöschdirigenten, dessen Stellvertreters und Gehülfen auf der Brandstelle nicht Folge leistet, obgleich er dies ohne erhebliche eigene Nachtheile konnte, wird, soweit nicht der § 44 F. u. FPG. Anwendung findet, mit Geldstrafe bis zu 30 Mark bestraft.

Artikel IV.

§ 1. Bezüglich aller in dem Landdrosteibezirke vorhandenen oder neu entstehenden Sand- und Mullwehen ist das Hüten und Durchtreiben von Vieh, sowie jede andere, eine Verflüchtigung der Bodenfläche herbeiführende Benutzung untersagt.

§ 2. Der räumliche Umfang der einzelnen Wehflächen wird von der zuständigen Obrigkeit festgestellt und die geschehene Begrenzung durch Anschlag am Amtssitze und ortsübliche Verkündigung in den bei den einzelnen Revieren betheiligten Gemeinden zur öffentlichen Kenntniß gebracht.

Etwaige Beschwerden über die Abgrenzung der Reviere durch die betreffende Obrigkeit haben keine aufschiebende Wirkung.

§ 3. Die Uebertretung der vorstehenden Vorschriften wird, sofern nicht nach allgemeinen gesetzlichen Bestimmungen, insbesondere durch die §§ 14 und 15 F. u. FPG. strengere Strafe verwirkt ist, mit Geldstrafe bis zu 30 Mark bestraft.

Artikel V.*)

§ 1. Das Einsammeln von Kronsbeeren darf vor dem von uns alljährlich sowohl für die Sommer- als auch für die Herbstfrüchte zu bestimmenden Tage nicht stattfinden.

Während dieser Zeit vom 16. September jeden Jahres an bis zum Beginn der Herbsternte ist das Sammeln der Kronsbeeren gänzlich untersagt.

§ 2. Bei dem Sammeln von Kronsbeeren, sowie von Heidel- (Bick-) Beeren ist die Benutzung von Kämmen und ähnlichen Instrumenten untersagt.

§ 3. Wachholderbeeren dürfen nur in der Zeit vom 1. September bis 31. März incl. und zwar nur durch Abpflücken oder Abklopfen, nicht aber durch Abstreichen gesammelt werden.

§ 4. Kieferzapfen dürfen nicht vor dem 1. Dezember, Fichtenzapfen nicht vor dem 15. Oktober gesammelt werden.

---

*) Vgl. Polizeiverordnung vom 13. August 1887, betr. die Ausübung der Trüffelsuche S. 137.

§ 5. Jeder, welcher auf fremden Grundstücken die vorstehend benannten Beeren oder Zapfen einsammelt, hat einen Legitimationsschein bei sich zu führen und den Forstschutz- und Polizeibeamten auf Erfordern vorzuzeigen. Dieser Schein ist für fiskalische Grundstücke von einem Königlichen Forstbeamten, für Gemeinde- und Genossenschaftsgrundstücke von dem zuständigen Gemeindevorsteher und für Privatgrundstücke von dem betreffenden Eigenthümer auszufertigen.

§ 6. Zuwiderhandlungen gegen die Vorschriften dieses Artikels werden mit Geldstrafe bis zu 10 Mark geahndet, soweit nicht StGB. oder das FDG. Anwendung findet.

Artikel VI.

Die im § 34 des F. u. FPG. vorgesehene Strafe (Geldstrafe bis zu 150 Mark oder Haft) verwirkt:

1. ein Jeder, welcher von dem Vorkommen des Kartoffelkäfers, seiner Eier, Larven oder Puppen in irgend einer Weise Kenntniß erhalten, und es unterläßt, hiervon der nächsten Ortspolizeibehörde Anzeige zu machen;
2. jeder Eigenthümer, Nutznießer, Pächter oder Verwalter eines Grundstücks, welcher die von der Obrigkeit angeordneten Absuchungen von Grundstücken nach den unter 1 genannten Gegenständen unterläßt oder nicht gehörig ausführt, oder die Behufs Absperrung von Grundstücken von der Obrigkeit getroffenen Anordnungen übertritt;
3. der Eigenthümer, Nutznießer, Pächter oder Verwalter eines Grundstücks oder die von diesem damit beauftragte Person, welche es unterläßt, die abgelesenen Kartoffelkäfer, Eier, Larven und Puppen sofort an Ort und Stelle zu tödten;
4. wer es unterläßt, die unter seiner Gewalt bezw. Aufsicht stehenden und zu seiner Hausgenossenschaft gehörenden Personen (Kinder, Dienstboten u. s. w.) von der Uebertretung der vorstehenden Vorschriften (zu 1 bis 3) abzuhalten.

Artikel VII.

§ 1. Eigenthümer, Nutznießer, Pächter oder Verwalter landwirthschaftlich benutzter, von der Verheerung durch Feldmäuse bedrohter Grundstücke sind verpflichtet, die zur Vertilgung der Mäuse von der zuständigen Obrigkeit nach § 2 dieser Verordnung vorgeschriebenen Maßregeln auszuführen oder ausführen zu lassen.

§ 2. Die Obrigkeiten (Amtshauptmänner, Magistrate der selbstständigen Städte) bestimmen nach Anhörung der Amtsversammlungen bezw. der Bürgervorsteherkollegien, im Falle des Bedürfnisses für welchen Bezirk, zu welcher Zeit und mit welchen Mitteln zur Vertilgung der Mäuse zu schreiten ist und ob solches durch dazu von den Gemeindevorständen zu bestellende Personen oder durch die einzelnen Eigenthümer, Nutznießer, Pächter oder Verwalter landwirthschaftlich benutzter Grundstücke geschehen.

§ 3. Zuwiderhandlungen unterliegen der Strafbestimmung des oben citirten § 34 F. u. FPG.

Artikel VIII.

Alle PV., deren Bestimmungen entweder in das F. u. FPG. oder in diese PV. aufgenommen sind, oder aber den Bestimmungen des genannten Gesetzes oder dieser PV. widersprechen, werden hierdurch für aufgehoben erklärt.

Insbesondere sind als aufgehoben anzusehen:

a) die PV. vom 5. Mai 1876, betreffend Schutz gegen Moor-, Haid- und Waldbrände;
b) die für verschiedene Amtsbezirke erlassenen PV. wegen der Sand- und Mullwehen;
c) die PV. vom 11. September 1875, betreffend das Einsammeln von Beeren und Zapfen;
d) die PV. vom 1. September 1877, betreffend die Vertilgung des Kartoffelkäfers;
e) die PV. vom 6. Januar 1875, betreffend die Vertilgung von Feldmäusen.

Artikel IX.

Die vorstehende PV. tritt mit dem 1. Juni d. J. in Kraft.

Polizeiverordnung des Regierungspräſidenten vom 13. Auguſt 1887. (Amtsbl. S. 411).

Zur Ergänzung der Beſtimmungen des Art. V der Verordnung der vormaligen Königlichen Landdroſtei hierſelbſt vom 11. April 1882, betreffend der Ausführung des F. u. FPG. wird hierdurch auf Grund des § 137 LVG. 83, ſowie der §§ 6. 12. 13 PVG. 67, unter Zuſtimmung des Bezirksausſchuſſes, für den Umfang des Regierungsbezirks Hannover Folgendes verordnet:

§ 1. Wer auf Forſtgrundſtücken Trüffeln ſuchen will, bedarf dazu eines Legitimationsſcheins, den er bei Ausübung der Trüffelſuche bei ſich zu führen und den Forſtſchutz- oder Polizeibeamten auf Verlangen vorzeigen muß. Dieſer Schein iſt für fiskaliſche oder klöſterliche Forſtgrundſtücke von dem betreffenden Königlichen Forſtbeamten, für Gemeinde- und Genoſſenſchaftsgrundſtücke von dem zuſtändigen Gemeindevorſteher und für Privatforſtgrundſtücke von dem Eigenthümer auszuſtellen.

§ 2. Zuwiderhandlungen gegen die Vorſchrift des § 1 werden nach § 41 F. u. FPG. beſtraft.

§ 3. Dieſe Verfügung tritt mit dem 1. September d. J. in Kraft.

2. Regierungsbezirk Hildesheim.

Polizeiverordnung der Königl. Landdroſtei zu Hildesheim vom 4. Oktober 1882. (Amtsbl. für Hannover. S. 1036.)

Auf Grund des § 11 PVG 67 wird in Ausführung des F. u. FPG. hiermit die folgende PV. erlaſſen:

Artikel I.

§ 1. Mit der im § 11 des Geſetzes feſtgeſetzten Strafe — (Geldſtrafe bis zu 10 Mark oder Haft bis zu drei Tagen) — werden die Beſitzer von Hühnern, Putern, Gänſen und Enten beſtraft, welche es unterlaſſen, ausreichende Vorkehrungen dagegen zu treffen, daß die gedachten Thiere fremde Gärten, Aecker und Wieſen unbefugter Weiſe betreten.

§ 2. Bezüglich des Haltens von Feldtauben behält es bei

den noch jetzt in Kraft befindlichen Bestimmungen der Königl. Verordnung vom 19. December 1794 für das Fürstenthum Grubenhagen, einschließlich der Grafschaft Hohnstein, der Bekanntmachung der vormaligen Königl. Provinzial-Regierung zu Hannover vom 27. September 1820 für das Fürstenthum Hildesheim mit Einschluß der Stadt Goslar, sowie unserer Bekanntmachung vom 20. November 1826 für das Fürstenthum Göttingen das Bewenden.

§ 3. Grundstücke, welche nicht auf allen Seiten so eingeschlossen sind, daß das Austreten des Weideviehs dadurch verhindert ist, dürfen während der Nachtzeit nicht behütet werden.

Ausnahmen hiervon können, wenn die obwaltenden Umstände solches angezeigt erscheinen lassen, von der Ortspolizeibehörde mittelst schriftlichen Erlaubnißscheines zugelassen werden.

Zuwiderhandlungen gegen diese Vorschrift ziehen die im § 11 des Gesetzes angedrohte Strafe nach sich.

§ 4. Das Treiben von Viehhaufen zur Nachtzeit darf nur unter Leitung einer genügenden Anzahl ortskundiger Führer erfolgen.

Wer dieser Bestimmung zuwiderhandelt, verwirkt die im § 11 des Gesetzes angedrohte Strafe.

Artikel II.

In Betreff der Weide durch Gemeinde- und Genossenschafts-Heerden wird bestimmt:

§ 1. Wer zur Gemeinheitsweide befugt, die Viehhütung an verbotenen Orten, zu verbotener Zeit oder sonst auf verbotene Weise ausübt, verwirkt Geldbuße bis zu 15 Mark.

§ 2. Wer zur Gemeinheitsweide oder zur Hütung im Walde berechtigt mit dem eigenen Vieh unbefugt fremdes auf die Gemeinheitsweide bezw. die Waldweide treibt, verwirkt eine Geldbuße bis zu 30 Mark.

Gleiche Strafe trifft den Eigenthümer des unbefugt aufgetriebenen Viehes, wenn er die Uebertretung gekannt hat.

Artikel III.

§ 1. Das Einsammeln der Kronsbeeren darf alljährlich nicht vor dem 10. September stattfinden.

Wir behalten uns jedoch vor, für einzelne Theile unseres Verwaltungsbezirkes ein für alle Mal oder für ein einzelnes Jahr einen anderweiten Anfangstermin zu bestimmen.

§ 2. Bei dem Sammeln von Kronsbeeren, sowie von Heidel-(Bick-)Beeren ist die Benutzung von Kämmen und ähnlichen Instrumenten untersagt.

§ 3. Das Pflücken und Brechen, sowie das Abschlagen von Saamenzapfen darf alljährlich bei Fichten nicht vor dem 15. October, bei Kiefern nicht vor dem 1. Dezember geschehen.

§ 4. Die für einzelne Theile des Bezirks bereits bestehende Verpflichtung zur Einholung eines Erlaubnißscheines behufs des Sammelns von Krons- oder Heidel- (Bick-) -Beeren, sowie von Fichten- oder Kiefernzapfen, insbesondere in den fiskalischen Waldungen, wird durch diese PV. nicht berührt.

§ 5. Zuwiderhandlungen gegen die Vorschriften der §§ 1 bis 3 dieses Artikels werden, soweit nicht nach den allgemeinen Strafgesetzen, bezw. nach dem FDG. eine höhere Strafe verwirkt ist, mit einer Geldbuße bis zu 30 Mark, eventl. mit verhältnißmäßiger Haft bestraft.

Artikel IV.

Anlangend den Schutz nützlicher sowie die Vernichtung schädlicher Thiere bezw. Pflanzen wird bestimmt:

§ 1. Jeder, welcher von dem Vorkommen des **Kartoffelkäfers**, seiner Eier, Larven oder Puppen in irgend einer Weise Kenntniß erhält, ist verpflichtet, der Gemeindebehörde sofort Anzeige darüber zu machen.

§ 2. Die von dem Eigenthümer, Nießbraucher oder Pächter eines Grundstücks, oder von den damit von ihm beauftragten Personen abgelesenen Käfer, Eier, Larven und Puppen sind sofort an Ort und Stelle zu tödten.

Die Aufbewahrung der Käfer, Eier, Larven oder Puppen im lebenden Zustande ist verboten. Wer im Besitze solcher sich befindet, hat dieselben sofort der Gemeindebehörde einzuliefern.

§ 3. Jeder Eigenthümer, Nießbraucher oder Pächter eines Grundstücks ist verpflichtet, die von der Obrigkeit (Amtshauptmann,

Magistrat einer selbstständigen Stadt) angeordneten Absuchungen der Grundstücke nach den Käfern, Eiern und Larven gehörig auszuführen.

Den Anordnungen der Obrigkeit behufs Absperrung der Grundstücke zur Verhütung einer Verschleppung der Käfer, Eier, Larven oder Puppen und behufs Sicherung der Vertilgungsmaßregeln ist von Jedermann Folge zu leisten.

§ 4. Zuwiderhandlungen gegen die in den vorhergehenden §§ 1 bis 3 enthaltenen Vorschriften ziehen die im § 34 des Gesetzes angedrohte Geldstrafe bis zu 150 Mark, im Unvermögensfalle entsprechende Haftstrafe nach sich.

Die Geldstrafe trifft auch denjenigen, welcher es unterlassen hat, Kinder oder andere unter seiner Gewalt stehende Personen, welche seiner Aufsicht untergeben sind und zu seiner Hausgenossenschaft gehören, von der Uebertretung der erlassenen Bestimmungen abzuhalten. Die eventuelle Haftstrafe ist jedoch gegen denselben nicht zu verhängen, da nach § 5 alin. 3 des Gesetzes gegen die als haftbar erklärten Personen der gedachten Art an die Stelle der Geldstrafe eine Freiheitsstrafe nicht tritt.

§ 5. Das Anpflanzen von Berberitzensträuchern auf oder in der Nähe von Ackergrundstücken ist bis auf eine mindestens 100 Meter betragende Entfernung, vom äußern Umkreise der Ackergrundstücke ab gerechnet, untersagt.

§ 6. Sämmtliche Berberitzensträucher, welche auf oder in der Nähe von Ackergrundstücken innerhalb der im vorstehenden Paragraphen bezeichneten Entfernung vorhanden sind, müssen binnen zwei Monaten, vom Erlaß dieser PV. an gerechnet, von den Inhabern der damit bestandenen Grundstücke entfernt werden.

§ 7. Zuwiderhandlungen gegen die Bestimmungen der vorstehenden §§ 5 und 6 werden mit Geldbuße bis zu 150 Mark oder mit verhältnißmäßiger Haft bestraft.

§ 8.*) In Betreff des Verbotes des Schießens, Fangens und Tödtens nützlicher Vogelarten, bezw. des Handels mit

*) Vgl. Reichsges., betreffend den Schutz von Vögeln, vom 22. März 1888 (RGBl. S. 111).

denselben verweisen wir auf die PV. vom 28. Januar 1873 nebst deren Zusatzverordnungen vom 7. August 1877 und vom 26. April 1881*), bei deren Bestimmungen es ferner das Bewenden behält.

---

*) **Polizeiverordnung vom 28. Januar 1873**, betreffend das Verbot des Schießens, Fangens und Tödtens gewisser nützlicher Vogelarten.

Auf Grund der §§ 11 und 12 PVG. 67 bestimmen wir hierdurch unter Aufhebung unserer Bekanntmachung vom 5. Mai 1824, betr. das Verbot des Wegfangens der Nachtigallen und anderer Singvögel (Hannov. GS. Abth. III. S. 116) und bezw. der Verordnung der vormaligen Königl. Berghauptmannschaft zu Clausthal vom 14. Juni 1818, betr. das Fangen von Vögeln während der Brütezeit, für den Umfang unseres Verwaltungsbezirks, was folgt:

§ 1. Während der Monate December bis einschließlich September dürfen nachbenannte Vögel weder geschossen, noch gefangen, noch getödtet werden:

I. sämmtliche Tag- wie Nacht-Raubvögel, am gekrümmten Schnabel und an den scharfen Krallen kenntlich, mit Ausnahme aller Adler, der Gabelweihe, des Stoß- oder Blaufalken, des schwarzbraunen Milan, des Hühnerhabichts, des Sperbers, des Uhus und des bis auf die Zehen befiederten und deshalb rauhfüßigen Bussard genannten Raubvogels;

II. von den rabenartigen Vögeln die Staare und die Saatkrähen;

III. sämmtliche Klettervögel, leicht kenntlich an dem graden Schnabel, steifen Schwanze und an den Kletterfüßen (zwei Zehen nach vorn und zwei nach hinten gerichtet), insbesondere also alle eigentlichen Spechte, die Schwarz-, Grün- und Buntspechte, sowie der Wendehals und der Kuckuck.

IV. sämmtliche Kegelschnäbler, an ihrem kräftigen, kurzen, dicken Schnabel kenntlich, insbesondere also alle Ammern, Kreuzschnäbel, Finken, Dompfaffen, sowie Hänflinge, Gelbartschen und Seidenschwänze, mit Ausnahme jedoch des Sperlings;

V. sämmtliche Dünnschnäbler, insbesondere also Spechtmeisen, Baumläufer und Wiedehopf;

VI. sämmtliche Schwalben, mit Einschluß der Nachtschwalbe;

VII. sämmtliche Drosseln, mit Einschluß der durch ihre goldgelbe Färbung ausgezeichneten Golddrossel (Pirol).

VIII. der Eisvogel und die in Norddeutschland seltene Blauracke. — (Hinsichtlich des Eisvogels durch die PV. vom 8. Juni 1885 (Amtsbl. für Hannover S. 1139) aufgehoben.)

IX. sämmtliche übrigen kleineren Vögel bis zur Größe des Eisvogels, insbesondere also: Bachstelzen, alle Lerchen, Steinschmätzer, die eigentlichen Sänger oder Sylvien, darunter namentlich Nachtigall, Mönch rc., Zaunkönig, Goldhähnchen und Meisen.

Artikel V.

§ 1. Das Abholen von Leseholz aus dem Walde seitens der dazu Berechtigten ist nur zur Tageszeit, und zwar in den Monaten April bis einschließlich September von 6 Uhr Morgens bis 8 Uhr

---

Bemerkt wird, daß die Würger oder Zahnschnäbler, welche auch allgemein unter dem Namen Neuntödter bekannt und von den Laien vielfach zu den Raubvögeln gerechnet werden, einer Schonung nicht unterliegen.

§ 2. Unberührt durch das im vorstehenden Paragraphen gegebene Verbot bleibt die nach § 3, Nr. 1 und 2 der Hannoverschen Jagdordnung vom 11. März 1859 (Hannov. GS. Abth. I, S. 160) den Grundeigenthümern zustehende Befugniß, auf ihren Grundstücken den Vogelfang in hängenden Dohnen auszuüben, sowie in mit ihren Wohngebäuden zusammenhängenden Höfen und Gärten Vögel bei Tage vermittelst einer Schußwaffe, unter Beachtung der polizeilichen Vorschriften, zu erlegen.

§ 3. Alle Vorbereitungen zum Fangen der im § 1 einer Schonung unterworfenen Vögel, namentlich das Aufstellen von Leimruthen, Vogelnetzen, Schlingen, Dohnen, Sprenkeln, Fangkäfigen ꝛc. — von Dohnen mit der im § 2 gedachten Ausnahme — sind während der bestimmten Schonzeit untersagt.

§ 4. Das Ausnehmen der Eier oder der Brut, sowie das Zerstören der Nester der im § 1 einer Schonung unterworfenen Vogelarten ist für die Dauer des ganzen Jahres verboten.

Für wissenschaftliche Zwecke kann mit Genehmigung der Obrigkeit zu Gunsten des Ausnehmens von Eiern und des Wegnehmens von Nestern eine Ausnahme zugelassen werden.

Hinsichtlich des Ausnehmens der Kiebitz- und Möveneier bewendet es bei der Bestimmung im § 6 des Gesetzes über die Schonzeiten des Wildes vom 26. Februar 1870 (GS. S. 122).

Unbeschränkt von dem vorstehendem Verbote bleibt die Befugniß der Eigenthümer und Nutznießer, sowie Pächter und Miether, die innerhalb oder an Gebäuden gebauten Vogelnester von denselben zu entfernen.

§ 5. Das Feilhalten der einer Schonung unterworfenen Vogelarten ist innerhalb der Zeit vom 15. December bis einschließlich September auf den Jahr- und Wochenmärkten, sowie im Hausirgewerbebetriebe untersagt.

§ 6. Zuwiderhandlnngen gegen die Bestimmungen dieser Verordnung werden, insoweit nicht nach den allgemeinen Strafgesetzen, insbesondere nach § 368 Nr. 11 des deutschen Strafgesetzbuches, eine höhere Strafe verwirkt ist, mit einer Geldstrafe bis zu 10 Thaler, im Unvermögensfalle mit verhältnißmäßiger Haft bestraft.

§ 7. Diese Verordnung tritt mit dem 15. März d. J. in Kraft.

Abends, und in den Monaten Oktober bis einschließlich März von 7 Uhr Morgens bis 5 Uhr Nachmittags gestattet.

In denjenigen Ortschaften, in welchen sogenannte Holztage von der Gemeindebehörde festgesetzt sind, darf die Abholung von Leseholz ausschließlich an diesen Tagen stattfinden.*)

§ 2. Zuwiderhandlungen gegen die im vorigen Paragraphen enthaltene Vorschrift werden mit den im § 43 des Gesetzes ange-

---

Polizeiverordnung vom 7. August 1877, betr. das Verbot des Schießens 2c. nützlicher Vogelarten.

Unter Bezugnahme auf die §§ 11 und 12 PVG. 67 bestimmen wir mit insoweitiger Abänderung unserer PV. vom 28. Januar 1873, betr. das Verbot des Schießens, Fangens und Tödtens nützlicher Vogelarten, das Folgende:

§ 1. Das im § 1 der gedachten PV. enthaltene Verbot des Schießens, Fangens und Tödtens der daselbst verzeichneten Vogelarten wird auf das ganze Jahr ausgedehnt.

Demgemäß werden die nach § 3 der bestehenden PV. während der Schonzeit der Vögel strafbaren Vorbereitungshandlungen zum Vogelfange und das bisher nur in der Zeit vom 15. December bis einschließlich September durch § 5 der PV. verbotene Feilhalten der zu schonenden Vogelarten auf den Jahr- und Wochenmärkten, sowie im Hausirgewerbebetriebe für das ganze Jahr untersagt.

§ 2. Im Uebrigen bleiben die Vorschriften der PV. vom 28. Januar 1873 insbesondere die Strafbestimmung des § 6 in Kraft.

Polizeiverordnung vom 26. April 1881, betr. das Verbot des Schießens 2c. nützlicher Vogelarten.

Auf Grund der §§ 11 uud 12 PVG. 67 erlassen wir hierdurch zu unserer PV. vom 28. Januar 1873, betr. das Verbot des Schießens, Fangens und Tödtens nützlicher Vogelarten, außer der durch Verordnung vom 7. August 1877 getroffenen Aenderung, noch folgende Bestimmung:

Einziger Paragragh.

Die Bestimmung des § 5 der vorgedachten PV., bezw. § 1 der Zusatz-V. vom 7. August 1877 wird dahin ergänzt, daß nicht nur das Feilhalten der der Schonung unterworfenen Vogelarten auf den Jahr- und Wochenmärkten, sowie im Hausirgewerbebetriebe, sondern auch der stehende Handel mit den in Rede stehenden Vögeln hierdurch untersagt wird.

Zuwiderhandlungen werden gleich den übrigen Uebertretungen der vorgenannten PV. bestraft.

*) Vergl. PV. vom 27. Mai 1886, betr. die Ausübung der Trüffelsuche; S. 146.

drohten Geldstrafe bis zu 150 Mark oder mit Haft bis zu 14 Tagen bestraft.

Artikel VI.

Mit Bezugnahme auf die Vorschriften des § 44 des Gesetzes wird auf die in Kraft bleibende PV. vom 1. November 1877 über Verhütung und Löschung von Waldbränden *) (Amtliches Verordnungsblatt de 1877 Nr. 133. S. 573) verwiesen.

---

*) **Polizeiverordnung vom 1. November 1877** über Verhütung und Löschung von Waldbränden.

Zur Verhütung und Löschung von Waldbränden erlassen wir auf Grund des § 11 PVG 67 die nachstehende PV.

I. Vorschriften zur Verhütung von Waldbränden.

§ 1. Wer im Walde ohne die Erlaubniß des Waldeigenthümers oder des mit der Aufsicht über den Wald Beauftragten, oder in geringerer Entfernung als 50 Meter von der Grenze eines Waldes ohne die Erlaubniß des örtlich zuständigen Gemeindevorstehers Feuer anzündet, wer ein im Walde oder in der angegebenen Nähe desselben angezündetes Feuer nicht genügend beaufsichtigt oder beaufsichtigen läßt, oder wer das Feuer vor seiner Entfernung nicht vollständig löscht, verwirkt unbeschadet der civilrechtlichen Verpflichtung, den im Falle eines Waldbrandes entstehenden Schaden zu ersetzen, Geldbuße von 3 bis 30 Mark.

Geschieht das Anzünden des Feuers an gefährlichen Stellen im Walde, so ist die Handlung nach § 368, Ziffer 6 StGB. mit Geldstrafe bis zu 60 Mark oder mit Haft bis zu 14 Tagen zu ahnden.

§ 2. Wer im Walde brennende oder glimmende Gegenstände, Schwefelhölzer, Tabak oder Cigarren 2c hinwirft oder verstreut, ohne dieselben vollständig auszulöschen, verfällt in Geldbuße von 3 bis 15 Mark.

§ 3. Vorbehaltlich der Vorschrift im § 368, Ziffer 6 StGB. ist die Errichtung und Anzündung von Kohlenmeilern nur an den von dem Waldeigenthümer oder den mit der Aufsicht über den Wald Beauftragten angewiesenen Stellen des Waldes erlaubt.

Während des Brandes des Meilers hat der Köhler alle zur Verhütung des Ausbruchs und der Verbreitung des Feuers erforderlichen Vorsichtsmaßregeln zu beobachten und unter keinen Umständen den Meiler ohne genügende Aufsicht zu lassen. Auch liegt ihm die Pflicht ob, vom ersten Anstecken des Meilers an bis zur gänzlichen Beendigung der Kohlenabfuhr fortwährend ein mit mindestens 25 Liter Wasser gefülltes Gefäß auf der Meilerstelle zu halten.

Zuwiderhandlungen ziehen Geldbuße von 3 bis 30 Mark nach sich.

§ 4. Gleicher Strafe verfällt, wer noch nicht vollständig erloschene Kohlen von der Meilerstätte durch den Wald schafft oder wer als Fuhrmann, Knecht 2c.

Artikel VII.

Alle Bestimmungen, welche den Vorschriften des F. u. FPG. bezw. dieser PV. zuwider laufen, sind aufgehoben.

Kohlen abfährt, ohne während der Fahrt im Walde eine mindestens mit 11 Ltr. Wasser gefülltes Gefäß mit sich zu führen.

II. Vorschriften behufs Löschung von Waldbränden.

§ 5. Wer zuerst den Ausbruch eines Waldbrandes wahrnimmt, hat dem nächsten Gemeindevorsteher oder Forstbeamten unverzüglich davon Anzeige zu machen.

§ 6. Die Gemeindevorsteher der in einem Umkreise bis zu einer Wegestunde — 3,8 Kilometer um die Brandstätte belegenen Ortschaften haben auf die Kunde von dem Ausbruch eines Waldbrandes sofort das in der Gemeinde übliche Feuersignal zu geben und auf die schnellste Weise, in der Regel durch reitende Boten, der Okrigkeit der Brandstätte, sowie dem nächstwohnenden Forstbeamten von dem Brande in Kenntniß zu setzen.

Sämmtliche männliche Bewohner der Gemeinde, soweit sie nicht durch Gesetz, Ortsstatut oder Herkommen von dem Feuerlöschdienst befreit sind, müssen auf die Kunde eines Waldbrandes in einer Entfernung bis zu einer Wegestunde sofort mit den geeigneten Werkzeugen, als Spaten, Schaufel und Hacke versehen, unter Führung eines Gemeindebeamten, auf die Brandstätte sich begeben und die angewiesenen Löscharbeiten verrichten.

In größeren Gemeinden bleibt es den Gemeindevorständen überlassen, Anordnungen zu treffen, nach welchen ein Theil der verpflichteten Mannschaft im Orte bleiben kann.

§ 8. Wer den Verpflichtungen in §§ 5 und 7 nicht nachkommt oder auf der Brandstätte den Anordnungen der Obrigkeit und der die Löscharbeiten leitenden Beamten nicht Folge leistet, verwirkt Geldbuße von 3 bis 30 Mark, vorbehaltlich der Bestimmung im § 360, Ziffer 10 StGB., wonach mit Geldbuße bis zu 150 Mark oder mit Haft zu bestrafen ist, wer bei Unglücksfällen oder gemeiner Gefahr oder Noth von der Polizeibehörde oder deren Stellvertreter zur Hülfe aufgefordert, keine Folge leistet, obgleich er der Aufforderung ohne erhebliche eigene Gefahr genügen konnte.

§ 9. Die Obrigkeit des Brandorts hat, sobald sie Kenntniß von dem Waldbrande erlangt, sich selbst an Ort und Stelle zu begeben und dafür zu sorgen, daß die ihr zur Verfügung stehende Polizei- und Gendarmeriemannschaft daselbst sich einfindet.

§ 10. Die Obrigkeit hat auf der Brandstätte auf Ruhe, Ordnung und Sicherheit zu halten und darauf zu sehen, daß die Löschmannschaft ihre Schuldigkeit thut.

Die Leitung der Feuerlöscharbeiten steht den Forstbeamten zu.

Sind letztere nicht zur Stelle, so hat die Obrigkeit die Leitung zu übernehmen oder einer geeigneten Persönlichkeit zu übertragen.

Polizeiverordnung des Regierungspräsidenten vom 27. Mai 1886. (Amtsbl. S. 298.)

Auf Grund der §§ 6 und 11 PVG. 67 und der §§ 137 und 139 LVG. 83 wird hierdurch unter Zustimmung des Bezirksausschusses für den Umfang des Regierungsbezirks Hildesheim verordnet, wie folgt:

§ 1. Wer auf Forstgrundstücken unbefugt und ohne den Legitimationsschein des Waldeigenthümers bei sich zu führen, die Trüffelsuche ausübt, verfällt der Strafe des § 41 F. u. FPG.

§ 2. Diese PV. tritt mit dem 15. Juni 1886 in Kraft.

3. Regierungsbezirk Lüneburg.

Polizeiverordnung der Königl. Landdrostei zu Lüneburg vom 20. April 1882. (Amtsbl. für Hannover S. 544).

Auf Grund des § 11 PVG. 67 und der §§ 13, 32, 34, 40 und 41 F u. FPG. verordnen wir für den Umfang des Landdrostei-Bezirks Lüneburg was folgt:

III. Allgemeine Bestimmung.

§ 11. An die Stelle der in den vorstehenden Bestimmungen angedrohten Geldstrafen tritt im Unvermögensfalle entsprechende Haft.

IV. Geltungsbereich der Polizeiverordnung.

§ 12. Die vorstehende PV. tritt für den ganzen Landdrosteibezirk in Wirksamkeit. Es finden jedoch die im Abschnitt I §§ 1 bis 4 über die Verhütung von Waldbränden erlassenen Vorschriften auf den Harzbezirk keine Anwendung. In diesem, den Amtsbezirken Zellerfeld und Elbingerode, bleiben die Bestimmungen der landesherrlichen Wald-Feuerordnung vom 29. August 1796 in Kraft.

V. Aufhebung älterer Bestimmungen und Vorbehalt wegen der fortdauernden Gültigkeit bestehender einschlägiger Vorschriften.

§ 13. Die Bekanntmachung der Landdrostei vom 6. August 1832, betr. das bei entstehenden Waldbränden zu beobachtende Verfahren (Hannov. G. S. Abth. II. pag. 163 von 1832) und der § 67 der Feuerordnung für die Bergstädte des Oberharzes vom 1. Juli 1851, so weit er sich auf Waldbrände bezieht, werden aufgehoben.

Im Uebrigen bleiben alle einschlägigen Verordnungen und Vorschriften, deren Inhalt durch die gegenwärtige PV. nicht berührt wird, nach wie vor in Kraft.

Gemeinschaftliche Hütung.

§ 1. Jede gemeinschaftliche Heerde ist unter die Aufsicht eines tüchtigen Hirten zu stellen. Dafür, daß dies geschehe, hat der Gemeindevorsteher zu sorgen.

§ 2. Wie viel gemeinschaftliche Hirten zu halten, und ob die verschiedenen Vieharten abgesondert oder gemischt zu hüten sind, ist durch Beschluß der Gemeinde und an Orten, wo nicht alle Gemeindemitglieder an der gemeinschaftlichen Weide Theil haben, durch Beschluß der Hütungs-Genossenschaft mit Genehmigung des Gemeindevorstehers zu bestimmen.

§ 3. Jeder Theilnehmer eines gemeinschaftlichen Hütungsrechts ist bei dessen Ausübung verpflichtet, sein Vieh dem gemienschaftlichen Hirten vorzutreiben und von diesem hüten zu lassen, sofern ihm nicht das Recht zum Einzelhüten herkömmlich oder vermöge besonderen Rechtstitels zusteht.

Zuwiderhandlungen werden mit Geldstrafe bis zu dreißig Mark oder mit Haft bestraft.

§ 4. Wo nach besonderen örtlichen oder wirthschaftlichen Verhältnissen für alle oder für einzelne Theilnehmer eines gemeinschaftlichen Hütungsrechts ein solches Einzelhüten (§ 3) während des ganzen Jahres oder gewisser Jahresabschnitte nothwendig ist, kann dasselbe durch polizeiliche Anordnung, durch welche zugleich die erforderlichen Sicherungs-Maßregeln zu bestimmen sind, geregelt werden

§ 5. Wer auf gemeiner Weide zur Viehhütung befugt, die letztere an verbotenen Orten, zu verbotener Zeit oder sonst auf verbotene Weise ausübt, wird mit Geldstrafe bis zu dreißig Mark oder mit Haft bestraft.

§ 6. Wer mit dem eigenen Vieh unbefugt fremdes Vieh auf die gemeine Weide treibt, oder wer zur Hütung im Walde berechtigt, unbefugt mit dem eigenen Vieh fremdes Vieh eintreibt, wird mit Geldstrafe bis zu dreißig Mark, zugemessen nach der Zahl des Viehs und der Dauer der Hütung, oder mit Haft bestraft.

Gleiche Strafe trifft den Eigenthümer des unbefugt aufgetriebenen bezw. eingetriebenen Viehs, wenn er das Unerlaubte gekannt hat.

§ 7. Die Strafbestimmungen der §§ 5 und 6 dieser PV. finden nur dann Anwendung, falls die Bestrafung nicht nach den §§ 14 und 15 F. u. FG. erfolgt.

Nachtweide.

§ 8. Grundstücke, welche nicht auf allen Seiten so eingeschlossen sind, daß dadurch das Austreten des Viehs verhindert wird, dürfen nur während der Tageszeit zur Viehweide benutzt werden.

Zuwiderhandlungen werden mit Geldstrafe bis zu dreißig Mark oder mit Haft bestraft.

§ 9. Für solche Feldmarken oder Bezirke, in denen das nächtliche Hüten auf ungeschlossenen Grundstücken bisher üblich gewesen und nach den eigenthümlichen wirthschaftlichen Verhältnissen entweder für die ganze Weideperiode oder für einen Theil derselben nicht zu entbehren ist, kann dasselbe durch polizeiliche Anordnung, durch welche auch die zum Schutze gegen Beschädigungen und Mißbräuche erforderlichen Maßregeln vorzuschreiben sind, gestattet werden.

Ausübung von Nutzungsrechten als Miteigenthümer rc.

§ 10. Wer als Miteigenthümer, Interessent oder Nutzungsberechtigter oder als Pächter oder Nutznießer berechtigter Besitzungen zur Gewinnung von Torf, Lehm, Sand, Kies, Mergel, Thon, Haide oder Brennplaggen in den dazu bestimmten Grundstücken befugt, die Nutzungen an verbotenen Orten, zu verbotenen Zeiten oder sonst auf verbotene Weise oder der von der zuständigen Behörde getroffenen Anordnung zuwider ausübt, wird mit Geldstrafe bis zu 30 Mark oder mit Haft bestraft.

Haide- und Moorbrennen.

§ 11. Das Haide- und Moorbrennen ist in der Zeit vom 1. Juni bis Ende August untersagt.

Ausnahmsweise kann die Obrigkeit das Moorbrennen auch in der Zeit vom 1. Juni bis Ende August aus dringenden Gründen mit der im § 12 dieser Verordnung enthaltenen Maßgabe gestatten.

§ 12. Das Haide- und Moorbrennen an Sonntagen und den anderen, durch die Sabatthordnung (Verordnung vom 22. Januar 1822 Hannov. G.-S. 1822, S. 64) bezeichneten Feiertagen ist nicht gestattet.

Die zuvor begonnenen und noch nicht beendeten Brände sind vor Beginn dieser Tage zu löschen.

§ 13. Das Moorbrennen ist nur in einer Entfernung von mehr als 200 m, das Brennen von Haidekraut, Bülten, Waldflächen und Bodendecken, sowie das Sengen von Rotthecken nur in einer Entfernung von 300 m von Gebäulichkeiten, Holzungen und leicht brennbaren Stoffen gestattet.

§ 14. Wer Haide- oder Moorflächen brennen will, bedarf hierzu der schriftlichen Erlaubniß der Obrigkeit. Der von der Obrigkeit zu ertheilende Erlaubnißschein hat den Tag, an welchem der Brand beginnen soll, sowie die etwaigen besonderen Bedingungen zu bezeichnen, unter welchen das Brennen gestattet worden ist. Diesen Schein hat der Unternehmer bezw. der ihn bei Ausführung oder Leitung des Brandes Vertretende auf der Brandstätte stets bei sich zu führen und dem kontrollirenden Beamten oder Gendarmen auf Erfordern vorzuzeigen.

Außerdem hat der Unternehmer bezw. dessen Stellvertreter beim Brennen folgende Vorschriften zu beachten.

§ 15. Behufs Begrenzung der abzubrennenden Grundstücke ist die ganze Brandfläche

a. beim Moorbrennen

mit einem Graben von 1 Meter Breite und 1 Meter Tiefe zu umziehen und der Grabenauswurf auf der Außenseite des Grabens wallartig abzulagern und auf seiner Oberfläche von Haide und anderen leicht Feuer fangenden Pflanzen und Kräutern rein zu halten,

b. beim Haidebrennen

mit einem abzuplaggenden Schutzstreifen von 5 Meter Breite und außerdem auf der Außenseite dieses Schutzstreifens mit einem Graben von der unter a vorgeschriebenen Beschaffenheit zu umgeben.

§ 16. Die Obrigkeiten sind befugt, nach Maßgabe der örtlichen Verhältnisse anzuordnen, daß statt der im § 15 dieser Verordnung gedachten Gräben von bestimmter Tiefe dieselben bis auf den nassen Untergrund getrieben werden (vergl. § 19 d. V.).

§ 17. Beim Haide- und Moorbrennen in Entfernung von 2 Kilometer und weniger von Forstgrundstücken ist der betreffende Forstbesitzer bezw. dessen Stellvertreter, bei Königl. Forsten der zuständige Forstbeamte durch Mittheilung einer Abschrift des Brenn-Erlaubnißscheins von der ertheilten Genehmigung mindestens 24 Stunden vor dem Beginn des Brennens in Kenntniß zu setzen.

§ 18. Bevor das Feuer nicht gänzlich erloschen ist, darf die Brandstätte von dem Unternehmer bezw. dessen Stellvertreter und der erforderlichen Mannschaft nicht verlassen werden. Auch muß das Feuer gelöscht werden, sobald bei Aenderung oder Verstärkung des Windes Gefahr für Gebäude, Forsten ꝛc. entsteht.

§ 19. Insofern die Obrigkeiten die vorstehenden Bestimmungen über das Haide- und Moorbrennen nicht für ausreichend erachten, haben sie die erforderlichen Anordnungen im Allgemeinen oder im besonderen Falle zu treffen.

§ 20. Zuwiderhandlungen gegen die Bestimmungen der §§ 11—15, 17 und 18 dieser Verordnung oder gegen die von den Obrigkeiten auf Grund der §§ 16 und 19 dieser Verordnung getroffenen polizeilichen Anordnungen werden gemäß § 32 F. u. FPG. mit Geldstrafe bis zu 150 Mark oder mit Haft bestraft.

Verhütung und Löschung von Wald-, Haide- und Moorbränden.

§ 21. Wer in einer Haide oder einem Moore außerhalb der mit Seitengräben eingefaßten Wege brennende oder glimmende Gegenstände fallen läßt, fortwirft oder unvorsichtig handhabt, wird, sofern nicht anderweitige strafrechtliche Bestimmungen zur Anwendung gelangen, mit Geldstrafe bis zu 30 Mark oder mit Haft bestraft.

§ 22. Wer bemerkt, daß in einem Walde, einer Haide oder einem Moore ein Brand ausgebrochen ist und unterläßt, hiervon dem Vorstande der Gemeinde, in deren Bezirk der Brand stattfindet, und bei einem Brande in einer Waldung, falls ihm bekannt ist, daß ein Forstbeamter in der Nähe wohnt, auch letzterem schleunige Nachricht zu geben, wird mit Geldstrafe bis zu 30 Mark oder mit Haft bestraft.

§ 23. Ist in einem Walde, einer Haide oder einem Moore ein Brand ausgebrochen, so haben die Gemeindevorsteher der innerhalb 7,5 km (einer Meile) von der Brandstelle belegenen Ortschaften, ohne weitere Aufforderung Seitens der zuständigen Obrigkeit oder der mit der Leitung der Löschung betrauten Personen abzuwarten, eine angemessene Zahl arbeitstüchtiger Männer aus den Einwohnern der Gemeinde aufzubieten und mit Schaufeln, Spaten, Aexten und Beilen versehen, an die Brandstelle zu entsenden.

Der Gemeindevorsteher hat die Obrigkeit von dem ausgebrochenen Brande sofort zu benachrichtigen.

§ 24. Die Leitung der Löschung steht in dem Amtsbezirke dem Amtshauptmann bezw. dessen Stellvertreter und, solange dieselben nicht anwesend sind, dem betreffenden Gemeindevorsteher zu.

Bei Bränden in nicht fiskalischen Forsten haben die Gemeindevorsteher, so lange ihnen die Leitung obliegt, die Rathschläge des etwa anwesenden Forstbeamten bei Vermeidung eigener Verantwortung zu beachten, auch geeigneten Falls dem Forstbeamten die Leitung allein zu überlassen.

Bei Bränden in fiskalischen Waldungen, Haiden und Mooren hat jedoch, so lange der Amtshauptmann oder dessen Stellvertreter nicht zugegen ist, der anwesende verwaltende Forstbeamte die Leitung zu übernehmen.

Die Waldungen, Haiden und Moore der Königl. Kloster-Verwaltung sind den fiskalischen Waldungen, Haiden und Mooren gleich zu achten.

Der Feuerlösch-Dirigent bezw. dessen Stellvertreter sind befugt, sich Gehülfen zu bestellen, deren Anordnungen Folge geleistet werden muß.

§ 25. Wer dem Aufgebote oder den von den Löschungs-Dirigenten getroffenen Anordnungen nicht Folge leistet, wird mit Geldstrafe bis zu 30 Mark oder Haft bestraft.

Schutz nützlicher Vögel*).

§ 26. Folgende Vögel, als: Adler, Falken, Milane, Weihen, Hühnerhabichte, Uhus, Kolkraben, Dohlen, Elstern, Sperlinge, Sperber, Würger, Reiher, Kormorane, Bergfinken und Eisvögel unterliegen keiner Schonung.

Wenn sich für einzelne Gegenden das Bedürfniß ergiebt, noch andere Vogelarten von der Schonung auszuschließen, so kann dies durch eine auf Grund der §§ 5—7 der Allerhöchsten Verordnung über die Polizeiverwaltung in den neu erworbenen Landestheilen vom 20. September 1867 zu erlassende OPV. geschehen.

Sämmtliche übrigen Vögel, soweit sie nicht zu den jagdbaren Vögeln oder zu den Hausthieren gehören, dürfen nur auf Grund der nach § 3 Nr. 1, 2 und 3 der Hannov. JO. vom 11. März 1859 (Hannov. G.-S., Abth. I, S. 160) den Grundeigenthümern zustehenden Befugniß, auf ihren Grundstücken den Vogelfang in hochhängenden Dohnen auszuüben, sowie in den mit ihren Wohngebäuden zusammenhängenden Höfen und Gärten Vögel bei Tage vermittelst einer Schußwaffe, unter Beachtung der polizeilichen Vorschriften zu erlegen, gefangen oder getödtet werden.

Der Fang in Dohnen vor dem 1. October ist verboten.

§ 27. Alle Vorbereitungen zum Fangen der nach § 26 dieser Verordnung einer Schonung unterworfenen Vögel, namentlich das Aufstellen von Leimruthen, Vogelnetzen, Schlingen, Sprenkeln, Fangkäfigen, Dohnen ꝛc. — von letzteren mit der im § 26 gedachten Ausnahme — sind verboten.

§ 28. Das Ausnehmen der Eier oder der Brut, sowie das Zerstören der Nester der nach § 26 dieser Verordnung einer Schonung unterworfenen Vogelarten ist verboten.

Für wissenschaftliche oder Lehrzwecke kann mit Genehmigung der Obrigkeit zu Gunsten des Ausnehmens von Eiern und des Wegnehmens von Nestern eine Ausnahme zugelassen werden.

Hinsichtlich des Ausnehmens der Eier oder Jungen von jagdbarem Federwild, sowie der Kiebitz- und Möven-Eier bewendet es

*) Reichsges., betr. den Schutz von Vögeln vom 22. März 1888 (RGBl. S. 111).

bei der Bestimmung im § 6 des Gesetzes über die Schonzeiten des Wildes vom 26. Februar 1870 (GS. 1870, S. 122).

Unberührt von dem vorstehenden Verbote bleibt die Befugniß der Eigenthümer und Nutznießer, sowie der Pächter und Miether, die innerhalb oder an Gebäuden gebauten Vogelnester von denselben zu entfernen.

§ 29. Das Feilhalten der einer Schonung unterworfenen Vogelarten auf den Jahr- und Wochenmärkten, sowie im Hausirhandelbetriebe ist verboten.

§ 30. Zuwiederhandlungen gegen die §§ 26 bis 29 dieser Verordnung werden gemäß § 34 F. u. FPG. mit Geldstrafe bis zu einhundert und fünfzig Mark oder mit Haft bestraft.

Sammeln von Beeren und Zapfen.

§ 31. Das Einsammeln der Kronsbeeren darf vor dem von uns alljährlich sowohl für die Sommer- als auch für die Herbsternte zu bestimmenden Tage nicht stattfinden.

Während der Zeit vom 16. September jeden Jahres an bis zum Beginne der Herbsternte ist das Sammeln der Kronsbeeren gänzlich verboten.

§ 32. Bei dem Sammeln von Kronsbeeren und von Heidel- (Bick-) beeren ist die Benutzung von Kämmen oder ähnlichen Instrumenten verboten.

§ 33. Wachholderbeeren dürfen nur in der Zeit vom 1. September bis 31. März incl. und zwar nur durch Abpflücken oder Abklopfen, nicht aber durch Abstreifen gesammelt werden.

§ 34. Kiefernzapfen dürfen nicht vor dem 1. December, Fichtenzapfen nicht vor dem 15. October gebrochen oder gepflückt werden.

§ 35. Jeder, welcher auf fremden Grundstücken die vorstehend benannten Beeren oder Zapfen einsammelt, hat einen Legitimationsschein bei sich zu führen und den Forstschutz- und Polizeibeamten auf Erfordern vorzuzeigen.

Dieser Schein ist für die fiskalischen Grundstücke von einem Königlichen Forstbeamten, für Gemeinde- und Genossenschafts-

Grundstücke von dem zuständigen Gemeindevorsteher und für Privat-Grundstücke von dem Eigenthümer, Pächter oder Nutznießer auszufertigen.

§ 36. Zuwiderhandlungen gegen die Vorschriften der §§ 31 bis 35 dieser Verordnung werden, soweit nicht nach den allgemeinen Strafgesetzen eine höhere Strafe verwirkt ist, mit Geldstrafe bis zu 30 Mark oder mit Haft bestraft.

Vertilgung der Feldmäuse.

§ 37. Eigenthümer, Nutznießer und Pächter land- und forstwirthschaftlich benutzter, von der Verheerung durch Feldmäuse bedrohter Grundstücke sind verpflichtet, die zur Vertilgung der Mäuse von der zuständigen Obrigkeit nach § 38 dieser Verordnung vorgeschriebenen Maßregeln auszuführen oder deren Ausführung zu gestatten.

§ 38. Die Obrigkeiten bestimmen, erforderlichen Falls nach Anhörung der Amtsversammlung oder der betreffenden Gemeindevertretungen bezw. der Bürgervorsteher-Collegien, für welchen Bezirk, zu welcher Zeit und mit welchen Mitteln zur Vertilgung der Feldmäuse zu schreiten ist und ob solches durch dazu von den Gemeindevorständen zu bestellende Personen oder durch die einzelnen Eigenthümer, Pächter oder Nutznießer land- oder forstwirthschaftlich benutzter Grundstücke geschehen soll.

§ 39. Die Bekanntmachung des vormaligen Hannoverschen Ministeriums des Innern vom 2. Juni 1862, durch welche die Verwendung von Arsenik und Strychnin und von Gegenständen, welche durch Beimischung derselben vergiftet sind, außerhalb der Wohn- und Wirthschaftsgebäude zur Vertilgung der Feldmäuse verboten worden ist, bleibt in Geltung.

§ 40. Zuwiderhandlungen gegen die auf Grund der § 37 und 38 von den Obrigkeiten getroffenen Anordnungen werden gemäß § 34 F. u. FPG. mit Geldstrafe bis zu 150 Mark oder mit Haft bestraft.

Vertilgung der Maikäfer.

§ 41. Eigenthümer, Nutznießer und Pächter land- oder forstwirthschaftlich benutzter, von der Verheerung durch Maikäfer und deren Larven bedrohter Grundstücke sind verpflichtet, die zur Vertilgung der Maikäfer und deren Larven von der zuständigen Obrigkeit nach § 42 dieser V. vorgeschriebenen Maßregeln auszuführen oder deren Ausführung zu gestatten.

§ 42. Die Obrigkeiten bestimmen, erforderlichen Falls nach Anhörung der Amtsversammlung oder der betreffenden Gemeindevertretungen bezw. der Bürgervorsteher-Collegien, für welchen Bezirk, zu welcher Zeit und mit welchen Mitteln zur Vertilgung der Maikäfer und deren Larven zu schreiten ist, und ob solches durch dazu von den Gemeindevorständen zu bestellende Personen oder durch die einzelnen Eigenthümer, Pächter oder Nutznießer land- oder forstwirthschaftlich benutzter Grundstücke geschehen soll.

§ 43. Zuwiderhandlungen gegen die auf Grund der §§ 41 und 42 von den Obrigkeiten getroffenen Anordnungen werden gemäß § 34 F. u. FPG. mit Geldstrafe bis zu 150 Mark oder mit Haft bestraft.

Vertilgung der Kartoffelkäfer.

§ 44. Jeder, welcher von dem Vorkommen des Kartoffelkäfers oder der Eier, Larven oder Puppen desselben in irgend einer Weise Kenntniß erhalten hat, ist verpflichtet, hiervon sofort der zuständigen Obrigkeit Anzeige zu machen.

§ 45. Die von dem Eigenthümer, Nießbraucher oder Pächter eines Grundstücks oder von den damit von ihm beauftragten Personen abgelesenen Käfer, Eier, Larven und Puppen sind sofort an Ort und Stelle zu tödten.

Die Aufbewahrung der Käfer, Larven oder Puppen im lebenden Zustande ist verboten.

§ 46. Jeder Eigenthümer, Nießbraucher oder Pächter eines Grundstücks ist verpflichtet, die von der zuständigen Obrigkeit angeordneten Absuchungen der Grundstücke gehörig auszuführen oder deren Ausführung zu gestatten.

Den behufs Absperrung von Grundstücken getroffenen polizeilichen Anordnungen ist unweigerlich Folge zu geben.

§ 47. Zuwiderhandlungen gegen die §§ 44 bis 46 dieser V., sowie gegen die auf Grund derselben getroffenen polizeilichen Anordnungen werden, soweit dadurch nicht härtere Strafen verwirkt sind, gemäß § 34 F. u. FPG. mit Geldstrafe bis zu 150 Mark oder mit Haft bestraft.

Einer gleichen Strafe unterliegt derjenige, welcher unterlassen hat, Kinder oder unter seiner Gewalt stehende Personen, die seiner Aufsicht untergeben sind oder zu seiner Hausgenossenschaft gehören, von der Uebertretung der in den §§ 45 und 46 dieser V. enthaltenen Bestimmungen, sowie der auf Grund derselben getroffenen polizeilichen Anordnungen abzuhalten.

Vertilgung der Raupen des Kohlweißlings.

§ 48. Jeder Eigenthümer, Pächter oder Nutznießer von Grundstücken, auf welchen die verpuppten Raupen der Schmetterlinge des Kohlweißlings angetroffen werden, ist verpflichtet, auf desfallsige Anordnung der Obrigkeit bis zu einem von derselben zu bestimmenden Termine die verpuppten Raupen von den Bäumen, Hecken 2c. zu beseitigen und zu vertilgen.

§ 49. Zuwiderhandlungen gegen den § 48 dieser V., sowie gegen die auf Grund derselben erlassenen polizeilichen Anordnungen werden gemäß § 34 F. u. FPG. mit Geldstrafe bis zu 150 Mark oder mit Haft bestraft.

Vertilgung der der Land- und Forstwirthschaft schädlichen Käfer, Insecten 2c.

§ 50. Wer es unterläßt, die von den Obrigkeiten zur Vertilgung des Kiefernzweigbastkäfers, großen Kiefernrüsselkäfers oder anderer der Land- oder Forstwirthschaft schädlichen Käfer, Insecten oder deren Larven, getroffenen Anordungen auszuführen, wird, soweit dadurch nicht härtere Strafen verwirkt sind, gemäß § 34 F. u. FPG. mit Geldstrafe bis zu 150 Mark oder mit Haft bestraft.

Verhinderung der Ausbreitung:

a. der gelben Wucherblume.

§ 51. Behufs Verhinderung der Ausbreitung der dem Ackerbau schädlichen gelben Wucherblume sind die Besitzer, Pächter oder Nutznießer von Grundstücken, auf welchen die gelbe Wucherblume

(Frühlingskreuzkraut, **senecio vernalis** und **chrysanthemum segetum**) sich zeigt, verpflichtet, auf Anordnung der Obrigkeit ihre Grundstücke nach diesen Pflanzen abzusuchen, bezw. absuchen zu lassen, von derselben fortgesetzt rein zu halten und die aufgefundenen Pflanzenexemplare, nachdem dieselben in zweckentsprechender Weise gedörrt worden, nach näherer Anweisung der Obrigkeit durch Verbrennen zu vernichten.

b. des s. g. Franzosenkrauts.

§ 52. Die Bestimmungen des § 51 dieser V. finden sinngemäße Anwendung auf die Vernichtung des s. g. Franzosen- oder Hexenkrauts (galinsoga parviflora).

§ 53. Die Obrigkeiten bestimmen, erforderlichen Falls nach Anhörung der Amtsversammlung oder der betr. Gemeindevertretung bezw. der Bürgervorsteher-Collegien, zu welcher Zeit und bis zu welchem Termine zur Vertilgung der in den §§ 51 und 52 dieser V. gedachten Pflanzen zu schreiten ist, und ob solches durch dazu von den Gemeindevorständen zu bestellende Personen, oder durch die einzelnen Eigenthümer, Pächter oder Nutznießer der betreffenden Grundstücke geschehen soll.

§ 54. Zuwiderhandlungen gegen die §§ 51 bis 53 dieser V., sowie gegen die auf Grund derselben getroffenen polizeilichen Anordnungen werden gemäß § 34 F. u. FPG. mit Geldstrafe bis zu einhundert und fünfzig Mark oder mit Haft bestraft.

c. der Klee- und Flachsseide.

§ 55. Behufs Verhinderung der Ausbreitung der den Klee- und Luzernenfeldern schädlichen Klee- und Flachsseide sind die Besitzer, Pächter oder Nutznießer von Grundstücken, auf welchen das genannte Unkraut sich zeigt, verpflichtet auf Anordnung der Obrigkeit die damit überzogenen Flächen umzuhacken, die Pflanzen, bevor dieselben zur Blüthe gelangt sind, mit den Wurzeln herauszunehmen, und nachdem dieselben in zweckentsprechender Weise gedörrt worden, nach näherer Anweisung der Obrigkeit durch Verbrennen zu vernichten.

§ 56. Zuwiderhandlungen gegen den § 55 dieser Verordnung sowie gegen die auf Grund derselben getroffenen polizeilichen Anordnungen werden gemäß § 34 F. u. FPG. mit Geldstrafe bis zu einhundert und fünfzig Mark oder mit Haft bestraft.

Unbefugtes Aufstellen von Bienenstöcken.

§ 57. Das Aufstellen von Bienenstöcken in Entfernung von weniger als 100 Meter von Chausseen und Landstraßen, oder 50 Meter von sonstigen öffentlichen Fahrwegen ist, sofern es nicht besonders gestattet ist, verboten.

§ 58. Zuwiderhandlungen gegen dieses Verbot werden gemäß § 26 Nr. 4 F. u. FPG. mit Geldstrafe bis zu fünfzig Mark oder mit Haft bis zu vierzehn Tagen bestraft.

Flachs- und Hanfröten in Gewässern.

§ 59. Das Gesetz vom 6. Juni 184 , betr. das Flachs- und Hanfröten in Gewässern (Hannov. G.-S. I. S. 89) mit Ausnahme des Absatz 1 des § 11 dieses Gesetzes, an dessen Stelle die Strafbestimmung des § 27 F. u. FPG. tritt, bleibt, soweit dasselbe nicht durch das Fischereigesetz vom 30. Mai 1874 (G.-S. 1874 S. 197) abgeändert worden ist, in Geltung.

Aufgehobene Verordnungen und Vorschriften.

§ 60. Alle der gegenwärtigen PV. entgegenstehenden polizeilichen Bestimmungen und Verordnungen, insbesondere:

1. die PV., betr. die Verhütung und Löschung von Bränden in Waldungen, Haiden und Mooren vom 4. Juni 1870 (A.-Bl. S. 296),
2. die PV., betr. die Verhütung und Löschung von Bränden in Waldungen, Haiden und Mooren vom 26. April 1878 (A.-Bl. S. 132),
3. die PV., betr. den Vogelschutz vom 29. September 1876 (A.-Bl. S. 358),
4. die PV., betr. die Gewinnung von Waldbeeren und Kiefern- bezw. Fichtenzapfen vom 21. August 1875 (A.-Bl. S. 316),
5. die PV., betr. die Vertilgung der Feldmäuse vom 6. Januar 1873 (A.-Bl. S. 20),
6. die PV., betr. die Vertilgung der Maikäfer und deren Larven (Engerlinge) vom 19. December 1878 (A.-Bl. S. 402),

7. die PV., betr. Maßregeln gegen den Kartoffel- (Colorado-) Käfer vom 24. August 1877 (A.-Bl. S. 282),
8. die PV., betr. die Verhinderung der Ausbreitung des Kohlweißlings vom 30. November 1876 (A.-Bl. S. 440),
9. die PV., betr. die Verhinderung der Ausbreitung der gelben Wucherblume vom 3. October 1876 (A.-Bl. S. 381),
10. die PV., betr. die Verhinderung der Ausbreitung der gelben Wucherblume vom 8. October 1878 (A.-Bl. S. 275),
11. die PV., betr. das Aufstellen von Bienenstöcken vom 13. November 1872 (A.-Bl. S. 372),

sowie alle diejenigen OPV. und Vorschriften, welche Materien betreffen, die durch die vorstehende PV. geregelt sind,

werden hiermit aufgehoben.

4. Regierungsbezirk Stade.

Polizeiverordnung der Königl. Landdrostei vom 27. Juni 1882.

(Amtsbl. für Hannover S. 763.)

In Ergänzung des F. u. FPG. erlassen wir auf Grund des § 11 PVG. 67 für unseren Verwaltungsbezirk, unter Aufhebung:

1. der PV. vom 5. Januar 1874, das Treiben von Vieh auf den Banketts von Chausseen betreffend,
2. der PV. vom 13. Mai 1878 über das Haide- und Moorbrennen,
3. der PV. vom 15. August und 1. September 1877, den Koloradokäfer betreffend,
4. der PV. vom 1. November 1875, betr. die Gewinnung von Waldbeeren, Kiefern- bezw. Fichtenzapfen,
5. der PV. vom 30. April 1873, betr. die Verhütung und Löschung von Bränden in Waldungen, Haiden und Mooren,

zu den §§ 13, 30 al. 2, 32, 34, 41, 44 des vorerwähnten Gesetzes folgende PV.

I.

Zu § 13.

Mit Geldstrafe bis zu 30 M. oder mit Haft wird bestraft:

1. wer auf gemeiner Weide zur Viehhütung befugt, die letztere an verbotenen Orten, zu verbotener Zeit oder sonst auf verbotene Weise ausübt,
2. wer mit dem eigenen Vieh unbefugt fremdes Vieh auf die gemeine Weide treibt, oder wer zur Hütung im Walde berechtigt, unbefugt mit dem eigenen Vieh fremdes Vieh eintreibt.

   Gleiche Strafe trifft den Eigenthümer des unbefugt aufgetriebenen bezw. eingetriebenen Viehs, wenn er das Unerlaubte gekannt hat.
3. wer auf Grundstücken, welche nicht von allen Seiten so eingeschlossen sind, daß das Austreten des Weideviehs dadurch verhindert wird, während der Nachtzeit Vieh weiden läßt.

Vorstehende Strafbestimmung findet nur so weit Anwendung, als nicht die §§ 14 und 15 F. u. FPG. zur Anwendung gelangen.

II.
Zu § 30 al. 2.

Mit Geldstrafe bis zu 30 M. oder mit Haft bis zu einer Woche wird bestraft, wer unbefugt auf den Banketten von Chausseen, Landstraßen, chausseemäßig ausgebauten Gemeindewegen reitet oder Vieh treibt, ohne dazu genöthigt zu sein.

III.
Zu § 32.

§ 1. Wer Moor oder Haideflächen brennen will, hat einen polizeilichen Erlaubnißschein zu erwirken. — Dieser Schein wird den Tag, an welchem der Brand zu beginnen hat, sowie die etwaigen besonderen Bedingungen bezeichnen, unter welchen das Brennen gestattet worden ist. — Diesen Schein hat der Unternehmer, beziehentlich der ihn bei Ausführung oder Leitung des Brandes Vertretende stets auf der Brandstätte bei sich zu führen und denselben den controllirenden Beamten auf Erfordern vorzuzeigen.

§ 2. Behufs Begrenzung der abzubrennenden Grundstücke ist die ganze Brandfläche

a) beim Moorbrennen

mit einem Graben von 1 Meter Breite und 1 Meter Tiefe zu umziehen und der Grabenauswurf auf der Außenseite des Grabens wallartig abzulagern und auf seiner Oberfläche von Haide- und anderen leicht Feuer fangenden Kräutern frei zu halten,

b) beim Haidebrennen

mit einem abzuplaggenden Schutzstreifen von 5 Meter Breite und außerdem auf der Außenseite dieses Schutzstreifens mit einem Graben von der unter a. vorgeschriebenen Beschaffenheit zu umgeben.

Weitergehende, im einzelnen Falle etwa erforderlich erscheinende Sicherungsmaßregeln anzuordnen, bleibt dem polizeilichen Ermessen vorbehalten.

§ 3. Bei dem Moor- und Haidebrennen in Entfernung von 2 Kilometer und weniger von Forstgrundstücken ist der betreffende Forstbesitzer resp. dessen Vertreter, bei Königlichen Forsten der zuständige Forstbeamte, durch Mittheilung einer Abschrift des Brenn-Erlaubnißscheins von der ertheilten Genehmigung mindestens 24 Stunden vor dem Beginne des Brennens in Kenntniß zu setzen.

§ 4. Bevor das Feuer nicht gänzlich erloschen ist, darf die Brennstätte von dem Unternehmer beziehentlich von dessen Vertreter und der erforderlichen Mannschaft nicht verlassen werden.

§ 5. Das Brennen von Moor und Haide an Sonntagen und den anderen durch die Sabbathordnung (Verordnung vom 22. Januar 1822, Gesetzsammlung für Hannover Seite 65) bezeichneten Feiertagen ist nicht gestattet. — Es sind daher die zuvor begonnenen und noch nicht beendeten Brände vor dem Beginne dieser Tage zu löschen.

IV.

Zu § 34.

A.*)

§ 1. Sämmtliche im hiesigen Bezirk vorkommende Vögel sind als nützliche anzusehen, mit Ausnahme der nachstehend aufgeführten:

*) Vgl. Reichsges. vom 22. März, betr. den Schutz von Vögeln. (RGBl. S. 111.)

1. Alle Adler-, Habicht- (Havke) und Falken-Arten.

   Jedoch sind die Familien der Weihen und Bussarde, insbesondere der Mäusebussard oder Mäusefalk, ingleichen der Turmfalke als nützliche anzusehen.
2. Kolkrabe (Rook), Rabenkrähe und Nebelkrähe.
3. Elster (Heister).
4. Würger (Neuntödter, Regenmörder).
5. Holzheher (Heger).
6. Haussperling.
7. Reiher und Cormoran.
8. Storch.

Wenn sich für einzelne Gegenden das Bedürfniß ergiebt, die vorbezeichneten Ausnahmen durch Hinzufügung anderer Vogelgattungen zu erweitern, kann solches mit unserer Genehmigung durch OPV. verfügt werden.

§ 2. Das Fangen und Tödten der nützlichen Vögel, das Aufstellen von Sprenkeln und sonstiger zum Fange nützlicher Vögel geeigneter Vorrichtungen ist verboten.

Auf das jagdgerechte Erlegen jagdbarer Vögel Seitens der zur Jagdausübung Befugten findet diese Bestimmung keine Anwendung.

Jedoch ist der Fang und Verkauf von Krammetsvögeln, Amseln oder Drosseln nur in der Zeit vom 15. September bis zum 30. November gestattet.

§ 3. Das Ausnehmen der Eier oder der Jungen der nützlichen Vögel, ingleichen das Zerstören der Nester derselben, abgesehen von den an den Gebäuden befindlichen Nestern, ist verboten.

In Beziehung auf das jagdbare Federwild gelten die Vorschriften des § 6 über die Schonzeiten des Wildes vom 26. Februar 1870.

§ 4. Zu wissenschaftlichen oder Lehrzwecken können Seitens der Ortspolizeibehörde Ausnahmen von den in den §§ 2 und 3 gegebenen Vorschriften gestattet werden.

B.

§ 1. Jeder, welcher von dem Vorkommen des Koloradokäfers,

der Puppen, Larven oder Eier desselben Kenntniß erlangt, hat dieses sofort der Obrigkeit anzuzeigen.

§ 2. Die Aufbewahrung des Koloradokäfers, der Puppen, Larven oder Eier desselben im lebenden Zustande ist verboten.

V.

Zu § 41.

Jeder, welcher auf fremden Grundstücken die nachstehend benannten Beeren oder Zapfen einsammelt,

1. Kronsbeeren,
2. Heidel- (Bick-) Beeren,
3. Wachholderbeeren,
4. Kiefernzapfen,
5. Fichtenzapfen,

hat einen Legitimationsschein bei sich zu führen und den Forstschutz- und Polizeibeamten auf Erfordern vorzuzeigen.

Dieser Schein ist für die fiskalischen Grundstücke von einem Königlichen Forstbeamten, für Gemeinde- und Genossenschaftsgrundstücke von dem zuständigen Gemeindevorstdher und für die Privatgrundstücke von dem betreffenden Eigenthümer, dessen Unterschrift von dem Gemeindevorsteher beglaubigt sein muß, auszufertigen.

§ 2. Das Einsammeln der Kronsbeeren darf vor dem von der Landdrostei alljährlich sowohl für die Sommer- als auch für die Herbstfrüchte zu bestimmenden Tage nicht stattfinden.

Während der Zeit vom 16. September jeden Jahres an bis zum Beginn der Herbstlese ist das Sammeln der Kronsbeeren gänzlich untersagt.

§ 3. Bei dem Sammeln von Kronsbeeren, so wie von Heidelbeeren ist die Benutzung von Kämmen und ähnlichen Instrumenten untersagt.

§ 4. Wachholderbeeren dürfen nur in der Zeit vom 1. September bis 31. März incl. und zwar nur durch Abpflücken oder Abklopfen, nicht aber durch Abstreifen gesammelt werden.

§ 5. Kiefernzapfen dürfen nicht vor dem 1. Dezember, Fichtenzapfen nicht vor dem 15. Oktober gesammelt werden.

§ 6. Zuwiderhandlungen gegen die Vorschriften der vorstehenden §§ 2—5 werden mit Geldstrafe von 3 Mk. bis 30 Mk. oder mit Haft bis zu einer Woche bestraft, soweit nicht das StGB. oder das FDG. Anwendung findet.

VI.

Zu § 44.

Ist in einem Walde, in einer Haide oder in einem Moore ein Brand ausgebrochen, so haben die Gemeindevorsteher der innerhalb einer Entfernung von 1 Stunde von der Brandstelle belegenen Ortschaften, ohne weitere Aufforderung Seitens des zuständigen Amts oder der mit der Leitung der Löschung betrauten Personen (§ 2) abzuwarten, eine angemessene Zahl arbeitstüchtiger Männer aus den Einwohnern der Gemeinde aufzubieten und mit Schaufeln, Spaten, Aexten und Beilen versehen an die Brandstätte zu entsenden.

§ 2. Die Leitung der Löschung steht in dem Amtsbezirk dem Amtshauptmann oder dessen Stellvertreter zu, so lange dieselben nicht anwesend sind, dem etwa vorhandenen Amtsvogt oder dem betreffenden Gemeindevorsteher. Bei Bränden in fiskalischen Wäldern, Haiden und Mooren hat jedoch, so lange der Amtshauptmann oder dessen Stellvertreter nicht zugegen ist, der anwesende verwaltende Forstbeamte die Direction zu führen.

Der Feuerlöschdirigent und dessen Stellvertreter sind befugt, sich Gehülfen zu bestellen, deren Anordnungen Folge zu leisten ist.

§ 3. Mit Geldstrafe von 3 Mk. bis 30 Mk. oder mit Haft bis zu einer Woche wird, sofern nicht anderweitige strafrechtliche Bestimmungen zur Anwendung gelangen, bestraft, wer:

1. in einer Haide oder einem Moore brennende oder glimmende Gegenstände, z. B. brennende oder glimmende Schwefelhölzer, glimmende Cigarrenstücke ꝛc. außerhalb der mit Seitengräben eingefaßten Wege fallen läßt, fortwirft oder unvorsichtig handhabt;
2. bemerkt, daß in einem Walde, einer Haide oder einem Moore ein Brand ausgebrochen ist, und es unterläßt, hiervon dem

Vorstande der Gemeinde, in deren Bezirk der Brand stattfindet, und bei einem Brande in einer Waldung, falls ihm bekannt ist, daß ein Forstbeamter in der Nähe wohnt, auch Letzterem schleunige Nachricht zu geben;

3. dem Aufgebote (§ 1) oder den von dem Löschungsdirigenten innerhalb seiner Zuständigkeit getroffenen Anordnungen nicht Folge leistet (§ 2).

5. Regierungsbezirk Osnabrück.

Polizeiverordnung der Königl. Landdrostei zu Osnabrück vom 19. Mai 1882. (Amtsbl. für Hannover 676.)

In Ausführung des F. u. FPG. wird auf Grund der §§ 11 und 12 PVG. 67 hiermit nachfolgende PV. erlassen:

I. Kapitel.

Ueber Viehhütung.

(§§ 11 und 13 des vorgedachten Gesetzes.)

§ 1. Die im ersten Absatze des § 11 F. u. FPG. enthaltene Strafbestimmung findet für den Landdrosteibezirk Osnabrück nur insoweit Anwendung, als nicht ein entgegenstehendes Recht, namentlich für Markgenossen das herkömmliche Recht, besteht, ihr Vieh auf der gemeinen bezw. Genossenschafts-Mark ungehütet weiden zu lassen.

§ 2. Wer unbefugt sein Vieh auf der gemeinschaftlichen Weide allein weidet, wird mit Geldstrafe bis zu zehn Mark bestraft.

§ 3. Wer unbefugt fremdes Vieh mit dem eigenen auf eine gemeinschaftliche Weide treibt, wird — soweit nicht die Bestimmung des § 14 Absatz 1 F. u. FPG. Platz greift — mit Geldstrafe bis zu dreißig Mark bestraft.

Gleiche Strafe trifft den Eigenthümer des unbefugt aufgetriebenen Viehes, und soweit ein Dritter die Nutznießung desselben hat, diesen, wenn das unbefugte Auftreiben mit Wissen desselben geschehen ist.

§ 4. Die Bestimmungen des vorigen Paragraphen finden entsprechende Anwendung in dem Falle, wo Jemand zur Hütung auf fremden Grundstücken befugt ist.

§ 5. Grundstücke, welche nicht auf allen Seiten so eingeschlossen sind, daß das Austreten des Weideviehes dadurch verhindert ist, dürfen während der Nachtzeit nicht beweidet werden.

Das Weidevieh muß spätestens eine Stunde nach Sonnenuntergang zu Stalle gebracht oder aber in Hürden oder andere verschlossene Räume eingetrieben sein und darf vor Sonnenaufgang nicht wieder ausgetrieben werden.

Zuwiderhandlungen gegen die Bestimmungen dieses Paragraphen unterliegen einer Geldstrafe bis zu dreißig Mark.

Diese Bestimmungen können durch OPV. abgeändert werden.

II. Kapitel.

Ueber Laufenlassen der Hunde.

§ 6. Wer Hunde auf fremden Grundstücken zu Zeiten und unter Umständen unbefugt umherlaufen läßt, unter denen dieselben auf diesen Grundstücken Schaden anrichten können, wird auf Antrag der mit Schaden Bedroheten mit Geldstrafe bis zu zehn Mark bestraft.

Bezüglich hitziger Hündinnen tritt Geldstrafe bis zu dreißig Mark ein.

§ 7. Jeder über zwei Monate alte Hund muß im Freien mit einem nicht abstreifbaren Halsbande, auf welchem der Name und Wohnort des Besitzers in fester Metallplatte eingravirt ist, versehen sein, sofern nicht die Abnahme desselben während Ausübung der Jagd erforderlich wird.

Zuwiderhandlung wird gegen den Besitzer des Hundes mit Geldstrafe bis zu fünf Mark geahndet.

III. Kapitel.

Ueber Laufenlassen des Federviehs.

§ 8. Wer Federvieh auf fremden Grundstücken zu Zeiten und unter Umständen, unter denen dasselbe Schaden anrichten kann, unbefugt umherlaufen läßt, verwirkt auf Antrag des Beschädigten oder mit Schaden Bedrohten Geldstrafe bis zu zehn Mark.

IV. Kapitel.

Ueber das Brennen von Moor, Haidekraut, Bülten, Bodendecken, Rotthecken und Waldflächen, sowie über die Verhinderung anderer feuergefährlicher Handlungen.

(cfr. §§ 32 und 46 des vorgedachten Gesetzes.)

§ 9. Das Moorbrennen findet da, wo dasselbe nicht überhaupt durch bestehende Bestimmungen verboten ist, alljährlich nur bis zum 1. Juni und nach dem 15. September Statt.

Unter besonderen Umständen können jedoch die Obrigkeiten sowohl für einzelne Fälle, als auch für das betreffende Jahr allgemein dasselbe bis äußerstens zum 25. Juni bezw. vom 1. September ab gestatten.

Eine weitergehende Erlaubniß kann nur von der Landdrostei ertheilt werden.

§ 10. Auf ungetheilten Gemeinheiten und Marken ist das Moorbrennen, soweit nicht etwa eine provisorische Theilung oder Vergebung des Moores obwaltet, nur mit besonderer Genehmigung der Obrigkeiten statthaft.

§ 11. Das Moorbrennen ist nur in einer Entfernung von mehr als fünfzig Meter von Gebäulichkeiten und Holzungen statthaft.

Weht der Wind von der zu brennenden Fläche aus auf das Gebäude oder die Holzung zu, so muß diese Entfernung mindestens zweihundert Meter betragen.

§ 12. Die zu brennende Fläche muß ringsum mit herkömmlichen Gräben (Grippen) versehen sein, die alljährlich vor dem Brennen zu reinigen sind.

Der Auswurf aus denselben darf nicht auf den Rand der Gräben gelegt, sondern muß mindestens 1 Meter weit vom Graben entfernt auf die Brandfläche geworfen werden.

Besteht ein bezügliches Herkommen nicht, so sind, soweit nicht etwa die angrenzende Fläche gleichzeitig mitgebrannt wird, Gräben von 0,30 Meter Breite und Tiefe erforderlich.

Hat die angrenzende Fläche einen nicht brennbaren Boden, so genügt, falls nicht etwas Anderes herkömmlich ist, die Abschälung und Entfernung des Rasens und Aufwuchses auf einem zwei Meter breiten Streifen.

§ 13. Beim Brennen von Moor ist größtmögliche Vorsicht anzuwenden, insbesondere ist das Feuer mit einer Fläche und den sonstigen Umständen angemessenen Mannschaft bis zum gänzlichen Erlöschen desselben unausgesetzt zu bewachen und Feuer, welches aus irgend einem Grunde von dem in Brand gesetzten Grundstücke auf andere Grundstücke, welche nicht gleichzeitig gebrannt werden sollen, übertragen wird, zu löschen.

Desgleichen sind die zum Löschen oder zur sonstigen Unterdrückung des Feuers erforderlichen Geräthschaften und Materialien bei der in Brand befindlichen Fläche vorräthig zu halten.

§ 14. Brennende Torf- oder Moorstücke oder andere in Brand gesetzte Gegenstände dürfen nur in verschlossenen, das Herausfallen von Feuer verhindernden Gefäßen von einem Grundstücke zum anderen, über dritte Grundstücke oder Wege hinweggetragen werden.

§ 15. Bei starkem Winde oder ungewöhnlich großer Dürre, überhaupt, wenn den Umständen nach das Feuer voraussichtlich nicht in Schranken gehalten werden kann, darf Moor überall nicht gebrannt werden.

Bereits angelegtes Feuer ist beim Entstehen eines starken Windes, soweit möglich zu löschen.

§ 16. Jeder, welcher — sei es Eigenthümer oder Servitutberechtigter oder Pächter und dergl. — die Ausnutzung eines Moorgrundstücks für sich oder für Andere (Mündel ꝛc.) hat, ist verpflichtet, das aus irgend welchem Anlasse auf seinem Grundstücke oder auf den an dasselbe unmittelbar angrenzenden Wegen oder auf der unmittelbar angrenzenden gemeinen Mark entstandene Feuer, sobald er davon Kenntniß erhält, zu löschen und dasselbe nicht eher zu verlassen, als bis es gänzlich erloschen ist. Bezüglich der angrenzenden gemeinen Mark erstreckt sich diese Pflicht nur auf den angrenzenden Streifen in der Breite von zehn Metern.

Werden Wege an beiden Seiten von Grundstücken, welche der privaten Ausnutzung unterliegen, begrenzt, so erstreckt sich die fragliche Pflicht für jeden der beiden Privaten auf die bis zur Mittellinie reichende Hälfte der Weges.

§ 17. Das Moorbrennen unterliegt der Aufsicht des Gemeinde-Vorsteher, welche sich hierbei der Feldhüter zu ihrer Unterstützung bedienen können.

Auch kann die Beaufsichtigung des Moorbrennens durch Ortsstatut ganz oder zum Theil besonderen Aufsichtspersonen übertragen werden, welche nach Maßgabe der Bestimmungen über Gemeinde-Unterbeamten zu wählen, anzustellen und zu vereidigen sind. Dieselben können gleichzeitig Feld- oder Forsthüter sein.

§ 18. Jeder, der Moor brennen will, ist verpflichtet, dem betreffenden Gemeinde-Vorsteher spätestens eine Stunde und frühestens am Tage vor dem Beginne des Brennens davon Anzeige zu machen und gleichzeitig die Lage und Größe der zu brennenden Fläche anzugeben.

Ohne Erlaubniß des Gemeinde-Vorstehers darf nicht gebrannt werden.

§ 19. Außerdem muß spätestens 14 Tage vor dem Brennen der Obrigkeit, unter Angabe von Lage und Größe der zu brennenden Fläche, eine Anzeige darüber gemacht werden, daß das Brennen für die betreffende Jahreszeit beabsichtigt sei.

Die Obrigkeit ist befugt, das Brennen unter Angabe der Gründe zu untersagen.

§ 20. Die Gemeinde-Vorsteher sind befugt, bezüglich Beaufsichtigung und Löschung des Feuers über die Bestimmungen der gegenwärtigen Verordnung hinaus sowie zu deren Ausführung besondere Vorsichtsmaßregeln polizeilich anzuordnen und dieselben nöthigen Falles auf Kosten desjenigen, welcher die Ausnutzung des betreffenden Moorgrundstückes hat, ausführen zu lassen.

§ 21. Von dem Erlöschen des Feuers ist dem Gemeinde-Vorsteher noch am nämlichen Tage Anzeige zu machen.

§ 22. Die Gemeinde-Vorsteher sind befugt, durch ortsübliche Ansage die Ausnutzer des Moores anzuhalten, ihre Moore auf das Vorhandensein von Feuer zu untersuchen.

§ 23. Die Bestimmungen dieses Kapitels über das Brennen von Moor finden auf das Brennen von Haidekraut und Bülten, das Abbrennen von liegenden oder zusammengebrachten Bodendecken, das Sengen von Rotthecken und das Brennen einer Waldfläche entsprechende Anwendung mit Ausnahme der Bestimmung der §§ 9, 10 und 22, und mit der Maßgabe, das bezüglich des Brennens von Rotthecken und Waldflächen die dem Gemeinde-Vorsteher übertragenen Funktionen dem betreffenden Forstbeamten, sofern einem solchen die forstliche Aufsicht über die zu brennenden Grundstücke übertragen ist, obliegen.

Der im letzten Absatz des § 12 vorgeschriebene Grenzstreifen muß beim Brennen von Waldflächen 20 Meter, von Rotthecken 14 Meter, von Bülten 10 Meter, von Haidekraut 5 Meter und von Bodendecken 3 Meter betragen.

Die im Abs. 2 des § 11 vorgeschriebene Entfernung muß beim Brennen von Waldflächen und Rotthecken 400 Meter, von Bülten und Haidekraut 300 Meter und von Bodendecken 250 Meter betragen.

§ 24. Das Verbrennen von Abraum auf Schlägen in Gemeinde- und Privat Forsten ist nur mit Vorwissen des betreffenden Gemeindevorstehers zulässig.

Das Feuer ist von dem, welcher brennt, bis zum gänzlichen Erlöschen unausgesetzt zu bewachen.

Der betreffende Gemeinde-Vorsteher ist befugt, weitere Vorsichtsmaßregeln polizeilich anzuordnen.

§ 25. Soweit die Strafbestimmungen der §§ 32 und 46 F. u. FPG. keine Anwendung finden, werden Zuwiderhandlungen gegen die vorstehenden Bestimmungen dieses Kapitels bis zu dreißig Mark bestraft.

Verantwortlich ist derjenige, für dessen Rechnung gebrannt wird, soweit nicht Vertreter oder angestellte Personen nachweisbar ohne seine Zustimmung gehandelt haben. Letzteren Falles sind diese verantwortlich.

Die seitens der Aufsichtsbeamten angeordneten Vorsichtsmaßregeln sind als polizeiliche Anordnungen im Sinne der §§ 32 und 46 F. u. FPG. zu betrachten.

§ 26. Mit Geldstrafe bis zu dreißig Mark wird bestraft, wer, abgesehen von den in den vorstehenden Bestimmungen über das Moorbrennen behandelten Fällen, in Mooren Feuer anzündet.

§ 27. Wer auf einem fremden Grundstücke unbefugt Feuer anzündet, wird, soweit nicht die Bestimmungen des § 368 Nr. 6 StGB. und § 44 Nr. 3 F. u. FPG. Platz greifen, auf Antrag dessen, welchem die Ausnutzung des betreffenden Grundstücks zusteht, mit Geldstrafe bis zu zehn Mark bestraft.

§ 28. Mit Geldstrafe bis zu zehn Mark wird, soweit nicht die Bestimmung des § 44 Nr. 2 F. u. FPG. Platz greift, bestraft, wer bei trockener Witterung in Mooren oder in Wäldern und Haiden aus offener oder mangelhaft verschlossener Pfeife raucht, glühende Asche ausstreut, Cigarren oder Cigarretten raucht, brennende Cigarren oder Cigarretten oder andere brennende Gegenstände (Zündhölzchen, Zunder und dergl.) wegwirft.

§ 29. Mit Geldstrafe bis zu zwanzig Mark wird bestraft, wer ein von ihm im Freien angezündetes Feuer verläßt, ohne dasselbe vollständig gelöscht zu haben.

V. Kapitel.

Ueber den Schutz nützlicher und die Vernichtung schädlicher Thiere und Pflanzen.

(§ 34 des vorgedachten Gesetzes.)

A. Schutz nützlicher Thiere.

§ 30.*) Nachbenannte Vögel dürfen weder getödtet noch gefangen werden:

1. die Mäusebussarde, die Thurmfalken und die Eulen mit Ausschluß des Uhus;
2. von den rabenartigen Vögeln die Staare, die Dohlen und die Saatkrähen;

*) Vgl. Reichsges. vom 22. März 1888, betr. den Schutz von Vögeln (RGBl. S. 111.)

3. sämmtliche Klettervögel, erkennbar an dem graden Schnabel, steifen Schwanze und an den Kletterfüßen (zwei Zehen nach vorn und zwei nach hinten gerichtet), insbesondere also alle eigentlichen Spechte, die Schwarz=, Grün= und Bunt=Spechte sowie der Wendehals und der Kuckuck;
4. sämmtliche Kegelschnäbler, an ihrem kräftigen, kurzen, dicken Schnabel erkennbar, insbesondere aber alle Ammern, Kreuzschnäbel, Finken, Dompfaffen, Hänflinge, Kernbeißer, Helbartschen, Seidenschwänze und Sperlinge;
5. sämmtliche Dünnschnäbler, insbesondere alle Spechtmeisen, Baumläufer und Wiedehopf;
6. die Blauracke;
7. sämmtliche Schwalben mit Einschluß der Nachtschwalben;
8. sämmtliche Drosseln mit Einschluß der durch ihre goldgelbe Farbe ausgezeichneten Golddrossel (Pirol);
9. sämmtliche übrigen kleineren Vögel, bis zur Größe des Eisvogels ausschließlich, und alle nicht besonders genannten Singvögel, insbesondere also Bachstelzen, Lerchen, Steinschmätzer, die eigentlichen Sänger oder Sylvien, darunter namentlich Nachtigall, Mönch u. s. w., Zaunkönig, Goldhähnchen und Meisen.

Die Würger oder Zahnschnäbler, welche auch wohl unter dem Namen „Neuntödter" bekannt sind, unterliegen keiner Schonung.

§ 31. Das Fangen bezw. Tödten der Krammetsvögel ist während der Zeit vom 20. September bis 15. Dezember gestattet.

§ 32. Die Staare, Dohlen, Saatkrähen, Finken, Dompfaffen, Kernbeißer und Sperlinge dürfen ausnahmsweise da, wo sie — insbesondere in Folge zu großer Zahl — Nachtheil verursachen, nach vorgängiger, jedoch jeder Zeit widerruflicher Erlaubniß der Obrigkeit gefangen oder getödtet werden.

§ 33. Unberührt durch das im vorstehenden Paragraphen gegebene Verbot bleibt die nach § 3 Nr. 1 und 2 der Hannoverschen Jagdordnung vom 11. März 1859 den Grundeigenthümern zustehende Befugniß, auf ihren Grundstücken den Vogelfang in hängenden Dohnen auszuüben, sowie in den mit ihren Wohngebäuden zusammen=

hängenden Höfen und Gärten Vögel bei Tage vermittelst einer Schußwaffe, unter Beobachtung der polizeilichen Vorschriften zu erlegen.

§ 34. Alle Vorbereitungen zum Fangen der nach § 30 einer Schonung unterliegenden Vögel, namentlich das Aufstellen von Leimruthen, Vogelnetzen, Schlingen, Dohnen, Sprenkeln, Fangkäfigen u. s. w. sind, soweit nicht die §§ 31 und 33 eine Ausnahme gestatten, untersagt.

Desgleichen ist untersagt das Schießen nach jenen Vögeln.

§ 35. Das Ausnehmen der Nester, der Eier oder der Brut, sowie das Zerstören der Nester oder Zerbrechen der Eier der nach § 30 einer Schonung unterliegenden Vögel ist für die Dauer des ganzen Jahres verboten.

Für wissenschaftliche Zwecke können die Obrigkeiten ausnahmsweise das Ausnehmen von Eiern oder das wegnehmen von Nestern gestatten.

Auch bleibt den Inhabern von Gebäuden die Befugniß vorbehalten, die in oder an ihren Gebäuden gebauten Vogelnester zu entfernen.

Das Nämliche gilt für diejenigen, denen die Ausnutzung von Grundstücken zusteht, sofern die auf letzteren gebauten Vogelnester bei Benutzung derselben nachtheilig oder hinderlich sind.

§ 36. Das Feilhalten der nach den vorstehenden Bestimmungen dieses Kapitels einer Schonung unterworfenen Vogelarten ist untersagt, sofern der Feilhaltende nicht nachweisen kann, daß die betreffenden Vögel von ihm oder anderen Personen gezüchtet sind.

Krammetsvögel dürfen in der Zeit vom 20. September bis 31. Dezember feil gehalten werden.

§ 37. Das Tödten der Igel, Maulwürfe, Spitzmäuse und Fledermäuse ist untersagt.

Derjenige, welcher die Ausnutzung eines Grundstücks hat, ist jedoch befugt, die im Absatz 1 genannten Thiere auf diesem Grundstücke zu tödten.

B. Vernichtung schädlicher Thiere.

§ 38. Zuwiderhandlungen gegen die auf Grund des Gesetzes, Maßregeln gegen die Verbreitung der Reblaus betreffend, vom

27. Februar 1878 erlassenen Anordnungen sowie Zuwiderhandlungen gegen die Bestimmungen des § 5 daselbst unterliegen der Strafbestimmung des § 34 F. u. FPG.

§ 39. Jeder, welcher von dem Vorkommen des Kartoffelkäfers (Coloradokäfer), seiner Eier, Larven oder Puppen in irgend einer Weise Kenntniß erhalten hat, ist verpflichtet, hiervon dem Ortsvorstande resp. in denjenigen Gemeinden, in welchen die Obrigkeiten ihren Sitz haben, diesen letzteren sofort Anzeige zu machen.

§ 40. Die von dem Ausnutzer eines Grundstücks oder von Personen, welche von ihm damit beauftragt sind, abgelesenen Kartoffelkäfer, Eier, Larven oder Puppen sind sofort an Ort und Stelle zu tödten. Die Aufbewahrung der Käfer, Eier, Larven oder Puppen im lebenden Zustande ist verboten.

§ 41. Jeder Ausnutzer eines Grundstückes ist verpflichtet, alle von der Polizei Behörde zum Zwecke der Beseitigung des Kartoffelkäfers etwa angeordneten Absuchungen des Grundstückes gehörig auszuführen.

§ 42. Die von der Polizei-Behörde behufs Absperrung von Grundstücken etwa getroffenen Verfügungen zum Zwecke der Beseitigung des Kartoffelkäfers darf Niemand übertreten, auch ist Jeder verpflichtet, Kinder oder andere unter seiner Gewalt stehende Personen, welche seiner Aufsicht untergeben sind und zu seiner Hausgenossenschaft gehören, von solchen Uebertretungen abzuhalten.

C. Vernichtung schädlicher Pflanzen.

§ 43. Berberitzensträucher dürfen auf Ackerstücken oder in einer weniger als 100 Meter betragenden Entfernung von Ackergrundstücken nicht gepflanzt werden und müssen, falls an unstatthafter Stelle thatsächlich vorhanden, von dem Inhaber des durch dieselben bestandenen Grundstückes beseitigt werden.

§ 44. Soweit die Strafbestimmung des § 34 F. u. FPG. auf die Bestimmungen dieses Kapitels keine Anwendung findet, werden Zuwiderhandlungen gegen dieselben mit Geldstrafe bis zu dreißig Mark bestraft.

Eine gleiche Strafe trifft denjenigen, welcher den von den

Obrigkeiten zum Zwecke der Vernichtung der Heuschrecken oder der Verhinderung der Verbreitung derselben getroffenen Anordnungen nicht Folge leistet.

VI. Kapitel.

Ueber das Sammeln von Beeren, Kräutern, Pilzen und Waldsämereien.

§ 45. Wer Beeren, Kräuter oder Pilze auf solchen Grundstücken, deren Ausnutzer in ortsüblicher Weise öffentlich bekannt gemacht hat, daß er das Sammeln der genannten Gegenstände nur mit seiner besonderen Erlaubniß dulden wolle, ohne einen vom Ausnutzer ausgestellten Erlaubnißschein oder ohne einen anderen besonderen Rechtstitel sammelt, wird auf Antrag des Ausnutzers des Grundstückes mit Geldstrafe bis zu dreißig Mark bestraft.

Wer zwar im Besitze des Erlaubnißscheines ist, denselben aber beim Sammeln nicht bei sich führt oder den Aufsichtspersonen bezw. Polizeiorganen auf deren Verlangen nicht vorzeigt, wird mit Geldstrafe bis zu zehn Mark bestraft.

§ 46. Das Sammeln der Kronsbeeren (Preiselbeeren) sowie der Heidelbeeren (Bickbeeren) auf fremden Grunstücken darf — vorbehaltlich der Bestimmungen des vorigen Paragraphen — nur in den alljährlich von den betreffenden Obrigkeiten zu bestimmenden Zeiten stattfinden.

§ 47. Bei diesem Sammeln von Krons- und Heidelbeeren ist die Benutzung von Kämmen oder ähnlichen Instrumenten untersagt.

§ 48. Wachholderbeeren dürfen auf fremden Grundstücken — vorbehaltlich der Bestimmungen des § 45 — nur in der Zeit vom 1. September bis 1. April und zwar nur durch Abpflücken oder Abschütteln, nicht aber durch Abstreifen gesammelt werden.

§ 49. Mit Geldstrafe bis zu zwanzig Mark wird bestraft, wer den Vorschriften der §§ 46 bis 48 zuwiderhandelt.

VII. Kapitel.

Bestimmungen zur Ausführung und Ergänzung der §§ 40, 42 und 43 des eingangs gedachten Gesetzes.

§ 50. Auf Forstgrundstücken dürfen Dienstbarkeits- und

Nutzungsberechtigte sich die Gegenstände ihrer Berechtigung nur bei Tage (cfr. oben § 5) aneignen. Die Verfolgung tritt nur auf Antrag ein.

§ 51. Wer als Dienstbarkeits- oder Nutzungsberechtigter an verbotenen Orten, zu verbotener Zeit oder sonst auf verbotene Weise seine Berechtigung ausübt, wird, soweit nicht die Bestimmung des § 40 Nr. 1 F. u. FPG. Platz greift, mit Geldstrafe bis zu dreißig Mark bestraft.

Die Verfolgung tritt nur auf Antrag ein.

§ 52. Mit Geldstrafe bis zu dreißig Mark wird bestraft, wer unerlaubter Weise als Dienstbarkeits- oder Nutzungsberechtigter die Gegenstände seiner Berechtigung, die er, ohne auf ein bestimmtes Maß beschränkt zu sein, lediglich zum eigenen Bedarf zu entnehmen berechtigt ist, Anderen überläßt.

Gleiche Strafe trifft letztere, wenn sie das Unerlaubte gekannt haben.

§ 53. Mit Geldstrafe bis zu dreißig Mark wird, soweit nicht nach § 43 F. u. FPG. eine härtere Strafe eintritt, bestraft, wer Bandstöcke (Reifstäbe), birkene Reiser (Besen), Korbruthen, Faschinen, Maienbäume, Weihnachtsbäume, sonstige junge Nadelhölzer sowie Forstpflanzen und gemähete Haide führt oder zu Handelszwecken besitzt, ohne sich über den Ursprung derselben — soweit dieselben nicht von eigenem Grund und Boden herstammen — durch eine Bescheinigung des Eigenthümers oder Aufsehers desjenigen Wald- oder Haidegrundstückes, von welchem seiner Angabe nach die genannten Gegenstände herstammen, ausweisen zu können.

Die betreffende Bescheinigung ist bei gleicher Strafe den Polizei-Beamten (einschließlich Feld- und Forst-Polizei-Beamten) auf deren Verlangen vorzuzeigen.

§ 54. Mit Geldstrafe von fünf bis dreißig Mark wird, soweit nicht die Strafe des Betruges eintritt, bestraft, wer die im vorigen Paragraphen vorgesehene Bescheinigung für andere Gegenstände, als für welche sie ausgestellt ist, gebraucht oder dieselbe anderen Personen überläßt. Letztere trifft die gleiche Strafe.

VIII. Kapitel.

Uebergangs- und Schlußbestimmungen.

§ 55. An Stelle der Geldstrafe tritt für den Fall des Unvermögens Haftstrafe nach Maßgabe der Bestimmungen des § 29 des RStGB.

§ 56. Alle bisher von den Behörden erlassenen Verordnungen über Gegenstände der F. u. FP. werden aufgehoben.

In Kraft bleiben jedoch die Verordnungen über Aufforstung und Dämpfung von Sandwehen.

§ 57. Diese Verordnung tritt mit dem 1. Juli 1882 in Kraft.

Polizeiverordnung der Königl. Landdrostei vom 1. September 1882. (Amtsbl. für Hannover S. 986.)

In Ausführung des F. u. FPG. wird auf Grund des § 11 PVG. 67 mit Genehmigung des Herrn Ministers für Landwirthschaft Domänen und Forsten nachfolgende PV. erlassen:

§ 1. Jeder Ausnutzer eines Grundstückes ist verpflichtet, bis zum 1. Juli jeden Jahres alle bis dahin sichtbar gewordenen Wucherblumen (Chrysantemum segetum. Linn.) zugleich mit den Wurzeln derselben zu entfernen und zu vernichten. Tragen dieselben bereits Samen, so hat die Vernichtung durch Verbrennen zu geschehen.

Später sichtbar gewordene Wucherblumen müssen auf Aufforderung des Gemeindevorstehers, des Feldhüters oder eines anderen Polizeibeamten binnen 5 Tagen entfernt und vernichtet werden.

§ 2. Zuwiderhandlungen gegen diese Vorschriften werden mit Geldstrafen bis zu 30 Mark oder mit Haft bis zu einer Woche bestraft.

§ 3. Die entgegenstehenden Bestimmungen der Instruktion des vormaligen Königl. Hannoverschen Kabinets-Ministeriums vom 31. Mai 1817 wegen Vertilgung der Wucherblumen treten außer Kraft.

6. Regierungsbezirk Aurich.

Polizeiverordnung der Königl. Landdrostei zu Aurich vom 29. Mai 1885. (Amtsbl. für Hannover S. 1089.)

In Ausführung des F. u. FPG. wird von uns für den Landdrosteibezirk Aurich auf Grund der §§ 11, 12 und 19 PVG. 67 hiermit die folgende PV. erlassen:

Art. I.

§ 1. Mit Geldstrafe bis zu dreißig Mark oder mit Haft bis zu einer Woche wird bestraft:

1. wer auf gemeinsamer Weide zur Viehhütung befugt, die Letztere an verbotenen Orten, zu verbotener Zeit oder sonst auf verbotene Weise ausübt,
2. wer mit dem eigenen Vieh unbefugt fremdes Vieh auf die gemeinsame Weide treibt, und wer zur Hütung im Walde berechtigt, unbefugt mit dem eigenen Vieh fremdes Vieh eintreibt; gleiche Strafe trifft den Eigenthümer des unbefugt auf- oder eingetriebenen Viehs, wenn er das Unerlaubte gekannt hat.

§ 2. Mit Geldstrafe bis zu dreißig Mark oder mit Haft bis zu einer Woche wird bestraft: wer auf Grundstücken, welche nicht von allen Seiten so eingeschlossen sind, daß das Austreten des Weideviehs dadurch verhindert wird, während der Nachtzeit Vieh weiden läßt. Als Nachtzeit gilt die Zeit von einer Stunde nach Sonnenuntergang bis Sonnenaufgang.

§ 3. Die vorstehenden Strafbestimmungen finden nur insoweit Anwendung, als nicht die §§ 14 und 15 F. u. FPG. zur Anwendung gelangen.

§ 4. Mit Geldstrafe bis zu zehn Mark oder mit Haft bis zu drei Tagen wird bestraft, wer Federvieh auf fremden Grundstücken zu Zeiten und unter Umständen, unter denen dasselbe Schaden anrichten kann, unbefugt umherlaufen läßt; jedoch soll diese Bestrafung nur auf Antrag des Beschädigten oder mit Schaden Bedrohten eintreten.

§ 5. Mit Geldstrafe bis zu dreißig Mark oder mit Haft bis

zu einer Woche wird bestraft, wer zur Vertilgung von schädlichen Thieren Gift in Gärten und Feldern legt, ohne zuvor die Genehmigung der Orts-Polizeibehörde eingeholt zu haben.

Art. II.

Mit Geldstrafe bis zu zehn Mark oder mit Haft bis zu drei Tagen wird bestraft, — soweit nicht StGB. oder FDG. Anwendung finden — wer auf fremden Grundstücken Beeren, Pilze, Kräuter oder Zapfen einsammelt, ohne einen von dem Besitzer des Grundstücks oder dessen Stellvertreter auszustellenden Legitimationsschein bei sich zu führen, welcher den Forstschutz- oder Polizeibeamten auf Erfordern vorzuzeigen ist.

Art. III.

Mit Geldstrafe bis zu hundertfünfzig Mark oder mit Haft wird gemäß § 32 F. u. FPG. bestraft, wer die nachfolgenden bezüglich des Moor- und Haidebrennens hierdurch angeordneten Vorsichtsmaßregeln außer Acht läßt:

§ 1. Das Abbrennen des Haidekrauts und das Moorbrennen ist auf den im Landdrostei-Bezirk Aurich belegenen Haide- und Moorflächen während der Zeit nach dem 31. Mai eines jeden Jahres verboten.

Ausnahmsweise kann von den Landräthen für deren Bezirke oder Theile derselben mit Rücksicht auf die Witterungs-Verhältnisse des Jahres die Frist der Zulässigkeit des Haide- und Moorbrennens bis zum 25. Juni erstreckt werden.

Andererseits bleibt vorbehalten, ein weiter gehendes Verbot allgemein oder für bestimmte Bezirke besonders da, wo durch Forst-Anlagen, industrielle und andere Anlagen eine besondere Gefahr bedingt ist, ebenso da, wo durch Canäle oder Landstraßen eine rationellere Cultur ermöglicht ist, dauernd oder zeitweilig zu erlassen.

§ 2. Mit dem Haide- und Moorbrennen darf erst begonnen werden, nachdem dem Moorvogt oder dem für die Gemeinde, in deren Bezirk gebrannt werden soll, bestellten Moorausseher oder Gemeinde-Vorsteher über diese Absicht unter näherer Bezeichnung der zu brennenden Fläche und der dafür in Aussicht genommenen Zeit Anzeige gemacht ist, und nachdem von dem Moorvogt oder Mooraufseher ein Brennschein ertheilt ist, welcher für die darin bezeichneten Flächen und für die Brennzeit des Jahres, in welchem er ausgestellt ist, gilt und welcher auf Verlangen an der Brandstelle dem Aufsichtsbeamten vorgezeigt werden muß.

§ 3. Bei dem Haide- und Moorbrennen sind nachstehende Vorsichtsmaßregeln zu beobachten:

a. Von Gebäuden, Holzungen, größeren Torfvorräthen und bestellten Feldern, abgesehen von Brandäckern, muß die zu brennende Fläche 290 m. entfernt bleiben.

b. Die zu brennende Fläche oder der Complex, der in Parzellen zum Brennen in einer Brand-Periode ausgethan ist, muß im Moore ringsum mit 0,75 m. breiten und ebenso tiefen Gräben umgeben werden, deren Auswurf 1 m. von der Grabenkante entfernt auf die Brandfläche zu bringen ist. Hat die angrenzende Fläche einen nicht brennbaren Boden, so genügt die Entblößung desselben auf einem 5 m. breiten Streifen oder die Herrichtung einer 0,50 m. breiten und tiefen Grüppe an der Grenze der Brandfläche.

c. Das Feuer ist mit einer der Fläche und den sonstigen Umständen angemessenen Mannschaft, deren Anzahl vom Mooraufseher nach der Länge der Brandlinie zu bestimmen ist, bis zum gänzlichen Erlöschen desselben unausgesetzt zu bewachen; die zum Löschen oder sonstigen Unterdrücken des Feuers erforderlichen Geräthschaften und Materialien, von Ersteren besonders mit Wasser gefüllte Eimer, Spaten und Axt, sind an der Brandstelle vorräthig zu halten. Bei lebhaftem Winde ist überhaupt nicht zu brennen.

d. Brennende Torf- oder Moorstücke oder andere in Brand gesetzte Gegenstände, welche zur Entzündung des Brandmoores benutzt werden sollen, dürfen nur in verschlossenen Gefäßen die das Herausfallen von Feuer verhindern, von einem Grundstücke zum andern über fremde Grundstücke oder Wege hinweggetragen werden.

e. Auf Flugfeuer, welches benachbarte Grundstücke ergreift, ist zu achten und bei Entstehung eines Moorbrandes auf den eigenen oder benachbarten Flächen sind alle Mittel zur schleunigsten Unterdrückung desselben anzuwenden, insbesondere ist auch der zuständige Moorvogt oder Moorausseher sofort zu benachrichtigen.

§ 4. Bei dem Haide- und Moorbrennen sind die Weisungen des zuständigen Moorvogts oder Moorauffehers unverweilt zu befolgen; dasselbe gilt bei ausgebrochenen Moorbrännen in Betreff der von demselben angeordneten Lösch- oder Sicherungsmaßregeln.

Art. IV.

§ 1. Mit Geldstrafe bis zu dreißig Mark oder Haft bis zu einer Woche wird bestraft:

1. wer in einer Haide oder einem Moore brennende oder glimmende Gegenstände z. B. Schwefelhölzer, Cigarrenstücke, Tabacksasche u. s. w. außerhalb der mit Seitengräben eingefaßten Wege fallen läßt, hinwirft oder unvorsichtig handhabt und unausgelöscht liegen läßt,
2. wer bemerkt, daß in einem Walde, einer Haide oder einem Moore ein Brand ausgebrochen ist und es unterläßt, hiervon dem Vorstande der Gemeinde oder dem nächsten Forstbeamten oder der Polizeibehörde schleunige Anzeige zu machen,
3. wer den Aufforderungen des bei der Löschung eines Moor- oder Haide-Brandes gegenwärtigen leitenden Gemeinde-, Forst- oder Polizei-Beamten nicht Folge leistet, obgleich er dies ohne erhebliche eigene Nachtheile thun kann.

§ 2. Die vorstehenden Strafbestimmungen finden nur insoweit Anwendung, als nicht andere strafrechtliche Bestimmungen maßgebend sind.

Art. V.

Diese PV. tritt mit dem 15. Juni in Kraft.

Zu demselben Zeitpunkte werden aufgehoben die PV. vom 9. Juni 1873, betr. die Verhütung und Löschung von Bränden in Waldungen, Haiden und Mooren und die PV. vom 5. October 1876, betr. das Legen von Gift in Gärten und Feldern.

Im Uebrigen bleiben bestehende PV., soweit deren Bestimmungen nicht in das F. u. FPG. oder in diese PV. aufgenommen sind und soweit sie deren Inhalte nicht entgegenstehen, in Kraft, insbesondere bleiben in Kraft: die PV. vom 20. Februar 1869 und vom 2. October 1871, betr. den Schutz der Dünen auf den Ostfriesischen Inseln (Amtsbl. für Hannover Jahrg. 1869 S. 136, 1871 S. 370), die PV. vom 4. September 1876, betr. den Schutz nützlicher Vogelarten und der Singvögel mit Nachtrag vom 30. April 1884 (Amtsbl. für Ostfriesland Jahrg. 1876 S. 917 und Jahrg. 1884 Nr. 55), die PV. vom 24. August und 30. August 1877, betr. Maßregeln gegen den Koloradokäfer (Amtsbl. für Hannover Jahrg. 1877 S. 282, 288.)

X. Provinz Westfalen.

1. Regierungsbezirk Münster.

Polizeiverordnung der Königl. Regierung zu Münster vom 6. Mai 1882. (Amtsbl. S. 89).

In dem F. u. FPG. ist mehrfach auf bestehende oder noch zu erlassende PV. Bezug genommen.

Wir haben deshalb die neben dem genannten Gesetze bestehen gebliebenen Bestimmungen der in Betracht kommenden, für unseren Bezirke geltenden F. u. FPV., sowie die zur Handhabung des Gesetzes noch erforderlichen, polizeilichen Anordnungen in der nachstehenden F. u. FPV. zusammengestellt.

Demgemäß wird von uns auf Grund des § 11 PVG. 50 zur Aufrechthaltung der Ordnung und Sicherheit bei der Ausübung von Dienstbarkeiten und andere Berechtigungen und Nutzungen, sowie zum Schutze der Felder und gesammten Waldungen nachstehende PV. für den Umfang unseres Bezirks erlassen.

I. Die Weide betreffend.

§ 1. In der Zeit vom Sonnen-Untergange bis zum Sonnen-Aufgange darf die Weide in Feldern und in Waldungen außerhalb eingehegter Koppeln und Buchten nicht ausgeübt werden.

§ 2. Wenn einer Gemeinde oder einer Genossenschaft das Recht der Hütung im Felde oder in einem Walde zusteht, so ist jeder Theilnehmer verpflichtet, sein Vieh dem anzunehmenden, gemeinschaftlichen Hirten vorzutreiben und von diesem hüten zu lassen, sofern ihm nicht das Einzelhüten vermöge besonderen Rechtstitels zusteht. Dafür, daß eine gemeinschaftliche Heerde unter die Aufsicht eines tüchtigen Hirten gestellt werde, hat der Gemeinde-Vorstand zu sorgen. Wo besondere Vorstände der Hütungsgenossenschaften vorhanden sind, liegt diesen ob, dafür zu sorgen.

§ 3. Auf den, der gemeinschaftlichen oder wechselseitigen Hütung unterliegenden Wiesen oder Fettweiden findet, soweit durch Statuten oder Gewohnheiten nicht ein Anderes festgestellt ist, die Vorhute nur bis zum 1. April, die Nachhute auf Fettweiden nicht vor dem 1. November, auf Wiesen erst nach völlig beendigter Heuernte und auf zwei oder mehrschnittigen Wiesen nicht vor dem 1. October statt. Diese Termine können, wo ein Bedürfniß dazu obwaltet, durch Lokal-Ordnungen anders bestimmt werden.

§ 4. Nasse, durchbrüchige Wiesen müssen zu allen Jahreszeiten mit fremder Hütung verschont werden. Neugebaute oder umgebaute Wiesen sind mit fremder Hütung während der ersten zwei Jahre nach Ausführung der Anlage ganz zu verschonen.

Auch muß die Schonung in der späteren Zeit noch so lange und in demjenigen Umfange fortgesetzt werden, als sie zur Vollendung der Anlage und zur Sicherung ihres Zweckes nothwendig ist. Die in allen diesen Fällen etwa erforderlichen besonderen Festsetzungen sind von der Ortspolizeibehörde zu treffen.

§ 5. Auf einzelnen, im Gemenge liegenden und der gemeinschaftlichen oder wechselseitigen Hütung unterworfenen Feld- und Wiesenstücken darf die Hütung nicht eher ausgeübt werden, als bis die Aberntung der Früchte und die Werbung des Heues auch auf allen andern, zu demselben Feldtheile gehörigen Stücken geschehen ist.

Der Zeitpunkt, mit welchem die Hütung auf den abgeernteten Stücken allgemein beginnen darf, hat die Ortspolizeibehörde zu bestimmen.

§ 6. Die Vorschriften der §§ 3 bis 5 treten auch dann ein, wenn die Hütungs-Befugniß auf einem einseitigen Dienstbarkeitsrechte beruht.

Dagegen finden diese Vorschriften in allen denjenigen Fällen keine Anwendung, in welchen durch entgegenstehende, rechtsbeständige Willenserklärungen rechtskräftige Erkenntnisse oder durch Verjährung rücksichtlich des Zeitpunktes oder der Art der Ausübung ein abweichendes Rechts-Verhältniß begründet ist.

§ 7. Zuwiderhandlungen gegen die Bestimmungen der §§ 1 bis 5 sind, wenn sie auf Forstgrundstücken oder Torfmooren vorkommen, nach § 40 F. u. FPG. wenn sie auf anderen Grundstücken verübt werden, mit einer Geldbuße bis zu dreißig Mark oder mit Haft zu bestrafen.

§ 8. Einmiether zur Hütung sind, sofern nicht besondere Vereinbarungen mit ihnen getroffen, den vorstehenden, für Berechtigte gegebenen Anordnungen unterworfen.

Zuwiderhandlungen gegen die letzteren (durch sie) werden mit Geldstrafe bis zu dreißig Mark oder mit Haftstrafe bedroht.

§ 9. Auf Hütungsplätzen, die von so geringem Umfange sind, daß ein Uebertreten des Viehes auf die benachbarten, fremden Grundstücke leicht zu besorgen steht, muß das Vieh mit Stricken an feste Gegenstände angebunden oder an Stricken geführt werden. Letzteres muß auch dann geschehen, wenn das Vieh auf Wegen zur Weide gebracht wird, denen die erforderliche Breite fehlt.

Zuwiderhandlungen hiergegen werden mit Geldstrafe bis zu zehn Mark oder mit Haftstrafe bedroht.

II. Nutzungen von Holz betreffend.

§ 10. Wer in einem fremden Walde die Befugniß zur Nutzung

a. des Raff- und Leseholzes,
b. des auf den Schlägen zurückgeblieben Abraumes,
c. des Stockholzes,
d. des Lagerholzes,
e. von Wind-, Schnee-, Eis- und Duftbrüchen

auf Grund einer Servitutberechtigung oder eines andern Rechtstitels hat, ist verpflichtet, wenn er die Nutzung ausüben will, alljährlich vor dem 1. October oder, wenn für die Ausübung bestimmte Nutzungs-Perioden ein für alle Mal festgesetzt sind, vor dem Beginn einer jeden Nutzungs-Periode bei dem Waldeigenthümer oder dessen verwaltenden Beamten sich zu melden und einen auf seinen Namen lautenden Legitimationsschein von diesem in Empfang zu nehmen. Dieser Schein darf an Fremde niemals, an die Haus-Angehörigen resp. Arbeiter der zu jenen Nutzungen Befugten aber nur dann überlassen werden, wenn diese die Nutzung für ihn ausüben. — Die Bestrafung von Zuwiderhandlungen hiergegen hat nach § 40 Nr. 2 resp. 3 des Gesetzes zu geschehen.

§ 11. Dienstbarkeits- oder sonstige Nutzungs-Berechtigte dürfen bei der Entnahme des Raff- und Leseholzes, sowie des auf den abgeholzten Schlägen zurückgelassenen Abraumes Beile, Sägen, Haken oder andere Werkzeuge, durch welche stehende Bäume oder Aeste heruntergebracht werden können, nicht bei sich führen. — Zuwiderhandlungen sind nach § 40 Nr. 1 resp. 3 des Gesetzes strafbar; auch können neben der Geldstrafe oder Haft die Werkzeuge eingezogen werden, ohne Unterschied, ob sie dem Schuldigen gehören oder nicht.

§ 12. Wer befugt ist, in einem fremden Walde Holz irgend einer Gattung und Art durch Selbsthieb zu fällen und sich anzueignen, darf für den Fall, daß nicht etwas Anderes ausdrücklich bestimmt worden:

1. dieses Holz nur in der Zeit vom 1. October bis 1. April einschlagen.
2. dasselbe nicht ohne Vorwissen des Waldeigenthümers oder dessen Beamten und nicht eher fällen, als bis es ihm nachgewiesen ist,
3. das gefällte Holz nicht ohne Vorwissen des die Aufsicht in dem betreffenden Forstbezirke führenden Forstbeamten und auch
4. niemals an Sonn- und Festtagen oder in der Zeit von Sonnen-Untergang bis Sonnen-Aufgang verladen oder abfahren, endlich muß er

5. die Abfuhr des Holzes innerhalb der bei der Ueberweisung bestimmten Frist, im Mangel einer solchen, eine längere Frist gewährenden Bestimmung aber innerhalb „Acht" Wochen nach dem Tage der Ueberweisung beendet haben. — Zuwiderhandlungen hiergegen sind nach § 40 Nr. 1, 2 resp. 3 des Gesetzes strafbar.

§ 13. Wer in einem fremden Walde zum Bezuge von aufbereitetem Holze in bestimmten Maaßen berechtigt ist, hat die Abfuhr desselben innerhalb der bei der Ueberweisung bestimmten Frist, im Mangel einer solchen Bestimmung aber innerhalb „acht" Wochen nach dem Tage der Ueberweisung zu bewirken. — Zuwiderhandlungen sind nach § 40 Nr. 3 des Gesetzes strafbar.

III. Nutzungen anderer Waldprodukte betreffend.

A. Im Allgemeinen.

§ 14. Wer Gras, Waldstreu, Moos, Dünger, Heide- und andere Kräuter, Beeren, Pilze, Schwämme oder Holzsämereien irgend einer Art aus einem fremden Walde auf Grund einer Servitutberechtigung oder eines anderen Rechtstitels entnehmen will, ist allen im § 10 dieser Verordnung sowohl bezüglich der Legitimationszettel, als sonst getroffenen Bestimmungen unterworfen und verfällt beim Zuwiderhandeln in die dort in Bezug genommene Strafe.

B. Grasnutzung im Besonderen.

§ 15. 1. Das Recht auf Grasschnitt und zur Nutzung von Schilf, Binsen oder Rohr darf auf Forstgrundstücken nicht mit der Sense, sondern nur mit der Sichel und kleineren Instrumenten ausgeübt werden;

2. das Schneiden von Gras u. s. w. darf nur in einer Entfernung von mindestens 30 cm. von den jungen Pflanzen und Stämmen geschehen. — Zuwiderhandlungen hiergegen sind nach § 40 Nr. 3 strafbar.

C. Waldstreu 2c. im Besonderen.

§ 16. 1. Das Werben und Abfahren sowohl der Waldstreu im engeren Sinne, unter welcher nur abgefallenes Laub und Nadeln, sowie trockenes Moos verstanden werden; als des Haidekrautes und sonstiger Kräuter darf ohne besondere Erlaubniß nur in der Zeit vom 1. October bis 1. April, auch nur in der Zeit von Sonnen-Aufgang bis Sonnen-Untergang stattfinden;

2. Servitut- und anderen Nutzungs-Berechtigten gegenüber soll zwar hinsichtlich der Bestimmung der Wochentage, an welchen die Nutzung ausgeübt werden darf, die bisherige Observanz maßgebend sein, doch können dieselben dazu höchstens drei Tage in der Woche in Anspruch nehmen;

3. das Werben der Waldstreu im engeren Sinne darf ohne besondere Erlaubniß nicht mit eisernen, sondern nur mit hölzernen, unbeschlagenen Rechen, deren Zinken ebenfalls nur von Holz sein dürfen und mindestens 7 cm. von einander abstehen müssen, stattfinden, wogegen der zur Entnahme von Haidekraut und Beerkräutern Befugte sich auch noch der zur Trennung dieser Kräuter vom Boden benöthigten Sensen oder Sicheln bedienen darf;

4. das Abmähen oder Absicheln dieser Kräuter ꝛc. darf nur in einer Entfernung von mindestens 30 cm. von den jungen Pflanzen oder Stämmen geschehen;

5. auch wird es untersagt, beim Streurechen oder Abmähen oder Absicheln von Kräutern einen Theil des Bodens selbst mit abzutrennen. — Zuwiderhandlungen gegen die Bestimmungen dieses Paragraphen sind nach § 40 Nr. 1 resp. 3 des Gesetzes strafbar.

D. Fossilien betreffend.

§ 17. Für die Entnahme von Steinen, Lehm, Sand, Kies, Thon, Kalk oder anderen Fossilien irgend einer Art aus einem fremden Walde, auf Grund einer Servitutberechtigung oder eines anderen Rechtstitels, gelten die im § 10 dieser Verordnung ertheilten Vorschriften über die Legitimationszettel ebenfalls, — sofern die Entnahme der Fossilien nicht auf Grund besonderer, die näheren Bestimmungen darüber enthaltenden Verträge oder Urkunden erfolgt.

IV. Einfriedigen resp. Zuwerfen von Steinbrüchen, Gruben etc. betreffend.

§ 18. Steinbrüche-, Lehm-, Sand-, Kies-, Mergel-, Kalk- und und Thongruben, Bergwerksschachte, Schürflöcher oder die durch

Stockroden entstandenen Löcher sind sicher einzufriedigen oder zuzuwerfen. — Zuwiederhandlungen hiergegen sind § 29 Nr. 1 des F. u. FPG. strafbar.

V. Brände, deren Verhütung und Löschung betreffend.

§ 19. 1. In der Zeit vom 1. April bis 1. October ist das Rauchen aus Pfeifen ohne Deckel, sowie das ganze Jahr hindurch das Rauchen von Cigarren sowohl im Walde, als auf Torfmooren und Haidegrundstücken, außerhalb der mit Seitengräben versehenen Wege verboten.

2. Bei Bränden in Waldungen, auf Torfmooren und Haidegrundstücken hat sich jeder, zur Hülfsleistung Aufgeforderte und Verpflichtete mit einem Spaten, einer Axt oder Rodehacke zu versehen, sofern nicht unabweisbare Hindernisse entgegenstehen. Zuwiderhandlungen gegen diese Bestimmungen ad 1 und 2 werden mit einer Geldstrafe bis zu zehn Mark oder mit Haftstrafe bedroht, falls nicht die Bestrafung nach § 44 F. u. FPG. eintritt.

§ 20. Der Eigenthümer oder Nutznießer von Grundstücken, welcher das Brennen einer Waldfläche oder das Abbrennen von liegenden oder zusammengebrachten Bodendecken, das Sengen von Rotthecken vornehmen, ferner wer eigene Torfmoore, Haidekraut oder Bülten im Freien in Brand setzen will, ist verpflichtet bei der Ortspolizeibehörde davon zeitig vorher Anzeige zu machen und die Erlaubniß zur Ausführung der beabsichtigten Maßregel nachzusuchen. Die Ortspolizeibehörden haben die in jedem Falle gebotenen Vorsichtsmaßregeln zu treffen. Die Unterlassung der vorgängigen Anzeige an die Ortspolizeibehörde sowie die Nichtbeachtung der von der letzteren getroffenen Vorsichtsmaßregeln und die Zuwiderhandlungen gegen die ortspolizeilichen Anordnungen unterliegen, soweit die Bestrafung nach Maßgabe der §§ 32 und 46 des F. u. FPG. nicht erfolgt, einer Geldstrafe bis zu dreißig Mark oder einer entsprechenden Haftstrafe.

VI. Schutz nützlicher bezw. Vernichtung schädlicher Thiere betreffend.

A. Die Vögel betreffend.*)

§ 21. Die in unserem Bezirke lebenden und im Freien nistenden nicht jagdbaren Vogelarten dürfen mit den weiterhin bemerkten Ausnahmen weder gefangen, noch lebend oder todt feilgeboten werden.

Auch die Eier und Nester dieser Vögel dürfen weder ausgenommen, noch zerstört werden.

§ 22. Von vorstehendem Verbote finden folgende Ausnahmen statt:

1. die nachbenannten Vogelarten dürfen in den Monaten Juli bis November einschließlich gefangen, getödtet und feilgeboten werden:
   a. Kernbeißer (Kiässenknepper),
   b. Haussperling,
   c. Feldsperling,
2. die nachbenannten Vogelarten können zu allen Zeiten des Jahres gefangen, getödtet und feilgeboten, auch deren Nester und Eier zerstört werden:
   a. die Adler, Falken, Sperber, Habichte, Weihen (Hawken) mit Ausnahme der nützlichen und daher zu schonenden Bussarde (Ollrik, Musehawk) sowie der ebenfalls zu schonenden Thurmfalken (Dribbe),
   b. die Dohlen,
   c. die Raben (Rawe),
   d. die Elster (Yängsten),
   e. die Holz- oder Eichelhäher (Hickſten, Markole),
3. die an und in den Häusern oder umfriedigten Hausgärten befindlichen Nester sind dem im § 21 ausgesprochenen Verbote nicht unterworfen.

§ 23. Zuwiderhandlungen gegen die §§ 21 und 22 unterliegen der Bestrafung nach § 34 F. u. FPG.

---

*) Vgl. Reichsgesetz vom 22. März 1888, betr. den Schutz von Vögeln (RGBl. S. 111.)

B. Den Kartoffelkäfer (Coloradokäfer) betreffend.

§ 24. Wer von dem Vorkommen des Kartoffelkäfers, seiner Eier, Larve oder Puppe in irgend einer Weise Kenntniß erhalten hat, ist verpflichtet, sofort der Ortspolizeibehörde Anzeige zu machen.

§ 25. Die von dem Eigenthümer, Nießbraucher oder Pächter eines Grundstückes oder von den damit von ihm beauftragten Personen abgelesenen Käfer, Eier, Larven und Puppen sind sofort an Ort und Stelle zu tödten. Die Aufbewahrung der Käfer, Eier, Larven oder Puppen im lebenden Zustande ist verboten.

§ 26. Jeder Eigenthümer, Nießbraucher oder Pächter eines Grundstückes ist verpflichtet, die von dem Landrathe oder der Polizeibehörde angeordneten Absuchungen der Grundstücke, sowie die von demselben Behufs Absperrung von Grundstücken getroffenen Verfügungen gehörig auszuführen.

§ 27. Zuwiderhandlungen gegen die §§ 24 bis 26 unterliegen der Bestrafung nach § 34 F. u. FPG.

VII. Ordnung bei Holzverkäufen 2c. im Walde betreffend.

§ 28. Das Mitbringen von Hunden zu den im Walde stattfindenden Verkaufs- und Verpachtungsterminen ist untersagt und wird mit einer Geldstrafe bis zu fünfzehn Mark oder mit Haftstrafe geahndet.

VIII. Schlußbestimmungen.

§ 29. Die für unsern Bezirk bestehenden F. u. FPV., namentlich: die FPV. vom 1. März 1867 (Amtsbl. S. 63), die PV. vom 18. August 1847 (Amtsbl. S. 265) wegen des Anzündens von Haide-Grundstücken 2c., die PV. vom 19. März 1873 (Amtsbl. S. 38) und vom 5. November 1880 (Amtsbl. S. 212) wegen des Schutzes nützlicher Vögel, die PV. vom 1. September 1877 (Amtsbl. S. 166), betr. den Kartoffel- (Colorado-) Käfer, treten, insoweit sie nicht bereits durch das F. u. FPG. aufgehoben sind, hiermit außer Kraft.

2. Regierungsbezirk Minden.

Polizeiverordnung der Königl. Regierung vom 24. April 1882. (Amtsbl. S. 75.)

In dem F. u. FPG. ist mehrfach auf bestehende oder noch zu erlassende PV. Bezug genommen. Wir haben deshalb die neben dem Gesetze bestehen gebliebenen Bestimmungen der für unseren Bezirk erlassenen F. u FPV., sowie die zu der Handhabung des Gesetzes noch erforderlichen polizeilichen Anordnungen in der nachstehenden F. u. FPV. zusammengestellt.

Demgemäß verordnen wir auf Grund des § 11 PVG. 50 zur Aufrechthaltung der Ordnung und Sicherheit bei Ausübung von Berechtigungen, sowie zum Schutze der Felder und Waldungen in unserem Bezirke das Nachstehende:

I. Die Weide betreffend.

§ 1. In der Zeit vom Sonnen-Untergange bis zum Sonnen-Aufgange darf die Weide außerhalb eingehegter Koppeln und Buchten nirgends ausgeübt werden.

§ 2. Wenn einer Gemeinde oder Genossenschaft das Recht der Hütung auf einem Felde oder in einem Walde zusteht, so ist jeder Theilnehmer verpflichtet, sein Vieh dem anzunehmenden gemeinschaftlichen Hirten vorzutreiben, sofern ihm nicht das Einzelhüten vermöge besonderen Rechtstitels zusteht.

Dafür, daß die gemeinschaftliche Heerde unter die Aufsicht eines tüchtigen Hirten gestellt werde, hat der Gemeindevorstand zu sorgen. Wo besondere Vorstände der Hütungsgenossenschaften vorhanden sind, liegt diesen ob, dafür zu sorgen.

§ 3. Wie viel gemeinschaftliche Hirten zu halten und ob die verschiedenen Vieharten abgesondert oder gemischt zu halten sind, ist durch Beschlüsse der Gemeinde, und an Orten, wo nicht alle Gemeindeglieder an der gemeinschaftlichen Weide Theil haben, durch Beschlüsse der Hütungs-Genossenschaft mit Genehmigung des Gemeindevorstandes zu bestimmen.

§ 4. Auf den, der gemeinschaftlichen oder wechselseitigen Hütung unterliegenden Wiesen oder Fettweiden findet, soweit durch

Statuten oder Gewohnheiten nicht ein Anderes festgestellt ist, die Vorhut nur bis zum 1. April, die Nachhut auf Fettweiden nicht vor dem 1. November, auf Wiesen dagegen erst nach völlig beendigter Heuernte und auf zwei- und mehrschnittigen Wiesen nicht vor dem 1. Oktober statt.

§ 5. Nasse, durchbrüchige Wiesen müssen zu allen Jahreszeiten mit fremder Hütung verschont werden.

Neugebaute oder umgebaute Wiesen sind mit fremder Hütung während der ersten zwei Jahre nach Ausführung der Anlage ganz zu verschonen. Auch muß die Schonung in der späteren Zeit noch so lange und in dem Umfange fortgesetzt werden, als sie zur Vollendung der Anlage und zur Sicherung ihres Zwecks nothwendig ist.

§ 6. Auf einzelnen, im Gemenge liegenden und der gemeinschaftlichen oder wechselseitigen Hütung unterworfenen Feld- und Wiesenstücken darf die Hütung nicht eher ausgeübt werden, als bis die Aberntung der Früchte und die Werbung des Heues auch auf allen anderen, zu demselben Feldtheile gehörigen Stücken geschehen ist.

Den Zeitpunkt, mit welchen die Hütung auf den abgeernteten Stücken allgemein beginnen darf, hat die Ortspolizeibehörde zu bestimmen.

§ 7. Auf Hütungsplätzen, welche von so geringem Umfange sind, daß ein Uebertreten des Viehs auf die benachbarten fremden Grundstücke leicht zu besorgen steht, muß das Vieh mit Stricken an feste Gegenstände angebunden, oder an Stricken geführt werden. Letzteres muß auch dann geschehen, wenn das Vieh auf Wegen zur Weide gebracht wird, denen die erforderliche Breite fehlt.

Für den Auftrieb von Viehheerden von mehr als 50 Stück dürfen nur Wege von mindestens 8 Meter Breite benutzt werden, sofern dieselben nicht mit Hecken, Gruben und Zäunen versehen sind.

§ 8. Die Benutzung von Hunden bei dem Hüten des Viehs ist nur in dem Falle gestattet, wenn das letztere in Heerden gehütet wird.

§ 9. Die Zuwiderhandlungen gegen die Bestimmungen der §§ 1 bis 8 unterliegen, insoweit sie sich auf die Ausübung von

Wald-Weideberechtigungen beziehen, der Bestrafung nach § 40 ad 3 F. u. FPG.

In allen übrigen Fällen wird gegen diese Zuwiderhandlungen eine Geldstrafe bis zu dreißig Mark angedroht.

II. Nutzungen von Holz betreffend.

§ 10. Wer in einem fremden Walde die Befugniß zur Nutzung:

a. des Raff- und Lese-Holzes,

b. des auf den Schlägen zurückgelassenen Abraumes,

c. des Stockholzes,

d. des Lagerholzes,

e. von Wind-, Schnee-, Eis- und Duftbrüchen

auf Grund einer Servitutberechtigung oder eines anderen Rechtstitels hat, ist verpflichtet, wenn er die Nutzung ausüben will, alljährlich vor dem 1. Oktober, oder, wenn für die Ausübung bestimmte Nutzungs-Perioden ein für alle Mal festgesetzt sind, vor dem Beginn einer jeden Nutzungsperiode bei dem Waldeigenthümer oder dessen verwaltenden Beamten sich zu melden und einen auf seinen Namen lautenden Legitimationsschein von diesem in Empfang zu nehmen. Dieser Schein darf an Fremde niemals, an die Hausangehörigen resp. Arbeiter des zu jenem Nutzungen Befugten aber nur dann überlassen werden, wenn diese die Nutzung für ihn ausüben.

Die Bestrafung von Zuwiderhandlungen hiergegen hat nach § 40 Nr. 2 resp. 3 des Gesetzes zu geschehen.

§ 11. Dienstbarkeits- oder sonstige Nutzungsberechtigte dürfen bei der Entnahme des Raff- und Leseholzes, sowie des auf den abgeholzten Schlägen zurückgelassenen Abraums Beile, Sägen, Hacken oder andere Werkzeuge, durch welche stehende Bäume oder Aeste heruntergebracht werden können, nicht bei sich führen.

Zuwiderhandlungen sind nach § 40 Nr. 1 resp. 3 des Gesetzes strafbar; auch können neben der Geldstrafe oder Haft die Werkzeuge eingezogen werden, ohne Unterschied, ob sie dem Schuldigen gehören oder nicht.

§ 12. Wer befugt ist, in einem fremden Walde Holz irgend einer Gattung und Art durch Selbsthieb zu fällen und sich anzueignen, darf für den Fall, daß nicht etwas Anderes ausdrücklich bestimmt worden:

1. dieses Holz nur in der Zeit vom 1. Oktober bis 1. April einschlagen;
2. dasselbe nicht ohne Vorwissen des Waldeigenthümers oder dessen Beamten und nicht eher fällen, als bis es ihm angewiesen ist;
3. das gefällte Holz nicht ohne Vorwissen des die Aufsicht in dem betreffenden Forstbezirke führenden Forstbeamten und auch
4. niemals an Sonn- und Festtagen oder in der Zeit von Sonnen-Untergang bis Sonnen-Aufgang verladen oder abfahren; endlich muß er
5. die Abfuhr des Holzes innerhalb der bei der Ueberweisung bestimmten Frist, im Mangel einer solchen, eine längere Frist gewährenden Bestimmung aber innerhalb „acht" Wochen nach dem Tage der Ueberweisung beendet haben.

Zuwiderhandlungen hiergegen sind nach § 40 Nr. 1, 2 resp. 3 des Gesetzes strafbar.

§ 13. Wer in einem fremden Walde znm Bezuge von aufbereitetem Holze in bestimmten Maaßen berechtigt ist, hat die Abfuhr desselben innerhalb der bei der Ueberweisung bestimmten Frist, im Mangel einer solchen Bestimmung aber innerhalb „acht" Wochen nach dem Tage der Ueberweisung zu bewirken. Zuwiderhandlungen sind nach 40 Nr. 3 des Gesetzes strafbar.

III. Nutzung anderer Waldproducte betreffend.

A. Im Allgemeinen.

§ 14. Wer Gras, Waldstreu, Moos, Dünger, Haide- und andere Kräuter, Beeren, Pilze, Schwämme oder Holzsämereien irgend einer Art aus einem fremden Walde auf Grund einer Servitutberechtigung oder eines anderen Rechtstitels, entnehmen will, ist allen im § 10 dieser Verordnung sowohl bezüglich der Legitimationszettel, als sonst getroffenen Bestimmungen unterworfen und verfällt beim Zuwiderhandeln in die dort in Bezug genommene Strafe.

B. Grasnutzung im Besonderen.

§ 15. 1. Das Recht auf Grasschnitt und zur Nutzung von Schilf, Binsen oder Rohr darf auf Forstgrundstücken nicht mit der Sense, sondern nur mit der Sichel und kleineren Instrumenten ausgeübt werden;

2. das Schneiden von Gras u. s. w. darf nur in einer Entfernung von mindestens 30 cm. von den jungen Pflanzen und Stämmen geschehen.

Zuwiderhandlungen hiergegen sind nach § 40 Nr. 3 strafbar.

C. Waldstreu im Besonderen.

§ 16. 1. Das Werben und Abfahren sowohl der Waldstreu im engeren Sinn, unter welcher nur abgefallenes Laub und Nadeln sowie trockenes Moos verstanden werden, als des Haidekrautes und sonstiger Kräuter darf ohne besondere Erlaubniß nur in der Zeit vom 1. Oktober bis 1. April, auch nur in der Zeit von Sonnenaufgang bis Sonnenuntergang stattfinden;

2. Servitut- und anderen Nutzungsberechtigten gegenüber soll zwar hinsichtlich der Bestimmung der Wochentage, an welchen die Nutzung ausgeübt werden darf, die bisherige Observanz maßgebend sein, doch können dieselben dazu höchstens drei Tage in der Woche in Anspruch nehmen;

3. das Werben der Waldstreu im engeren Sinne darf ohne besondere Erlaubniß nicht mit eisernen, sondern nur mit hölzernen unbeschlagenen Rechen, deren Zinken ebenfalls nur von Holz sein dürfen und mindestens 7 cm. von einander abstehen müssen, stattfinden, wogegen der zur Entnahme von Haidekraut und Beer-Kräutern Befugte sich auch noch der zur Trennung dieser Kräuter vom Boden benöthigten Sensen oder Sicheln bedienen darf;

4. das Abmähen oder Absicheln dieser Kräuter ꝛc. darf nur in einer Entfernung von mindestens 30 cm. von den jungen Pflanzen oder Stämmen geschehen;

5. auch wird es untersagt, beim Streurechen oder Abmähen oder Absicheln von Kräutern einen Theil des Bodens selbst mit abzutrennen.

Zuwiderhandlungen gegen die Bestimmungen dieses § sind nach § 40 Nr. 1 und resp. 3 des Gesetzes strafbar.

D. Fossilien im Besonderen.

§ 17. Für die Entnahme von Steinen, Lehm, Sand, Thon, Kalk oder andere Fossilien irgend einer Art aus einem fremden Walde, auf Grund einer Servitutberechtigung oder eines anderen Rechtstitels gelten die im § 10 dieser Verordnung ertheilten Vorschriften über die Legitimationszettel ebenfalls, sofern die Entnahme der Fossilien nicht auf Grund besonderer, in näheren Bestimmungen darüber enthaltenden Verträge oder Urkunden erfolgt.

IV. Die Anlage, den Betrieb, das Einfriedigen resp. Zuwerfen von Steinbrüchen, Gruben, zc. betreffend.

§ 18. Jeder, welcher einen Steinbruch, eine Lehm-, Sand-, Kies-, Mergel-, Kalk- oder Thongrube eröffnen will, hat vor der Eröffnung des Bruches oder der Grube der Orts-Polizeibehörde hiervon Anzeige zu machen.

§ 19. Bei der Anlage und beim Betriebe jedes Bruches und jeder Mergel-, Kies-, Thon-, Lehm- und Sandgrube sind die von der Orts-Polizeibehörde für die Anlage und für den Betrieb getroffenen Anordnungen und Vorschriften zu beachten.

§ 20. Kein Steinbruch, keine der in § 18 bezeichneten Gruben darf einem Wege so nahe angelegt, oder durch den Betrieb so nahe geführt werden, daß der Verkehr auf dem Wege dadurch gefährdet wird.

Jedenfalls muß der Bruch oder die Grube fünf Meter von dem Wege entfernt bleiben.

§ 21. Wird der Steinbruch oder das Fördern von Mergel, Lehm, Thon, Kies oder Sand im Tiefbau oder an einem Hange betrieben, so muß die Böschung des Tiefbaues oder des Hanges so angelegt und stets so erhalten werden, daß ein Abrutschen oder Einschießen des Tiefbaues oder des Hanges nicht eintreten kann.

Bei losen Bodenarten darf die Böschung höchstens in einem Winkel von 60 Graden angelegt werden.

§ 22. Die im § 21 bezeichneten Brüche oder Gruben sind von

den Eigenthümern des Bruches oder der Grube an den oberen Rändern des Tiefbaues oder des Hanges, und zwar mindestens in einer Entfernung von 2 Metern von den Rändern mit einer festen Befriedigung zu versehen.

§ 23. Das Arbeiten in Steinbrüchen, Mergel-, Kies-, Thon-, Lehm- oder Sandgruben ist während der Zeit von Sonnen-Untergang bis Sonnen-Aufgang untersagt.

§ 24. Kinder bis zum 14. Jahre dürfen in den im § 23 bezeichneten Brüchen und Gruben überall nicht beschäftigt werden.

§ 25. Bergwerkschachte, Schürflöcher und die durch Stockroden in einem Walde entstandenen Löcher sind ebenfalls fest einzufriedigen oder zuzuwerfen.

§ 26. Zuwiderhandlungen gegen die Bestimmungen der §§ 18 bis 25, sowie gegen die nach § 19 von den Orts-Polizeibehörden erlassenen Anordnungen sind, insoweit sie nicht der Bestrafung nach dem § 29 der F. u. FPG. unterliegen, mit Geldbuße bis zu dreißig Mk. zu bestrafen.

V. Waldbrände deren Verhütung und Löschung, sowie das Anzünden von Haiden, Moorflächen 2c., das Abbrennen liegender oder zusammengebrachter Bodendecken und das Sengen von Rotthecken betreffend.

§ 27. 1. In der Zeit vom 1. April bis 1. Oktober ist das Rauchen aus Pfeifen ohne Deckel, sowie das ganze Jahr hindurch das Rauchen von Cigarren in Waldungen, auf Haiden und Torfmooren außerhalb der mit Seitengräben versehenen Wege verboten.

2. Bei Bränden in Waldungen, auf Haiden und Mooren hat sich jeder von der Polizeibehörde, dem Ortsvorsteher oder deren Stellvertreter oder dem Forstbesitzer oder Forstbeamten zur Hülfe Aufgeforderte und Verpflichtete mit seinem Spaten, seiner Axt oder Rodehacke zu versehen, sofern nicht unabwendbare Hindernisse entgegenstehen.

Zuwiderhandlungen gegen die vorstehenden Bestimmungen ad. 1 und 2 werden mit Geldbuße bis zu zwanzig Mk. bestraft, soweit sie nicht der Bestrafung nach § 44 des F. u. FPG. unterliegen.

§ 28. Wer eigene Torfmoore oder Haidekraut oder Bülten im Freien in Brand setzen, das Brennen einer Waldfläche vornehmen, liegende oder zusammengebrachte Bodendecken abbrennen, oder Rottheden absengen will, hat zeitig genug vorher die Erlaubniß der Orts-Polizeibehörde dazu nachzusuchen. Diese hat die eingehenden Gesuche zu prüfen und nach Umständen die Erlaubniß entweder unter Bestimmung der zur Vorbeugung von Unglücksfällen und zur Benachrichtigung der benachbarten Grundbesitzer zu treffenden Maaßregeln zu ertheilen, oder, wenn wegen anhaltender Dürre oder aus sonstigen Gründen Gefahr zu besorgen ist, zur Zeit oder gänzlich zu untersagen.

Zuwiderhandlungen gegen diese Bestimmungen und gegen die Anordnungen der Orts-Polizeibehörden in Bezug auf dieselben werden, insofern nicht die Bestrafung nach dem § 32 oder dem § 46 F. u. FPG. einzutreten hat, mit einer Geldstrafe bis zu dreißig Mark bedroht.

VI. Das Anzünden und Unterhalten von Feuern auf Feldern und Wiesen betreffend.

§ 29. 1. Das Verbrennen des Kartoffelkrautes, der Quecken und anderen brennbaren Unkrautes darf zwar im Felde an solchen Orten, die Gebäuden und Waldungen, Haiden oder Moorflächen nicht zu nahe liegen, geschehen, das Anzünden solcher Materialien muß jedoch so zeitig am Tage erfolgen, daß das Feuer mit dem Eintritte des Sonnen-Untergangs ganz ausgelöscht ist;

2. das Anzünden und Unterhalten solcher Feuer durch Kinder ist untersagt. Eltern und Angehörige haben ihren im Felde arbeitenden Kindern dieses Verbot bekannt zu machen und auf dessen Nachachtung sorgfältig zu wachen.

Verletzungen dieser Vorschrift werden, abgesehen von den Fällen des § 361 Nr. 9 StGB., mit Geldstrafe bis zu zwanzig Mk. bedroht.

VII. Den Schutz nützlicher und die Vernichtung schädlicher Thiere betreffend.

A. Schutz nützlicher Vögel.*)

§ 30. Zur Erhaltung der Insecten fressenden Vögel wird:
1. das Halten von Nachtigallen,
2. das Schießen, Fangen und Tödten nachbenannter Vögel: Nachtigall, Blaukehlchen, Rothkelchen, Rothschwanz, Laubvogel, Grasmücke, Steinschmätzer, Wiesenschmätzer, Bachstelze, Zaunkönig, Goldhähnchen, Meisen, Lerche, Ammer, Dompfaff, Fink, Hänfling, Zeisig, Stieglitz, Baumläufer, Wiedehopf, Schwalbe, Staar, Dohle, Mandelkrähe, Fliegenschnepper, Würger, Kuckuck, Specht, Wendehals, Eulen (mit Ausnahme des Uhus) und Bussarde (Mauser oder Mäusefalken), Saat- und Nebelkrähen
verboten;
3. das Aufstellen von Sprenkeln oder ähnlichen Vorrichtungen zum Fangen der obengenannten Vogelarten untersagt;
4. ingleichen das Ausnehmen der Eier und der Brut, sowie das Zerstören der Nester dieser Vogelarten.

Ausgenommen ist hiervon das Zerstören der an und in den Häusern befindlichen Nester.

Zuwiderhandlungen gegen diese Verbote sind, abgesehen von den Fällen des § 368 Nr. 11 StGB. und des § 33 F. u. FPG., nach dem § 34 dieses Gesetzes strafbar.

B. Die Vertilgung von Raupen betreffend.

§ 31. Das Abraupen der in Gärten, auf Feldern, an Wegen und Straßen stehenden Obstbäumen ist von deren Eigenthümern, Miethern oder Nutznießern alljährlich im Frühjahre vorzunehmen.

Die Orts-Polizeibehörden haben zu bestimmen, wann diese Maaßregel spätestens begonnen und bis zu welchem Zeitpunkte sie durchgeführt werden muß.

Zuwiderhandlungen gegen diese Vorschrift und gegen die da-

*) Vgl. Reichsges. vom 22. März 1888 betr. den Schutz von Vögeln (RGBl. S. 111.)

rauf bezüglichen Anordnungen der Orts-Polizeibehörden sind nach § 34 F. u. FPG. strafbar.

Außerdem haben diese Behörden dafür zu sorgen, daß die nicht abgeraupten Obstbäume auf Kosten der Contravenienten abgeraupt werden, wenn die letzteren auch die ihnen dazu bestimmte Nachfrist verabsäumen.

C. Den Coloradokäfer betreffend.

§ 32. Jeder, welcher von dem Vorkommen des Kartoffelkäfers, seiner Eier, Larven oder Puppen in irgend einer Weise Kenntniß erhalten hat, ist verpflichtet, hiervon sofort der Orts-Polizei-Behörde Anzeige zu machen.

§ 33. Die von dem Eigenthümer, Nießbraucher oder Pächter eins Grundstücks oder von den damit von ihm beauftragten Personen abgelesenen Käfer, Eier, Larven und Puppen sind sofort an Ort und Stelle zu tödten.

Die Aufbewahrung der Käfer, Eier, Larven oder Puppen im lebenden Zustande ist verboten.

§ 34. Jeder Eigenthümer, Nießbraucher oder Pächter eines Grundstücks ist verpflichtet, die von dem Landrathe oder der Polizeibehörde bezüglich des Kartoffelkäfers angeordneten Absuchunger der Grundstücke, sowie die behufs Absperrung von Grundstücken getroffenen Verfügungen gehörig auszuführen.

§ 35. Zuwiderhandlungen gegen die Bestimmungen der §§ 32 bis 34 sind nach § 34 F. u. FPG. strafbar.

VIII. Schlußbestimmungen.

§ 36. Im Unvermögensfalle ist an Stelle der nach dieser Verordnung festzusetzenden Geldstrafen Haftstrafe zu substituiren.

§ 37. Die dieser Verordnung entgegenstehenden älteren Verordnungen für unseren Bezirk treten, insoweit sie nicht bereits durch das F. u. FPG. aufgehoben sind, hiermit außer Kraft. Es sind dies namentlich:

1. die Forst-PV. vom 23. August 1866,
2. die PV. vom 7. Oktober 1875 wegen der Anlage des Betriebes 2c. von Steinbrüchen, Gruben 2c.,

3. die PV. vom 3. November 1847 wegen des Anzündens von Haidegründen, Plaggenhaufen u. s. w.,
4. die PV. vom 1. Oktober 1825 wegen des Verbrennens des Kartoffelkrautes ꝛc.,
5. die PV. vom 15. Oktober 1835 wegen des Anzündens und Unterhaltens von Feuern in Feldern und auf Wiesen,
6. die PV. vom 22. März 1864 wegen der Erhaltung der Insecten fressenden Vögel ꝛc.,
7. die PV. vom 8. April 1827 wegen des Abraupens der Bäume ꝛc.,
8. die PV. vom 30. August 1877 wegen des Kartoffel- (Colorado-) Käfers.

3. Regierungsbezirk Arnsberg.

Polizeiverordnung der Königl. Regierung zu Arnsberg vom 20. April 1882. (Amtsbl. S. 127.)

Auf Grund des § 11 PVG. 50, der §§ 13, 34, 40, 41, 43 und 46 F. u. FPG., sowie des Schlußsatzes des § 1 FDG., verordnen wir hiermit zum Zweck der Aufrechterhaltung der Ordnung und Sicherheit bei Ausübung von Berechtigungen sowie zum Schutze der Felder und Waldungen in unserem Bezirke Folgendes:

Abschnitt I.

Betreffend die Weide.

§ 1. Niemand darf sein Vieh

1) außerhalb geschlossener Höfe oder anderer eingefriedigter Plätze unbeaufsichtigt umherlaufen,
2) ohne Aufsicht eines Hirten zur Weide gehen und außerhalb eingefriedigter Plätze weiden lassen.

§ 2. Auf Hütungsplätzen, welche von so geringem Umfange sind, daß ein Uebertreten des Viehes auf benachbarte fremde Grundstücke leicht zu besorgen ist, muß das Vieh an feste Gegenstände angebunden oder an Stricken geführt werden.

§ 3. Grundstücke, welche nicht von allen Seiten so eingeschlossen sind, daß dadurch ein Austreten des Viehes verhindert wird, dürfen nur während der Tageszeit zur Viehweide benutzt werden.

§ 4. Wenn das weidende Vieh über Nacht nicht in Hürden oder anderen geschlossenen Räumen verbleibt, muß dasselbe spätestens eine Stunde nach Sonnenuntergang zu Stall gebracht sein, und darf nicht früher, als eine Stunde vor Sonnenaufgang wieder ausgetrieben werden.

§ 5. Für solche Feldmarken oder Bezirke, in denen das nächtliche Hüten auf ungeschlossenen Grundstücken bisher üblich gewesen und nach den eigenthümlichen wirthschaftlichen Verhältnissen entweder für die ganze Weideperiode oder für einen Theil derselben nicht zu entbehren ist, kann dasselbe durch den Landrath, in dessen Kreise die betreffenden Grundstücke belegen sind, gestattet werden. Der Landrath hat in diesem Falle die zum Schutz gegen Beschädigungen und Mißbräuche erforderlichen Maßregeln vorzuschreiben.

§ 6. Das Einzelnhüten der Theilnehmer eines gemeinschaftlichen Hütungsrechts ist nur in dem Falle erlaubt, wenn dasselbe herkömmlich ist oder auf einem besonderen Rechtstitel beruht oder durch den Kreislandrath wegen der besonderen örtlichen oder wirthschaftlichen Verhältnisse genehmigt worden ist.

Wo diese Voraussetzungen nicht zutreffen, dürfen die Theilnehmer eines gemeinschaftlichen Hütungsrechts die gemeinschaftliche Heerde nur durch einen gemeinschaftlichen tüchtigen Hirten auf die Weide treiben und hüten lassen.

Jeder Theilnehmer eines gemeinschaftlichen Hütungsrechts ist bei dessen Ausübung ferner verpflichtet, sein Vieh dem gemeinschaftlichen Hirten vorzutreiben.

Dafür, daß die gemeinschaftliche Heerde unter die Aufsicht eines tüchtigen Hirten gestellt werde, hat der Gemeinde-Vorstand zu sorgen.

Wo besondere Vorstände der Hütungsgenossenschaften vorhanden sind, haben diese dafür zu sorgen.

§ 7. Kinder unter vierzehn Jahren und Personen, welche wegen Uebertretung des F. u. FPG. oder des FDG. ob dieser PV.

drei Mal rechtskräftig verurtheilt sind, oder welche sich nicht in dem Besitze der bürgerlichen Ehrenrechte befinden, sind als tüchtige Hirten im Sinne dieser PV. nicht anzusehen.

§ 8. Die Benutzung von Hunden bei dem Hüten des Viehes ist nur in dem Falle gestattet, wenn das letztere in Heerden gehütet wird.

§ 9. Auf den der gemeinschaftlichen oder wechselseitigen Hütung unterliegenden Wiesen oder Fettweiden findet, insoweit nicht durch Statuten oder Gewohnheit ein Anderes festgestellt ist,

die Vorhut nur bis zum 1. April,

die Nachhut dagegen

1. auf Fettweiden nicht vor dem 1. November.
2. auf Wiesen erst nach völlig beendeter Heuernte und auf zwei oder mehrschnittigen Wiesen nicht vor dem 1. October.

Statt.

Diese Termine können, wo ein Bedürfniß obwaltet, durch den Kreislandrath anders bestimmt werden.

§ 10. Nasse durchbrüchige Wiesen müssen zu allen Jahreszeiten mit fremder Hütung verschont werden.

Neugebaute oder umgebaute Wiesen sind mit fremder Hütung während der ersten zwei Jahre nach Ausführung der Anlage ganz zu verschonen. Auch muß die Schonung später noch so lange und in demjenigen Umfange fortgesetzt werden, als sie zur Vollendung der Anlage und zur Sicherung des Zweckes nothwendig ist.

Der Kreislandrath hat die in diesen Fällen etwa erforderlichen besonderen Festsetzungen zu treffen.

Die zu schonenden Wiesen sind in ortsüblicher Weise bekannt und durch Warnungszeichen erkennbar zu machen.

§ 11. Auf einzelnen im Gemenge liegenden und der gemeinschaftlichen wechselseitigen Hütung unterworfenen Feld- und Wiesenstücken darf die Hütung nicht eher ausgeübt werden, als bis die Aberntung der Früchte und die Werbung des Heues auch auf allen anderen zu demselben Feldtheile (dem Winter- oder Sommergetreideelde u. s. w.,) gehörigen Stücken geschehen ist.

Den Zeitpunkt, mit welchem die Hütung auf den abgeernteten

Stücken allgemein beginnen darf, hat der Gemeindevorstand zu bestimmen und ortsüblich bekannt zu machen.

§ 12. Die Vorschriften der vorstehenden §§ 9, 10 und 11 finden auch dann Anwendung, wenn die Hütungsbefugniß auf einem einseitigen Dienstbarkeitsrecht beruht. Dagegen finden diese Vorschriften in allen denjenigen Fällen keine Anwendung, in welchen durch entgegenstehende rechtsbeständige Willenserklärungen, rechtskräftige Erkenntnisse oder durch Verjährung rücksichtlich des Zeitpunktes oder der Art der Ausübung ein abweichendes Rechtsverhältniß begründet ist.

Wegen der Einschränkung solcher besonderen Rechte gegen Entschädigung sowie wegen Einführung anderweiter Ordnungen zur besseren Benutzung der Grundstücke verbleibt es bei den Vorschriften und dem Verfahren des zweiten Abschnittes der Gemeinheitstheilungs-Ordnung vom 7. Juni 1821.

§ 13. Die Vorschriften der vorstehenden §§ 9, 10 und 11 finden in dem Kreise Siegen nur insoweit Anwendung, als nicht die für diesen Kreis erlassene Wiesen-Ordnung vom 28. October 1846 (GS. S. 504) abweichende Bestimmungen enthält.

§ 14. Viehtreiber, welche ihre Heerden zur Nachtzeit d. h. in der Zeit von einer Stunde nach Sonnenuntergang bis zu einer Stunde vor Sonnenaufgang, treiben, müssen von Ort zu Ort einen von ihnen im Voraus zu lohnenden, von dem Gemeinde-Vorsteher jeden Ortes zu gestellenden Begleiter zur Aufsicht mitnehmen. Das nächtliche Viehtreiben ohne einen solchen Begleiter ist verboten.

Das Gesuch um Gestellung eines Begleiters ist zur Vermeidung der Nichtberücksichtigung desselben und zwangsweiser Verhinderung des Weitertreibens zur Tageszeit und spätestens sechs Stunden vor Sonnenuntergang bei dem Gemeinde-Vorsteher anzubringen.

§ 15. Schäfer, welche mit Schafheerden von Ort zu Ort ziehen und ihre Heerden auf fremden Feldmarken hüten, haben stets eine von der Orts-Polizeibehörde ihres Wohnsitzes unter Siegel und Unterschrift ausgefertigte Legitimation, aus welcher der Name und Wohnort des Schäfers und des Eigenthümers der Schafe hervorgehen muß, bei sich zu führen und diese Legitimation auf ergangene Aufforderung jedem Gendarmen, Polizei- oder Forstschutzbeamten, Feldhüter oder Flurschützen vorzuzeigen.

Solche Schäfer dürfen ferner die Weide auf einer fremden Feldmark erst ausüben, nachdem ihnen der zur Ertheilung der Weideerlaubniß Berechtigte einen Erlaubnißschein, aus welchem das Hütungsterrain und die Anzahl der Schafe, welche geweidet werden dürfen, ersichtlich ist, zugestellt hat.

Auch diesen Erlaubnißschein hat der Schäfer stets bei sich zu führen und auf ergangene Aufforderung den vorbezeichneten Beamten vorzuzeigen.

§ 16. Jede Zuwiderhandlung gegen die Bestimmungen der vorstehenden Paragraphen 1 bis einschließlich 15, insoweit sich dieselben auf die Ausübung von Weideberechtigungen beziehen, wird nach § 40 ad 3 des F. u. FPG. vom 1. April 1880, in allen übrigen Fällen dagegen mit einer Geldstrafe bis zu dreißig Mark bestraft.

Abschnitt II.

Betrifft den Schutz der Waldwege und Walderzeugnisse, sowie die Aufrechterhaltung der Ordnung in den Waldungen.

§ 17. Auf regulirten und versteinten Waldwegen ist der Gebrauch von sogenanntem Schleppholz verboten und wird die Zuwiderhandlung gegen dieses Verbot mit einer Geldstrafe bis zu dreißig Mark bestraft.

§ 18. Wer in einem fremden Walde die Befugniß zur Nutzung

1. des Raff- und Leseholzes,
2. des auf den Schlägen zurückgelassenen Abraumes,
3. des Stockholzes,
4. des Lagerholzes,
5. von Wind-, Schnee-, Eis- und Duftbrüchen,

auf Grund einer Servitutberechtigung oder eines anderen Rechtstitels hat, ist verpflichtet, wenn er die Nutzung ausüben will, alljährlich vor dem 1. October oder wenn für die Ausübung bestimmte Nutzungsperioden ein für alle Mal festgesetzt sind, vor dem Beginne einer jeden Nutzungsperiode bei dem Waldeigenthümer oder dessen verwaltendem Beamten sich zu melden und einen auf seinen Namen lautenden Legitimationsschein von diesem in Empfang zu nehmen. Dieser Schein darf an Fremde niemals, an die Hausangehörigen beziehentlich Arbeiter des zu jenen Nutzungen Befugten aber nur dann überlassen werden, wenn diese die Nutzung für ihn ausüben.

Jede Zuwiderhandlung gegen diese Bestimmung wird nach § 40 ad 2 bez. 3 F. u. FPG. bestraft.

§ 19. Dienstbarkeits- oder sonstige Nutzungsberechtigte dürfen bei der Entnahme des Raff- und Leseholzes, sowie des auf den abgeholzten Schlägen zurückgelassenen Abraumes Aexte, Beile, Sägen, Hacken und andere Werkzeuge, durch welche stehende Bäume oder Aeste gefällt bez. heruntergebracht werden können, nicht bei sich führen.

§ 20. Wer zur Entnahme von Stockholz in einem fremden Walde berechtigt ist, ist verpflichtet, die durch die Rodung dieses Holzes entstehenden Löcher sofort zuzuwerfen.

§ 21. Zuwiderhandlungen gegen die §§ 18, 19 und 20 werden nach § 40 ad 1 bez. 3 F. u. FPG. bestraft, auch können neben der Geldstrafe oder Haft die Werkzeuge eingezogen werden, ohne Unterschied, ob sie dem Schuldigen gehören oder nicht.

§ 22. Wer befugt ist, Holz irgend einer Gattung und Art durch Selbsthieb zu fällen und sich anzueignen, darf für den Fall, daß nicht etwas Anderes ausdrücklich bestimmt worden:

1. dieses Holz nur in der Zeit vom 1. October bis zum 1. April einschlagen,
2. dasselbe nicht ohne Vorwissen des Waldeigenthümers oder dessen Beamten und nicht eher fällen, als bis es ihm angewiesen worden ist,
3. das gefällte Holz nicht ohne Vorwissen des Waldeigenthümers oder dessen Beamten und auch
4. niemals an Sonn- und Festtagen oder in der Zeit von Sonnenuntergang bis Sonnenaufgang verladen oder abfahren,

endlich muß er

5. die Abfuhr des Holzes spätestens binnen acht Wochen nach dem Tage der Ueberweisung bewirken, falls ihm nicht ausdrücklich eine längere Frist bewilligt worden ist.

Vorstehende Bestimmung zu 5 gilt auch für denjenigen, welcher in einem fremden Walde zum Bezuge von aufbereitetem Holze in bestimmten Maßen berechtigt ist.

Zuwiderhandlungen gegen diese Bestimmungen werden nach § 40 Nr. 1, 2, 3 F. u. FPG. bestraft.

§ 23. Wer, ohne einen besonderen Rechtstitel für sich zu haben, in einem fremden Walde wider das ausdrückliche Verbot des Waldeigenthümers Kräuter, Beeren oder Pilze sammelt, wird mit einer Geldstrafe bis zu dreißig Mark bestraft. Das Verbot des Waldeigenthümers kann sich auf eine oder mehrere Personen erstrecken oder allgemein erlassen werden. Das allgemeine Verbot ist durch das Kreisblatt bekannt zu machen.

§ 24. Wer Gras, Waldstreu, Moos, Dünger, Haide- und andere Kräuter, Beeren, Pilze, Schwämme oder Holzsämereien irgend einer Art aus einem fremden Walde auf Grund einer Servitutberechtigung oder eines anderen Rechtstitels entnehmen will, ist allen im § 18 dieser Verordnung bezüglich der Legitimationszettel getroffenen Bestimmungen unterworfen.

§ 25. Das Recht auf Grasschnitt und zur Nutzung von Schilf, Binsen oder Rohr, darf auf Forstgrundstücken ohne Genehmigung des Waldeigenthümers nicht mit der Sense, sondern nur mit der Sichel und kleineren Instrumenten und nur in einer Entfernung von mindestens 30 Centimeter von den jungen Pflanzen und Stämmen ausgeübt werden.

§ 26. 1. Das Werben und Abfahren sowohl der Waldstreu im engeren Sinne, unter welcher nur abgefallenes Laub und Nadeln, sowie trockenes Moos verstanden werden, als auch des Haidekrautes und sonstiger Kräuter darf ohne besondere Erlaubniß des Waldeigenthümers oder dessen Vertreters nur in der Zeit vom 1. October bis zum 1. April und auch nur in der Zeit von Sonnenaufgang bis Sonnenuntergang Statt finden.

2. Servitut- und anderen Nutzungsberechtigten gegenüber soll zwar hinsichtlich der Bestimmung der Wochentage, an welchen die Nutzung ausgeübt werden darf, die bisherige Observanz maßgebend sein, doch können dieselben dazu höchstens drei Tage in der Woche in Anspruch nehmen.

3. Das Werben der Waldstreu im engeren Sinne darf ferner ohne besondere Erlaubniß des Waldeigenthümers oder dessen Vertreters nicht mit eisernen, sondern nur mit hölzernen unbeschlagenen Rechen, deren Zinken ebenfalls nur von Holz sein dürfen und mindestens 7 Centimeter von einander abstehen müssen, Statt finden, wogegen der zur Entnahme von Haidekraut und Beerkräutern Befugte sich auch noch der zur Trennung dieser Kräuter vom Boden benöthigten Sensen oder Sicheln bedienen darf.

Das Abmähen oder Absicheln dieser Kräuter darf nur in einer Entfernung von mindestens 30 Centimeter von den jungen Pflanzen oder Stämmen geschehen.

4. Es ist verboten, beim Streurechen oder Abmähen oder Absicheln von Kräutern in einem fremden Walde einen Theil des Bodens selbst mitabzutrennen.

Zuwiderhandlungen gegen die vorstehenden und die Bestimmungen des § 25 werden nach § 40 Nr. 1 bez. 3 F. u. FPG. bestraft.

§ 27. Für die Entnahme von Steinen, Lehm, Sand, Kies, Thon, Kalk oder anderen Fossilien irgend einer Art aus einem fremden Walde, auf Grund einer Servitutberechtigung oder eines anderen Rechtstitels, gelten die im § 18 dieser Verordnung ertheilten Vorschriften über die Legitimationszettel ebenfalls, sofern die Entnahme der Fossilien nicht auf Grund besonderer, die näheren Bestimmungen darüber enthaltenden Verträge oder Urkunden erfolgt.

Abschnitt III.

Betrifft die Verhütung und Löschung der Waldbrände, sowie das Anzünden von Haiden, Moorflächen zc., das Abbrennen liegender oder zusammengebrachter Bodendecken und das Sengen von Rotthecken.

§ 28. Das Rauchen aus Pfeifen ohne Deckel in den Waldungen ist verboten.

Ebenso ist das Rauchen von Cigarren außerhalb der Waldwege untersagt.

§ 29. Bei Bränden in Waldungen, auf Haiden und Mooren hat sich jeder von der Polizeibehörde, dem Ortsvorsteher oder deren Stellvertreter oder dem Forstbesitzer oder Forstbeamten zur Hülfe Aufgeforderte und Verpflichtete mit Spaten, Axt oder Rodehacke zu versehen, sofern nicht unabwendbare Hindernisse entgegenstehen.

§ 30. Wer eigene Torfmoore, Haidekraut oder Bülten im Freien in Brand setzen, das Brennen einer Waldfläche vornehmen, liegende oder zusammengebrachte Bodendecken abbrennen oder Rotthecken absengen will, hat zeitig genug vorher die Erlaubniß der Orts-Polizeibehörde dazu nachzusuchen. Letztere hat die eingehenden Gesuche zu prüfen und nach Umständen entweder die Erlaubniß unter Bestimmung der zur Vorbeugung von Unglücksfällen und zur Benachrichtigung der benachbarten Grundbesitzer zu treffenden Maßregeln zu ertheilen oder, wenn wegen anhaltender Dürre oder aus sonstigen Gründen Gefahr zu besorgen ist, zur Zeit oder gänzlich zu versagen.

§ 31. Das Verbrennen des Kartoffelkrautes, der Quecken und anderen brennbaren Unkrautes darf zwar im Felde an solchen Orten, welche Gebäuden und Waldungen, Haiden oder Moorflächen nicht zu nahe liegen, geschehen, das Anzünden solcher Materialien muß jedoch so zeitig am Tage erfolgen, daß das Feuer mit dem Eintritt des Sonnenunterganges ganz ausgelöscht ist.

§ 32. In den Haubergen darf das Brennen oder Torfen von Haubergsschlägen, Schiffelländereien, Wiesenflächen u. s. w., insoweit die jeweilig in Kraft bestehenden speziellen Haubergs-Ordnungen und die allgemeinen Vorschriften über die Bewirthschaftung der Genossenschafts-Hauberge im Kreise Siegen nicht etwas Anderes bestimmen,

1. nur in der Art geschehen, daß das vorhandene Abraumholz Laub, Moos u. s. w. in kleine Haufen zusammengebracht, letztere mit den umgekehrten Erdschollen des aufgehackten Bodenüberzuges bedeckt und hierauf erst angezündet werden;
2. das Brennen darf nur bei windstillem Wetter geschehen;
3. so lange die zusammengebrachten Haufen brennen, müssen dieselben von den Eigenthümern, beziehentlich deren Beauftragten unter steter Aufsicht gehalten werden, auch darf die Asche nicht früher auseinander geworfen werden, bis keine Spur von Feuer oder glimmenden Gegenständen mehr vorhanden ist;
4. die zum Brennen bestimmten Haufen müssen ferner so aufgesetzt werden, daß durch das Feuer den angrenzenden Holzbeständen oder anderen feuerfangenden Gegenständen keinerlei Beschädigung zugefügt werden kann;
5. das sogenannte Löven (Löben), Kissen oder Sengen, wobei der Abraum durch den Schlag vertheilt und durch fortwährendes Anschüren mit dem auf der Oberfläche vorhandenen Laube verbrannt wird, ist verboten;
6. wer auf die vorstehend unter 1 bis 4 beschriebene Weise in Haubergen brennen oder torfen will, muß zuvor die Genehmigung der Orts-Polizeibehörde nachsuchen und die von derselben etwa angeordneten besonderen Maßregeln genau befolgen.

§ 33. Zuwiderhandlungen gegen die Bestimmungen in den vorstehenden §§ 28, 29, 30, 31 und 32 werden mit einer Geldstrafe bis zu dreißig Mark bestraft.

Abschnitt IV.

Betrifft die Anlage, den Betrieb, das Einfriedigen und Zuwerfen von Steinbrüchen, Gruben 2c.

§ 34. Wer einen Steinbruch, eine Lehm-, Sand-, Kies-, Mergel-, Kalk-, oder Thongrube eröffnen will, hat vor der Eröffnung des Bruches oder der Grube der Orts-Polizei-Behörde hiervon Anzeige zu machen.

§ 35. Bei der Anlage und bei dem Betriebe jedes Bruches und jeder Mergel-, Kies-, Thon-, Lehm- und Sandgrube sind die von der Orts-Polizeibehörde für die Anlage und für den Betrieb getroffenen Anordnungen und Vorschriften zu beachten.

§ 36. Kein Steinbruch und keine der im § 34 bezeichneten Gruben darf einem Wege so nahe angelegt oder durch den Betrieb so nahe geführt werden, daß der Verkehr auf diesem Wege dadurch gefährdet wird.

Als Tiefbaue dürfen diese Anlagen nur in einer Entfernung von mindestens fünf Meter von der Kante oder dem äußeren Grabenrande eines Weges ausgeführt und müssen dieselben mit einer Gefahr für Menschen und Vieh vorbeugenden Einfriedigung auf Kosten des Betreibenden versehen werden. Diese letztere Bestimmung gilt auch für alle bereits vorhandenen Anlagen der bezeichneten Art.

§ 37. Solche Anlagen, von deren Benutzung aller Vorsichtsmaßregeln ungeachtet eine erhebliche Gefahr nicht zu entfernen ist, dürfen nicht zugelassen und müssen, wenn sie schon bestehen, auf Anordnung der Polizeibehörde gänzlich gesperrt, jedem Gebrauch entzogen und, soweit es erforderlich, zugefüllt werden.

§ 38. Wird der Steinbruch oder das Fördern von Mergel, Lehm, Thon, Kies oder Sand im Tiefbau oder an einem Hange betrieben, so muß die Böschung des Tiefbaues oder des Hanges so angelegt und stets so erhalten werden, daß ein Abrutschen oder Einschießen des Tiefbaues oder Hanges nicht eintreten kann.

Bei losen Bodenarten darf die Böschung höchstens in einem Winkel von sechszig Graden angelegt werden.

§ 39. Das Unterminiren oder Unterhöhlen der Grubenwände oder der im Tagebau betriebenen Steinbrüche ist unter allen Umständen verboten.

§ 40. In Tagebrüchen darf mit der Gewinnung einer Steinschicht nicht eher vorgegangen werden, als bis die Oberlage abgeräumt ist.

Der Abraum muß eine Böschung in einem Winkel von mindestens sechszig Graden erhalten und deren Auslauf stets wenigstens zwei Meter vom Grubenrande entfernt bleiben.

Von der Abraum-Masse ist um den Grubenrand ein Wall von mindestens zwei Drittel Meter Höhe aufzuwerfen.

§ 41. Niemand darf Personen unter vierzehn Jahren ohne Aufsicht erfahrener und älterer Leute in Steinbrüchen und Gruben beschäftigen.

§ 42. In Steinbrüchen und in den übrigen im § 31 bezeichneten Anlagen darf nur bei Tage zwischen Sonnenaufgang und Sonnenuntergang gearbeitet und geladen werden, falls nicht in Nothfällen von der Ortspolizeibehörde eine Ausnahme gestattet wird.

§ 43. Wo Steine gesprengt werden, sind folgende Vorschriften zu beachten:

1. das Tabakrauchen bei der Sprengarbeit ist verboten;
2. das Sprengen mit losem Pulver ohne Patronenhülse ist verboten. Wenn die Patronenhülse aus Papier bestehen soll, darf nur geleimtes Papier zur Hülse verwendet werden;
3. es dürfen nur kupferne, messingene oder hölzerne Raumnadeln gebraucht werden;
4. der Gebrauch von Schwamm zum unmittelbaren Anzünden der Sprengladung ist verboten;
5. bis zum Anzünden der Ladungen sind die Bohrlöcher sorgfältig bedeckt zu erhalten. Bei Steinbrüchen in der Nähe bewohnter oder gewöhnlich von Menschen besuchter Orte, namentlich der Wege, sind vor jedem Schusse Sicherheitsposten außerhalb der Wurfweite der Sprengungen aufzustellen, um etwa herankommende Menschen und Vieh erst vorüberziehen zu lassen oder, wenn dies nicht mehr möglich, in die nöthige Entfernung zurückzuweisen.

Der Polizeibehörde bleibt es überlassen, wegen der Zeit, in welcher das Abbrennen der Schüsse nicht zu erlauben, sowie wegen der Aufstellung der Sicherheitsposten nach Umständen nähere Bestimmung zu treffen.

§ 44. Das Nach- oder Ausbohren von nicht explodirten Schüssen, welche ganz oder theilweise mit Dynamit oder ähnlichen Sprengstoffen geladen sind, ist unbedingt verboten.

§ 45. Wenn ein unterirdischer Bau beabsichtigt wird, ist hierzu unter Einreichung eines von einem Techniker gefertigten Situationsplanes, eines Grund- und Profilrisses vorher unsere Genehmigung durch Vermittelung des Landrathes einzuholen. Es werden alsdann die Bedingungen der Anlage und des Betriebes jedesmal näher bestimmt werden. Solche Baue bedürfen der Leitung eines sachverständigen Aufsehers, dessen Bestätigung von uns abhängt.

§ 46. Zuwiderhandlungen gegen die Bestimmungen in den vorstehenden §§ 34 bis einschl. 45 werden mit Geldstrafe bis zu dreißig Mark bestraft.

§ 47. Vorstehende §§ 34 bis einschließlich 46 finden auf diejenigen Steinbrüche, welche unter der Aufsicht der Königl. Bergbehörden stehen, keine Anwendung.

Abschnitt V.

Betrifft den Schutz nützlicher und die Vernichtung schädlicher Thiere.

A. Schutz nützlicher Vögel.*)

Das Schießen, Fangen und Tödten nachbenannter Vögel:

Nachtigallen, Sprosser, Blaukehlchen, Rothkehlchen, Rothschwänze, Laubvögel, Grasmücken, Steinschmätzer, Wiesenschmätzer, Bachstelzen, Pieper, Zaunkönige, Pirole, Drosseln, Amseln, Goldhähnchen, Meisen, Lerchen, Ammern, Dompfaffen, Finken, Hänflinge, Zeisige, Stieglitze, Baumläufer, Wiedehopfe, Schwalben, Staare, Dohlen, Krähen, Fliegenschnäpper, Würger, Kuckucke, Spechte, Wendehälse, Eulen (mit Ausnahme des Uhu) und der Bussarde (Mauser oder Mäusefalken),

ist verboten.

§ 49. Alle Vorbereitungen zum Fangen der genannten Vögel,

*) Vgl. Reichsgeſ. vom 22. März 1888, betreffend den Schutz von Vögeln (RGBl. S. 111.)

namentlich das Ausstellen von Leimruthen, Vogelnetzen, Schlingen, Dohnen, Sprenkeln und Fangkäfigen sind verboten.

§ 50. Der Handel mit den genannten Vögeln und das Feilhalten derselben, ist verboten.

§ 51. Das Ausnehmen der Eier oder der Brut, sowie das Zerstören der Nester dieser Vogelarten ist verboten.

§ 52. Zuwiderhandlungen gegen die vostehenden §§ 48 bis einschl. 51 werden, abgesehen von den Fällen des § 368 Nr. 11 StGB. und des § 33 F. u. FPG. nach § 34 des letzteren Gesetzes bestraft.

§ 53. Die vorstehenden §§ 48 bis einschl. 52 finden keine Anwendung:

1. bezüglich des jagdberechtigten Fangens (siehe Allg. Landr. II. 16 § 61) derjenigen der im § 48 genannten Vögel, welche Gegenstand der niederen Jagd sind, Seitens der zu dieser Jagd Berechtigten, soweit denselben nicht etwa aus besonderen Gründen die Befugniß zur Ausübung der Jagd durch Vogelfang fehlt, in der Zeit, während welcher die niedere Jagd geöffnet ist;
2. bezüglich des Feilhaltens und des Verkaufes der zu 1 bezeichneten getödteten Vögel während gleicher Zeit; der jagdgerechte Fang (unter 1) sowie das Feilhalten und der Verkauf der Krammetsvögel mit Einschluß der Drosseln und Amseln darf jedoch nur in den Monaten October und Novembar Statt finden;
3. bezüglich des Zerstörens der Vogelnester Seitens der Eigenthümer beziehentlich Nutznießer der Grundstücke oder Gebäude, auf oder an welchen die Vogelnester sich befinden.

B. Die Vertilgung von Raupen betreffend.

Das Abraupen der in Gärten, auf Feldern, an Wegen und Straßen stehenden Obstbäume ist von deren Eigenthümern, Miethern oder Nutznießern alljährlich im Frühjahr vorzunehmen. Die Ortspolizeibehörden haben zu bestimmen, wann diese Maßregel spätestens begonnen und bis zu welchem Zeitpunkte sie durchgeführt werden muß.

Zuwiderhandlungen gegen diese Vorschrift und gegen die darauf bezüglichen Anordnungen der Ortspolizeibehörden werden nach § 34 F. u. FPG. bestraft. Außerdem haben die Ortspolizeibehörden dafür zu sorgen, daß die nicht abgeraupten Obstbäume auf Kosten der Contravenienten abgeraupt werden, wenn die letzteren auch die ihnen dazu bestimmte Nachfrist verabsäumen.

C. Den Kartoffel- (Colorado-) Käfer betreffend.

§ 55. Jeder, welcher von dem Vorkommen des Kartoffelkäfers, dessen Eiern, Larven oder Puppen in irgend einer Weise Kenntniß erhalten hat, ist verpflichtet, hiervon sofort der Ortspolizeibehörde Anzeige zu machen.

§ 56. Jeder Besitzer, Nutznießer oder Pächter eines mit Kartoffeln bestellten Grundstücks ist verpflichtet, seine Kartoffelfelder regelmäßig wöchentlich zwei Mal abzusuchen beziehentlich durch zuverlässige Personen absuchen zu lassen, alle verdächtigen und auf das Vorkommen des Kartoffelkäfers hindeutenden Momente sofort der Ortspolizeihörde mitzutheilen und alle Anordnungen, welche Seitens des Kreis-Landraths oder der Ortspolizeibehörde behufs Absperrung von Grundstücken getroffen werden sollen, auf das Genaueste zu befolgen.

§ 57. Die etwa abgelesenen Kartoffelkäfer, deren Eier, Larven oder Puppen sind sofort an Ort und Stelle zu vernichten.

§ 58. Die Aufbewahrung des Kartoffelkäfers, seiner Larven und Puppen im lebenden Zustande ist verboten.

§ 59. Zuwiderhandlungen gegen die §§ 55 bis einschl. 58 werden nach § 34 F. u. FPG. bestraft.

D. Betreffend die Vertilgung der Mäuse.

§ 60. Die Eigenthümer, Nutznießer oder Pächter von Feld- und Gartengrundstücken, Wiesen und Weiden sind verpflichtet, Maßregeln zur Vertilgung der Mäuse zu treffen, wenn durch häufiges Auftreten dieser Thiere ein erheblicher Schaden für die Früchte zu besorgen ist.

§ 61. Den Kreislandräthen liegt ob, zu entscheiden, ob und in welchen Feldmarken beziehentlich auf welchen Grundstücken ihres

Verwaltungsbezirkes die Nothwendigkeit einer zwangsweisen Vertilgung der Feldmäuse vorliegt, und es sind von denselben die Gemeindevorstände mit näherer Anweisung zu versehen und mit der Aufsicht über die angeordneten Vertilgungsmaßregeln zu beauftragen, sobald letztere geboten erscheinen.

Durch diese den Kreislandräthen beigelegte Ermächtigung wird die Befugniß der Bezirks-Regierung, in vorkommenden Fällen die Nothwendigkeit und die Art und Weise der Vertilgung der Feldmäuse zu bestimmen, nicht ausgeschlossen.

§ 62. Das Vertilgen der Feldmäuse erfolgt je nach der Beschaffenheit der Oertlichkeit durch Anfüllung der Mauselöcher mit Wasser oder durch Einfangen in besonderen zu diesem Zwecke gezogenen Gräben, in glatt geränderten Bohrlöchern, in Töpfen, welche in die Erde gesenkt sind, oder in Fallen.

§ 63. Zuwiderhandlungen gegen die vorstehenden §§ 60 bis einschl. 62 werden nach § 34 F. u. FPG. bestraft. Außerdem haben die Ortspolizeibehörden dafür zu sorgen, daß die nicht ausgeführten Arbeiten auf Kosten der Contravenienten ausgeführt werden, wenn die letzteren auch die ihnen dazu bestimmte Nachfrist verabsäumen.

E. Betreffend die Vernichtung schädlicher Pflanzen.

§ 64. Die Eigenthümer, Nutznießer oder Pächter von Feldgrundstücken sind verpflichtet, zum Zweck der Vertilgung der Acker-Unkräuter:

1) der gelben Wucherblume (Chrysanthemum segetum Linn.),
2) der Kleeseide,
3) der Flachsseide,

bevor dieselben zur Blüthe gelangt sind und spätestens bis zum **1.** Juni jeden Jahres, ihre Grundstücke nach den genannten Unkräutern abzusuchen bez. durch zuverlässige Personen absuchen zu lassen, die vorgefundenen Unkräuter — die Klee- und Flachsseide nach vorherigem Umpflügen oder Umhacken der davon eingenommenen Flächen — mit den Wurzeln auszuziehen und durch Verbrennen zu vernichten.

§ 65. Die Eigenthümer, Nutznießer oder Pächter von Wiesen- und Weidegrundstücken sind verpflichtet, zum Zweck der Vertilgung des den Wiesen und Weiden schädlichen Unkrautes „Huflattig“ — Tussilago petasitis Linn: — diese Pflanze, soweit dieselbe auf ihren bezeichneten Grundstücken wächst, mit dem Blüthenstengel vor der Saamenreife abzuschneiden und durch Verbrennen zu vernichten.

Der Zeitpunkt, bis zu welchem dieses Unkraut abgeschnitten und vertilgt sein muß, wird alljährlich von dem Landrath bestimmt und durch das Kreisblatt bekannt gemacht.

§ 66. Zuwiderhandlungen gegen die vorstehenden §§ 64 und 65 werden nach § 34 F. u. FPG. bestraft.

Abschnitt VI.

Betrifft die Rechtsverbindlichkeit dieser Polizei-Verordnung.

§ 67. Diese PV. tritt am 1. Juni dieses Jahres in Kraft. Von diesem Zeitpunkte ab werden die nachstehend bezeichneten PV. des diesseitigen Regierungsbezirkes aufgehoben:

1) vom 26. Oktober 1866 zum Schutze der Forsten 2c. (Amtsbl. S. 439),
2) vom 11. April 1843 zum Schutze der Hauberge (Amtsbl. S. 137),
3) vom 30. Januar 1851 und 22. April 1873 zur Sicherung gegen Anlage von Steinbrüchen und Gruben (Amtsbl. 1851 S. 124 und 1873 S. 100),
4) vom 25. Juni 1869 zum Schutze nützlicher Vögel (Amtsbl. 1869 S. 173),
5) vom 4. September 1877 zur Vertilgung des Kartoffelkäfers (Amtsbl. S. 315),
6) vom 10. Januar 1879 zur Vertilgung der Feldmäuse (Amtsbl. S. 41),
7) vom 26. November 1876 zur Vertilgung der gelben Wucherblume 2c. (Amtsbl. S. 438).

Polizeiverordnung der Königl. Regierung zu Arnsberg vom 11. August 1886. (Amtsbl. S. 299.)

Auf Grund des § 11 PVG. 50 verordnen wir hiermit für den Umfang unseres Verwaltungsbezirks, was folgt:

§ 1. Preißelbeeren dürfen vor dem 15. August jeden Jahres nicht gesammelt werden.

§ 2. Zuwiderhandlungen gegen die Vorschriften dieser PV. werden mit einer Geldstrafe von 3 bis 30 M. eventuell mit verhältnißmäßiger Haft geahndet.

XI. Provinz Hessen-Nassau.

1. Regierungsbezirk Cassel.

Im Regierungsbezirk Cassel sind zur Ausführung bezw. Ergänzung des F. u. FPG. vom 1. April 1880 Polizeiverordnungen nicht erlassen.

2. Regierungsbezirk Wiesbaden.

Polizeiverordnung der Königl. Regierung vom 6. Mai 1882 (Amtsbl. S. 152.) **bezw. des Regierungspräsidenten vom 14. Mai 1887** (Amtsbl. S. 278).

Auf Grund der §§ 11 und 12 PVG. 67 verordnen wir hierdurch Folgendes:

§ 1. Zur Nachtzeit soll das Feld allenthalben geschlossen sein und zwar:

1) Vom 1. November bis Ende Februar von Abends 6 bis Morgens 7 Uhr;
2) vom 1. März bis Ende April von Abends 7 bis Morgens 5 Uhr;
3) vom 1. Mai bis Ende August von Abends 9 bis Morgens 3 Uhr;
4) vom 1. September bis Ende Oktober von Abends 8 bis Morgens 4 Uhr;

Wer in dieser Zeit außerhalb der öffentlichen Straßen und Feldwege auf einem offenen Grundstücke sich aufhält, ohne daß dazu von der Ortspolizeibehörde eine Ausnahme ausdrücklich gestattet ist, wird mit Geldstrafe bis zu 10 M. im Unvermögensfalle mit Haft bis zu 3 Tagen bestraft.

Auf die im Uebrigen innerhalb der gesetzlichen Grenzen sich haltende Ausübung der Jagd und Fischerei, sowie auf die Schäfer bei der Ausübung des Pferchens und auf das Polizei-Aufsichts-Personal findet die obige Strafbestimmung keine Anwendung.

§ 2. Das Werfen in fremde Bäume mit Steinen und anderen Dingen, auch wenn kein Schaden dadurch veranlaßt wird, ist verboten bei Vermeidung einer Geldstrafe bis zu 10 M. im Unvermögensfalle Haft bis zu 3 Tagen.

§ 3. Die Ausübung der an sich berechtigten Viehweide unterliegt folgenden Beschränkungen:

1) Die Ausübung der Weide darf nicht anders als unter Aufsicht eines tüchtigen Hirten stattfinden.
2) Das Einzelhüten auf nicht eingefriedigten Feld und Wiesenstücken ist nur den Nutzungsberechtigten und auch diesen nur während derjenigen Zeit, während welcher diese Grundstücke der gemeinschaftlichen Weide nicht unterworfen sind, sowie unter genügender Aufsicht oder durch derartig angebundenes Weidevieh, daß dasselbe die benachbarten Grundstücke nicht beschädigen kann, gestattet. Kinder unter 14 Jahren sind als zur Aufsichtführung geeignet nicht anzusehen.
3) Abgesehen von den Fällen unter 2 darf kein Stück Vieh irgend welcher Art außerhalb eingefriedigter Grundstücke anders als durch den Hirten mit der Heerde zur Weide geführt werden, sofern einem Berechtigten nicht das Alleinhüten vermöge besonderen Rechtstitels zusteht.
4) Während der geschlossenen Feldzeit resp. Nachtzeit (§ 1) darf außerhalb eingefriedigter Grundstücke oder außerhalb eingehegter Koppeln oder Hürden Vieh weder im Feld noch Wald geweidet oder auf der Weide gelassen werden.
5) Zur Gemeinde- oder Genossenschaftsheerde gehörige Stücke

Vieh darf der Hirt nicht einzeln und von der Heerde getrennt weiden lassen.

6) Auf einzelnen im Gemenge untereinander liegenden und der gemeinschaftlichen oder wechselseitigen Beweidung unterworfenen abgeerndteten, d. i. von den Früchten geräumten, Feld- und Wiesenstücken darf die Beweidung durch Gemeinde- oder Genossenschaftsheerden nicht früher ausgeübt werden, als bis die Aberndtung der Früchte auch von allen anderen zu demselben Feld- beziehungsweise Wiesentheile gehörigen Stücken im Wesentlichen beendigt ist.

Diesen Zeitpunkt bestimmt in der Stadt Frankfurt a. M. der Magistrat, in der Stadt Wiesbaden der Bürgermeister und in den übrigen Ortschaften die Ortspolizeibehörde nach Anhörung des Gemeinderaths und des Feldgerichts beziehungsweise Ortsgerichts.

Die getroffene Bestimmung ist in ortsüblicher Weise so zeitig bekannt zu machen, daß zwischen dem Tage der ersten Bekanntmachung und dem zum Beginn der Beweidung festgesetzten Tage ein Zwischenraum von sieben Tagen liegt.*)

Wiesen dürfen überhaupt von Hütungsberechtigten nur in der Zeit von der erfolgten Aberndtung des Heues oder Grummets bis spätestens 1. März oder 1. April nach jedesmaliger näherer Bestimmung und öffentlicher Bekanntmachung der Ortspolizeibehörde und auch während dieser offenen Zeit von Rindvieh nur bei völlig trockenem Wetter und wenn die Wiesen selbst genügend trocken sind, und von Schafheerden nur bei hart gefrorenem Boden beweidet werden.

Das Beweiden der Wiesen mit Schweinen und Gänsen ist untersagt; jedoch soll es dem Bürgermeister nach Anhörung des Gemeinderathes und des Feldgerichts gestattet sein, Ausnahmen zuzulassen.

Auch solche Wiesen, welche ortsüblich bisher nur einschurig

---

*) Die Nr. 6 hatte in der PV. v. 6. Mai 1882 eine andere durch die PV. vom 14. Mai 1887 abgeänderte Fassung. Letztere ist wieder durch die PV. vom 4. März 1889 (s. unten) abgeändert worden.

zur Heugewinnung genutzt worden sind, müssen, wenn der nutzungsberechtigte Besitzer dieselben auch durch Aberndtung des Grummets nutzen will und dies der Ortspolizeibehörde und dem Schäfer schriftlich angezeigt, auch durch Anbringung eines Warnungszeichens kenntlich gemacht hat, bis nach beendigter Grummeterndte von der Beweidung verschont bleiben.

7) Auf unbestellte, an sich der Beweidung offene Aecker und Wiesen dürfen Viehheerden nicht aufgetrieben werden, wenn die zu beweidenden Grundstücke nicht unmittelbar von mindestens 5 Meter breiten Viehtriften und Wegen oder von anderen der Weide geöffneten Grundstücken für das Weidevieh zugänglich sind.

8) Auf Wegen, welche nicht mindestens 2,5 Meter breit sind, darf Vieh auch zum Einzelhüten (Nr. 1) nur an Stricken geführt zur Weide gebracht werden.

9) Nicht ortsangehörige Viehtreiber, welche ihre Heerde zur Nachtzeit treiben, müssen die zur Sicherheit der Felder ausreichende Anzahl von Begleitern auf ihre Kosten zur Aufsicht mitnehmen und zwar bis zu 50 Stück mindestens einen Begleiter und auf jede weitere 50 Stück oder einen Theil dieser Anzahl je einen weiteren Begleiter.

Abgesehen von Behütung größerer, geschlossener, an sich für das Weidevieh zugänglicher Grundstücke durch eigene Viehheerden des Nutzungsberechtigten werden Zuwiderhandlungen gegen die vorstehenden Vorschriften dieses Paragraphen, sofern sie nicht der Bestrafung nach §§ 14 und 15 F. u. FPG. unterliegen, mit Geldstrafe bis zu 30 M. oder im Unvermögensfalle verhältnißmäßiger Haft bestraft.

§ 4. 1) Lebende Einfriedigungen dürfen ohne Zustimmung des Angrenzers nicht näher als 45 Centimeter weit von den angrenzenden Grundstücken angelegt werden und nur 45 Centimeter breit und hundert und fünf Centimeter hoch sein.

2) Abgesehen von den Seitens der zuständigen Behörden angeordneten Anlagen von Alleen an Landstraßen, Vicinal- und

Gemarkungswegen, sowie von Baumpflanzungen in Gärten innerhalb des Ortsberinges und in solchen, welche an die Wohnungen anschließen, dürfen Bäume, auch in Ersetzung bereits bestandener und abgegangener nicht anders als in einer Entfernung von fünf Metern von den Feldwegen und den Grenzen benachbarter Grundstücke angepflanzt werden. Steinobstbäume, mit Ausnahme der Kirschbäume, dürfen jedoch in einer Entfernung von 3 Metern von den anstoßenden Grundstücken gepflanzt werden.

In eingefriedigten Feldgärten und in vorzugsweise zur Obstzucht bestimmten Felddistrikten mit Ausnahme der Strecken, wo dieselben an offene Gärten und offenes Feld anstoßen, dürfen Steinobstbäume mit Ausnahme der Kirschbäume in $1^1/_2$ Meter Entfernung und Kirschbäume und alle sonstigen Bäume 3 Meter entfernt von den angrenzenden Grundstücken gesetzt werden.

Auf Waldungen finden vorstehende Bestimmungen keine Anwendung.

Zuwiderhandlungen gegen die Vorschriften unter 1 und 2 werden mit Geldstrafe bis zu 10 M., im Unvermögensfalle mit verhältnißmäßiger Haft bestraft. Außerdem ist der Zuwiderhandelnde verpflichtet, den vorigen Zustand auf seine Kosten wieder herzustellen.

§ 5. 1) Lehm-, Kies-, Sand- und Thongruben dürfen nicht mit senkrechten Wänden oder mit Ueberhängen angelegt werden, sondern sind stets so zu bearbeiten, daß die Wände eine angemessene Böschung in einem stumpfen Winkel mit der Grundfläche bilden.

2) Vorbehaltlich anderweiter Einigung der Angrenzer dürfen Gräben an der Grenze des Nachbars nur angelegt werden:

a. auf 0,5 Meter Entfernung und bis 0,5 Meter Tiefe wenn solche senkrechte Wände haben. Bei tieferen Gräben muß die Entfernung verhältnißmäßig steigen.

b. Auf 0,25 Meter Entfernung wenn solche auf 0,50 Meter Tiefe mindestens 0,50 Meter Böschung haben. Bei größerer Tiefe muß die Böschung je nach der Bodenbeschaffenheit bis zu 0,7 Meter steigen.

Auf Wiesen beziehen sich diese Bestimmungen nicht. In denselben können die Wässerungsgräben bis an die Grenzsteine der anstoßenden Wiesen angelegt werden. Größere Gräben, welche zur Ab- und Zuleitung des Wassers dienen (sogenannte Fluthgräben) müssen auf 0,5 Meter Tiefe 0,75 Meter Böschung erhalten, und so fort im Verhältniß. Kleinere Gräben sogenannte Gewannengräben, die zur eigentlichen Wiesenbewässerung dienen, sollen verhältnißmäßig auf 0,5 Meter Tiefe mit 0,5 Meter Böschung angelegt werden.

Zuwiderhandlungen gegen die vorstehenden Vorschriften unter 1 und 2 werden mit Geldstrafe bis zu 10 M., im Unvermögensfalle mit Haft bis zu 3 Tagen bestraft.

Außerdem ist der Zuwiderhandelnde verpflichtet, den vorigen Zustand auf seine Kosten wieder herzustellen.

§ 6. Mit Geldstrafe bis zu 30 M., im Unvermögensfalle mit verhältnißmäßiger Haft wird bestraft, wer ohne Erlaubniß der Ortspolizeibehörde Schutt, Steine oder andere Gegenstände auf Feld- oder andere zum gemeinen Gebrauche bestimmte Wege ausschüttet.

§ 7. Mit der in § 34 F. u. FPG. vorgesehenen Strafe bis 150 M. oder mit Haft wird bestraft, wer den polizeilichen Anordnungen zur Vertilgung schädlicher Thiere und Pflanzen insbesondere der Reblaus (Phyloxera vastatrix) des Kartoffel- oder Colorado-Käfers, der Blutlaus, des Springwurm-Wicklers (Pyralis vitana) des Heu- und Sauerwurms auch Wolf genannt (Tortrix ambiguella), des Reben-Mehltau- oder Traubenpilzes (Oïdium Tuckeri) des falschen Reben-Mehltau (Peronospora viticola), der Misteln (viscum album), der Kleeseide, Wucherblume nicht nachkommt*).

§ 8. Gleichwie die im § 7 erwähnte Strafe trifft denjenigen, welcher trotz der polizeilichen Aufforderung es unterläßt, auf den von ihm landwirthschaftlich benutzten Grundstücken der Ortsgemarkung mit den von den zuständigen Behörden zur Vertilgung der Feldmäuse angeordneten Maßregeln vorzugehen.

*) Vgl. die unten abgedruckte PV. vom 15. Juni 1887.

§ 9. In den Gemarkungen, in welchen auf Beschluß der Gemeindebehörde eine Vertilgung schädlicher Thiere und Pflanzen angeordnet wird, hat jeder Nutzungsberechtigte den getroffenen Anordnungen Folge zu leisten, das Betreten der Grundstücke zu gestatten und denselben überhaupt kein Hinderniß irgend welcher Art entgegenzustellen. Zuwiderhandelnde werden mit Geldstrafe bis zu 30 M. im Unvermögensfalle verhältnißmäßiger Haft bestraft.

§ 10. Das Tödten und Fangen nachstehender Vogelarten*):

1) Singdrossel, Misteldrossel, Schwarzdrossel,
2) Nachtigall, Rothkehlchen, Gartenrothschwanz, Hausrothschwanz, Blaukehlchen, Waldlaubsänger, Fitissänger, Grasmücke (gelbe und graue und Schwarzkopf),
3) Wiesenschmätzer (schwarzkehlig, braunkehlig),
4) Zaunkönig,
5) Wiesenpieper, Baumpieper,
6) Bachstelze, (weiße, gelbe und graue),
7) Haus- und Rauchschwalbe,
8) Fliegenfänger,
9) Baumläufer und Mauerläufer,
10) Meise,
11) Kleiber (Spechtmeise, Blauspecht),
12) Goldhähnchen,
13) Buchfink, Stieglitz, (Distelfink), Zeisig, Blutfink, (Gimpel, Dompfaffe),
14) Ammer,
15) Lerche,
16) Ziegenmelker,
17) Mauerschwalbe,
18) Wiedehopf,
19) Mandelkrähe,
20) Wendehals,

---

*) Vgl. Reichsges. vom 22. März 1888 betr. den Schutz von Vögeln (RGBl. S. 111.)

21) Kuckuck,
22) Specht,
23) Wachtel,
24) Pirol,
25) Staar,
26) Storch,
27) Saatkrähe, Dohle, Nebelkrähe,
28) Schleiereule, Sumpfohreule, Waldohreule, Steinkauz,
29) Mäusebussard,

sowohl innerhalb wie außerhalb der Ortsberinge, ingleichen das Feilhalten und der Verkauf dieser Vogelarten auf Wochenmärkten ist für alle Jahreszeiten verboten. Dasselbe gilt auch von allen Vorbereitungen zum Fangen dieser Vögel, insbesondere von dem Ausstellen von Vogelnetzen, Schlingen, Dohnen, Sprenkeln, Fallen, Käfigen und Leimruthen.

Dagegen ist den Jagdberechtigten das Erlegen von Lerchen, Wachteln und Drosseln gestattet. Vogelheerde und Dohnenfänge dürfen aber auch von den Jagdberechtigten vor dem 15. Oktober nicht aufgestellt werden.

Ingleichen ist das Ausnehmen der Eier oder der Brut, sowie das Zerstören der Nester der vorstehend genannten Vogelarten verboten.

Den Eigenthümern, Miethern oder Nutznießern von Gebäuden ist jedoch die Zerstörung der an diesen befindlichen Nester gestattet.

Eine Ausnahme kann mit besonderer Bewilligung der unterzeichneten Regierung oder des Landraths (für seinen Kreis resp. Theile desselben) in solchen Fällen stattfinden, in welchen für wissenschaftliche Zwecke darum nachgesucht wird, oder in welchen besondere lokale Umstände dessen zeitweise Aufhebung für einzelne Vogelarten aus besonderen Gründen wünschenswerth machen.

Zuwiderhandelnde werden mit der im § 34 F. u. FPG. vorgesehenen Strafe bis 150 M. oder mit Haft bestraft.

§ 11. Wer in einem fremden Walde Nutz- oder Brennholz als Käufer oder auf Grund eines anderen Rechtstitels zu empfangen hat, hat die Abfuhr des Holzes innerhalb der bei dem Verkauf oder bei der Ueberweisung bestimmten Abfuhrzeit zu bewirken.

Wer dieser Bestimmung zuwiderhandelt, hat bei einer 3 Festmeter, beziehungsweise dem 3 Festmeter entsprechenden Raummaaße oder weniger betragenden Holzmaasse eine Geldstrafe von 1 M. und ebensoviel für jede fernere drei Festmeter bis zum Betrage von 30 M. zu entrichten oder wird im Unvermögensfalle mit verhältnißmäßiger Haft bestraft.

Nach fruchtlosem Ablauf von jeden ferneren 4 Wochen tritt neue Bestrafung nach denselben Sätzen ein.

§ 12. Mit Geldstrafe bis zu 30 M. im Unvermögensfalle mit verhältnißmäßiger Haft wird bestraft, wer das in einem fremden Walde rechtmäßig erworbene Brennholz unbefugt zerkleinert oder zusammenrückt.

§ 13. Wer in einem fremden Walde die Befugniß zur Nutzung von Raff- und Leseholz, von dem in den Schlägen zurückbleibenden Abraum, Stockholz, Steinen, Walderde, Thon, Lehm, Sand oder anderen Fossilien, Holzsämereien, Gras, Grassamen, Futterlaub, Dekorationslaub, Plaggen, Streurasen, Moos, Laubstreu, Nadelstreu oder sonstigem Streumaterial aus der ihm vom Waldeigenthümer oder dem Oberförster persönlich ertheilter Erlaubniß ableitet, ist verpflichtet, bei Ausübung der fraglichen Nutzung den Erlaubnißschein bei sich zu führen, und diesen auf Verlangen des Forstschutzbeamten vorzuzeigen.

Zuwiderhandlungen werden nach § 41 F. u. FPG. mit Geldbuße bis zu 10 M. im Unvermögensfalle mit Haft bis zu drei Tagen bestraft.

Strafe bis zu 30 M. im Unvermögensfalle verhältnißmäßige Haft trifft denjenigen, welcher den ihm persönlich ertheilten Erlaubnißschein an andere Personen zum Zwecke der Nutzung abgiebt, oder die Nutzungen in anderen Distrikten an anderen Tagen, oder mit anderen Werbungswerkzeugen und Fortschaffungsgeräthen, als in dem Erlaubnißschein angegeben sind, ausübt, sofern nicht die Strafbestimmungen im § 40 F. u. FPG. Platz greifen.

§ 14. Mit Geldstrafe bis zu 30 M., im Unvermögensfalle verhältnißmäßiger Haft wird bestraft, wer im Kreise Biedenkopf entgegen der bestehenden Vorschrift, das ihm zugetheilte Loosholz ohne Erlaubniß des Oberförsters veräußert, oder verkohlt. Dieselbe Strafe trifft den Käufer, welcher Loosholz kauft und den Köhler, welcher Loosholz verkohlt, obgleich der Käufer oder der Köhler wußte, daß es verwilligtes Loosholz war.

§ 15. Werden in Gemeindewaldungen das Holzhauen und das Holzsetzen im Gemeindedienste verrichtet, so hat jeder einzelne Pflichtige den von der Forstbehörde nach Maßgabe der bestehenden Hau-Ordnung getroffenen Anordnungen nachzukommen.

Zuwiderhandelnde werden mit Geldstrafe bis zu 30 M., im Unvermögensfalle mit verhältnißmäßiger Haft bestraft.

§ 16. Mit Geldstrafe bis 10 M., im Unvermögensfalle mit verhältnißmäßiger Haft wird bestraft, wer an Bergabhängen das gefällte Holz durch Stürzen aus dem Schlage schafft oder Wellen wälzt.

§ 17.*) Mit einer Geldstrafe bis 10 M., im Unvermögensfalle mit verhältnißmäßiger Haft wird bestraft, wer in der Zeit vom 15. März bis 15. Mai bei trockenem Wetter außerhalb der Wege in einem Walde Cigarren oder aus einer Pfeife ohne geschlossenen Deckel raucht.

§ 18. Mit Geldstrafe bis 10 M., im Unvermögensfalle mit verhältnißmäßiger Haft werden Köhler bestraft, welche Laub, Haide, Moos oder sonstige feuerfangende Gegenstände, die sich in einer Entfernung von 4 Schritten oder weniger von dem Meiler befinden, nicht wegschaffen oder der Anordnung des Forstbeamten oder Ortsvorstehers ungeachtet, die Aufstellung eines Windschirmes unterlassen.

§ 19. Mit einer Geldstrafe bis 10 M., im Unvermögensfalle mit verhältnißmäßiger Haft wird bestraft, wer es, vorgängiger Aufforderung des Oberförsters ungeachtet, unterläßt, die Grenzlinien von Gesträuch so rein zu halten, daß von einem Grenzstein zum anderen gesehen werden kann.

§ 20. Alle früheren PV., welche Gegenstände betreffen, über welche die vorstehende PV. Vorschriften enthält, treten mit der Gültigkeit dieser PV. außer Kraft.

---

*) Vgl. § 2 der PV. vom 4. März 1889 S. 229.

Polizeiverordnung des Regierungspräsidenten vom 4. März 1889 (Amtsbl. S. 79).

Auf Grund der §§ 137 und 139 LVG. 83 und der §§ 6, 12 und 13 PVG. 67 wird für den Geltungsbereich der PV. der vormaligen Königl. Regierungs-Abtheilung des Innern hierselbst vom 6. Mai 1882 (Amtsbl. S. 152) d. i. für den Umfang des ganzen Regierungsbezirks Wiesbaden mit Ausschluß der vormals Kurhessischen Ortschaften und Gemarkungen Bockenheim, Eckenheim, Eschersheim, Ginnheim, Praunheim, Preungesheim, Berkersheim und Seckbach unter Zustimmung des Bezirksausschusses Folgendes verordnet:

§ 1. Die PV. vom 14. Mai 1887 (Amtsbl. S. 278), sowie der erste Satz unter Ziffer 6 in § 3 der oben bezeichneten PV. vom 6. Mai 1882 werden hierdurch außer Kraft gesetzt und tritt an Stelle derselben die folgende Bestimmung:

Auf einzelnen im Gemenge untereinander liegenden und der gemeinschaftlichen oder wechselseitigen Beweidung unterworfenen abgeernteten Feld- und Wiesengrundstücken darf die Beweidung durch Gemeinde- oder Genossenschafts-Heerden

> in denjenigen Gemarkungen, beziehungsweise Gemarkungstheilen, in welchen Dreifelderwirthschaft getrieben wird, nicht früher ausgeübt werden, als bis die Aberndtung der Früchte auch von allen anderen zu demselben Feld- bezw. Wiesen-Theile gehörigen Stücken im Wesentlichen beendet ist; und
>
> in denjenigen Gemarkungen bezw. Gemarkungstheilen, in welchen freie Fruchtwechselwirthschaft getrieben wird, nicht früher, als bis dieselbe von der Ortspolizeibehörde freigegeben ist.

Den Zeitpunkt, mit welchem nach Vorstehendem die Beweidung der abgeerndteten Stücke allgemein beginnen darf, bestimmt in den Städten Frankfurt a. M. und Wiesbaden der zuständige Bürgermeister, in den übrigen Ortschaften die Ortspolizeibehörde nach Anhörung des Gemeinderaths und Feldgerichts bezw. Ortsgerichts.

Als abgeerndtet im Sinne dieser Verordnung gilt ein Grundstück erst nach vollzogener Räumung von den Früchten bezw. von dem Wiesenwachs.

Die über den Anfangstermin der Beweidung getroffene Bestimmung ist in ortsüblicher Weise so zeitig bekannt zu machen. daß zwischen dem Tage der Bekanntmachung und dem zum Beginn der Beweidung festgesetzten Tage ein Zeitraum von 3 Tagen liegt.

§ 2. Der § 17 der oben bezeichneten PV. vom 6. Mai 1882 wird außer Kraft gesetzt und durch die nachfolgende Bestimmung ersetzt:

> Mit Geldbuße bis zu 10 Mark, im Unvermögensfalle mit verhältnißmäßiger Haft wird bestraft, wer in der Zeit vom 15. März bis 1. Juni in einem Walde außerhalb der Fahrwege Cigarren oder aus einer Pfeife ohne geschlossenen Deckel raucht.

Polizeiverordnung des Regierungspräsidenten vom 15. Juni 1887 (Amtsbl. S. 322).

Auf Grund der §§ 137 und 139 LVG. 83 und der §§ 6, 12 und 13 PVG. 67 wird mit Zustimmung des Bezirksausschusses für den ganzen Umfang des Regierungsbezirks Wiesbaden hiermit in Ergänzung des § 7 der Regierungs-PV. vom 6. Mai 1882 (Amtsbl. S. 154) folgendes verordnet:

§ 1. Die zur Zeit in Gärten und Feldern noch stehenden bereits abgestorbenen Obstbäume, sowie die dürren Aeste an noch nicht abgestorbenen Obstbäumen sind seitens deren Eigenthümer oder sonstigen Nutzungsberechtigten, welchen die Verfügung über dieselben zusteht, soweit es ohne erhebliche Beschädigung bestandener Fruchtfelder geschehen kann, spätestens bis zum 1. Juli d. J., von bestandenen Fruchtfeldern aber alsbald nach der Aberndtung der letzteren und spätestens im Laufe des diesjährigen Herbstes zu entfernen und es ist das Holz von ersteren sofort, von letzteren im Laufe des nächstens Winters zu verbrennen.

§ 2. Im Laufe der späteren Jahre sind:

a. alle vor dem 1. April abwelkende Obstbäume oder Aeste an

denselben sofort zu entfernen und es ist das Holz davon sofort zu verbrennen;

b. alle nach dem 1. April absterbenden Bäume oder Aeste im Herbste desselben Jahres zu fällen und es ist das Holz davon im Laufe des folgenden Winters zu verbrennen.

§ §. Zuwiderhandlungen unterliegen zufolge des § 34 F. u. FPG. der daselbst vorgesehenen Strafe bis 150 Mark oder verhältnißmäßiger Haft.

XII. Rheinprovinz.

1. Regierungsbezirk Coblenz.

Polizeiverordnung der Königl. Regierung vom 11. April 1882 (Amtsbl. S. 83).

Auf Grund der §§ 6 und 11 PVG. 50, sowie der §§ 13, 34, 40, 46 und 94 F. u. FPG. verordnen wir, was folgt:

§ 1. Grundstücke, welche nicht auf allen Seiten so eingeschlossen sind, daß dadurch das Austreten des Viehes verhindert wird, dürfen nur während der Tageszeit zur Viehweide benutzt werden.

§ 2. Wenn das weidende Vieh nicht über Nacht in Hürden oder anderen eingeschlossenen Räumen verbleibt, so muß dasselbe spätestens eine Stunde nach Sonnenuntergang zu Stalle gebracht sein, und darf nicht früher als eine Stunde vor Sonnenaufgang wieder ausgetrieben werden.

§ 3. Verbleibt das Vieh über Nacht im Freien in Hürden oder anderen geschlossenen Räumen, so darf es nicht vor Sonnenaufgang auf die Weide gebracht werden und muß bei Sonnenuntergang wieder eingetrieben sein.

§ 4. Das Einzelhüten des Viehs — insofern dasselbe nicht auf Gesetz, Herkommen oder speciellem Rechtstitel beruht — ist verboten.

§ 5. Insoweit das Einzelhüten des Viehs überhaupt gestattet

ist (§ 4) sind bei Ausübung dieser Befugniß nachstehende Vorschriften zu beachten:

1) Das Einzelhüten des Viehs ist — abgesehen von dem Grundeigenthum des Viehbesitzers selbst — nur auf Brach- und Stoppelfelder, sowie auf Haide-, Oed-, Wild- und Schiffelländereien gestattet.

2) Das Einzelhüten auf und an Rainen, durch welche bestellte Felder, Wiesen oder Weinberge ganz oder theilweise begrenzt werden, auf und an den Communikations-, Feld- und Abfuhrwegen, auf und in den zu diesen Wegen gehörenden Böschungen, Gräben u. s. w. sowie auf und an den Grenzfurchen bestellter Felder ist verboten.

3) Vieh, welches zur Einzelhut aufgetrieben wird, muß von und zur Weide an einem Leitseile geführt und an einem solchen auch während des Weidens gehalten werden, sofern es nicht auf dem Weideplatze fest angepflöckt, oder aber letzterer eingeschlossen ist.

4) Kinder unter 12 Jahren dürfen zum Einzelhüten nicht verwendet werden.

§ 6.*) Das Ausnehmen der Eier oder der Brut, sowie das Zerstören der Nester eines der nachgenannten Vögel, als: Baumläufer, Blaukehlchen, Braunkehlchen, Buchfink, Bussard (Mäusefalk), Distelfink (Stieglitz), Dohle, Flachsfink (Leimfink, Stockfink), Hanffink (Bluthänfling), Kuckuck, Mandelkrähe (Racke), Nachtigall, Pirol (Goldamsel), Rothkelchen, Saatkrähe, Schwarzkehlchen, Spechtmeise (Blauspecht), Sprosser (Auen-Nachtigall), Staar, Steinschmätzer, Wendehals, Wiedehopf, Zaunkönig (Zaunschlüpfer), Zeisig (Erlenfink), ferner alle Arten von Ammern, Bachstelzen, Drosseln, Eulen mit Ausnahme des Uhu, Fliegenschnäpper, Goldhähnchen, Grasmücken, Laubvögel (Weidezeisige), Lerchen, Meisen, Pieper, Rothschwänzchen, Schwalben, Spechte, ist mit Ausnahme derjenigen Nester, welche sich an Gebäulichkeiten befinden, verboten.

Das Fangen oder Tödten eines der vorgenannten Vögel, das Feilhalten derselben auf Wochenmärkten oder beim Hausirhandel,

*) Vgl. Reichsges. vom 22. März 1888, betr. den Schutz von Vögeln (RGBl. S. 111).

ferner das Ausstellen von Leimruthen, Vogelnetzen, Schlingen, Dohnen, Sprenkeln, Fangkäfigen und aller sonstigen Einrichtungen zum Fangen von Vögeln ist untersagt. Drosseln aller Art (Krammetsvögel) und Lerchen dürfen jedoch in den Monaten Oktober und November in Netzen und Dohnen gefangen und verkauft werden.

§ 7. Wer eine Nachtigall hält, ist verpflichtet, der Ortspolizeibehörde binnen 8 Tagen davon Anzeige zu machen.

§ 8. Jeder Besitzer eines Grundstücks ist verpflichtet, alljährlich bis zum 15. März die von ihm benutzten Bäume und Hecken, — soweit sie nicht auf Waldgrund stocken — abzuraupen und die abgenommenen Raupennester sofort zu verbrennen.

§ 9. Wer von dem Vorkommen des Kartoffelkäfers, seiner Eier, Larven oder Puppen Kenntniß erhält, ist verpflichtet, der Ortspolizeibehörde hiervon sofort Anzeige zu machen.

Die von dem Besitzer eines Grundstückes oder von dessen Leuten abgelesenen Käfer, Eier, Larven oder Puppen sind sofort an Ort und Stelle zu vernichten.

Jeder Besitzer eines Grundstücks ist verpflichtet, die behufs Ermittelung und Unterdrückung des Karfoffelkäfers polizeilich angeordnete Absuchung des Grundstücks gehörig auszuführen, auch die behufs Absperrung von Grundstücken getroffenen Anordnungen zu befolgen.

§ 10. Besitzer von Obstbäumen, auf welchen die Mistel (viscum album) sich vorfindet, sind verpflichtet, dieselbe spätestens bis zu Ende Februar eines jeden Jahres zu beseitigen.

§ 11. Besitzer von landwirthschaftlich benutzten Grundstücken auf welchen' sich Klee- oder Flachsseide befindet, sind verpflichtet, die davon überzogene Fläche umzuhacken und die mit den Wurzeln heraus zunehmenden Pflanzen zu verbrennen, bevor dieselben zur Blüthe gelangen.

§ 12. Auf Feld- und Waldwegen dürfen zum Hemmen des Fuhrwerks Klapperstücke, Spannketten, Schleppreiser oder andere Anhängsel nicht benutzt werden.

§ 13. Angekaufte oder überwiesene Forstprodukte dürfen nur an den von der Forstbehörde oder dem Waldbesitzer bestimmten

Tagen zu Gute gemacht und gesammelt und müssen innerhalb der von der Forstbehörde oder dem Waldbesitzer festgesetzten Frist aus dem Walde geschafft werden.

§ 14. Beim Sengen von Rotthecken sind nachstehende Bestimmungen zu beachten:

1. Das Sengen ist nur nach eingeholter schriftlicher Genehmigung des Kreislandraths gestattet.

2. Der Tag, an welchem gesengt werden soll, muß von dem Eigenthümer der Rotthecken zwei Tage vorher dem Bürgermeister und dem Forstschutzbeamten, oder — falls ein solcher nicht bestellt ist — dem Eigenthümer des Nachbarwaldes angezeigt werden.

3. Bei dem Sengen einer Gemeinde-Rotthecke, muß von jeder nutzungsberechtigten Feuerstelle der Gemeinde wenigstens eine erwachsene und taugliche Person mit Hacke und Schaufel rechtzeitig an Ort und Stelle erscheinen.

4. Mit dem Sengen einer Privat-Rotthecke oder einer solchen einer öffentlichen Anstalt darf erst vorangegangen werden, wenn die Zahl der von dem Bürgermeister als nothwendig erachteten tauglichen Mannschaften zur Stelle erschienen sind.

5. Bevor das Feuer angelegt wird, muß der Eigenthümer der Rotthecke dafür Sorge tragen, daß, wenn Holzbestände, bestellte Felder, oder Weinberge angrenzen, rings um die zu sengende Fläche ein drei Meter breiter Streifen von allem Laube, Gras, Ginster, Haidekraut und ähnlichen feuerfangenden Gegenständen bis auf den todten Boden befreit wird.

6. Auch hat der Eigenthümer der Hecke dafür Sorge zu tragen, daß nach dem Brennen eine Feuerwehr noch 24 Stunden lang bei der gebrannten Fläche betroffen wird.

7. Steht die Rotthecke im Eigenthum einer bürgerlichen Gemeinde, oder einer öffentlichen Anstalt, so sind die vorstehend dem Eigenthümer der Rotthecken auferlegten Verpflichtungen Seitens des Gemeindevorstehers, bezw. des gesetzlichen Vertreters der öffentlichen Anstalt wahrzunehmen.

§ 15. Dem Sengen von Rotthecken ist das Brennen einer Waldfläche gleichzuachten.

§ 16. Wer liegende oder zusammengebrachte Bodendecken in einer Entfernung von weniger als 50 Meter von benachbarten Waldungen abbrennt, hat hiervon zwei Tage zuvor den Forstschutzbeamten oder — falls ein solcher nicht bestellt ist — den Eigenthümer des Nachbarwaldes zu benachrichtigen.

§ 17. Bei Ausübung von Nutzungsberechtigungen auf Forstgrundstücken der bürgerlichen Gemeinden sind nachstehende Bestimmungen zu beachten:

1. Die Nutzungsberechtigten dürfen die Gegenstände, zu deren Bezug sie berechtigt sind, nicht an sich nehmen, oder zu Gute machen, bevor die Gegenstände der Nutzung oder die Distrikte, in welchen letztere zu gewinnen sind, von der Forstbehörde über- oder angewiesen sind.

2. Andere, als die mit dem Waldhammer zur Fällung bezeichneten Bäume, sowie Stangen, welche zum Stehenbleiben geritzt sind, dürfen nicht gefällt werden.

3. Bau- oder Nutzholz, welches in den Gemeindeschlägen bereits gefällt ist, darf nicht eigenmächtig zersägt, aufgespaltet, oder in anderer Weise zerkleinert werden.

4. Bei der Zugutemachung des Raff- und Leseholzes dürfen Hau- oder Schneide-Instrumente nicht gebraucht werden. Auch ist das Umbrechen oder Abreißen des stehenden Holzes, mit der Hand oder mit Hacken, untersagt.

5. Bei dem Einsammeln des dürren Streulaubes und der Nadeln ist nur der Gebrauch hölzerner unbeschlagener Rechen, deren Zinken ebenfalls von Holz sein müssen, gestattet. Haide, Heidelbeerkraut und dergleichen Streuwerk darf nur mit Sensen oder Haideheppen abgemähet bezw. abgeschnitten werden.

6. Bei dem Einsammeln der Mastfrüchte ist das Anklopfen der Bäume und Aeste — insoweit solches nicht ausdrücklich gestattet — untersagt. Werden die Mastfrüchte durch Zusammenkehren gewonnen, so muß das dabei zusammengescharrte Laub wieder auseinander geworfen werden.

7. In zur landwirthschaftlichen Nutzung überwiesenen Rott-

hecken dürfen nur die von der Aufsichtsbehörde gestatteten Produkte gezogen werden.

§ 18. Die Ausübung der nicht ablösbaren Stoppelweide auf solchen Grundstücken, welche durch besondere Bearbeitung des Bodens in Wiesen umgewandelt sind, sowie auf solchen Wiesen, auf welchen zum Zwecke ihrer Verbesserung ein künstlicher Umbau oder künstliche Ent- oder Bewässerungs-Anlagen ausgeführt oder in der Ausführung begriffen sind, ist vom 1. Januar 1883 ab verboten.

§ 19. Nachstehende PV. und zwar:

1. vom 15. Oktober 1819 (Amtsbl. S. 606), 21. März 1833 (Amtsbl. S. 103), 15. November 1868 (Amtsbl. S. 352), und 19. Juni 1869 (Amtsbl. S. 136), betr. das Einzelhüten des Viehs;

2. vom 24. Januar 1856 (Amtsbl. S. 33), betr. die Vertilgung der Raupen;

3. vom 11. April 1857 (Amtsbl. S. 185), 11. April 1867 (Amtsbl. S. 175), den Schutz der Waldungen betr.;

4. vom 3. September 1861 (Amtsbl. S. 210), betr. die Vertilgung der den Feldfrüchten schädlichen Thiere;

5. vom 26. März 1876 (Amtsbl. S. 75), die Unterdrückung der Klee- oder Flachsseide betr.;

6. vom 31. August 1877 (Amtsbl. S. 249), die Unterdrückung des Kartoffelkäfers betr.;

7. vom 4. April 1878 (Amtsbl. S. 69), die Beseitigung der Mistel betr.;

8. vom 24. Dezember 1841 (Amtsbl. S. 18) und 28. Januar 1880 (Amtsbl. S. 28), das Halten der Nachtigallen, sowie den Schutz der nützlichen Vögel betr. — erstgedachte Verordnung unbeschadet der darin wegen Zahlung einer Abgabe von 5 Thalern = 15 Mark zur Orts-Armenkasse getroffenen und in Kraft erhaltenen Bestimmung — werden hierdurch aufgehoben.

Unberührt von den Vorschriften der gegenwärtigen Verordnung bleiben diejenigen der PO. über die Bewirthschaftung der Hauberge in den Aemtern Freusberg und Friedewald, Kreis Altenkirchen, vom 21. November 1836 (Amtsbl. S. 59).

§ 20. Zuwiderhandlungen gegen die Bestimmungen der §§ 1—18 der gegenwärtigen PV. werden wie folgt bestraft:

1. in den Fällen der §§ 1—5 und 13 mit Geldstrafe von 1—5 Mark;

2. in den Fällen der §§ 12 und 18 mit Geldstrafe von 3—20 Mark;

3. in den Fällen der §§ 6—11 — abgesehen von den Fällen des § 368 No. 2 StGB. — gemäß § 34 F. u. FPG. mit Geldstrafe bis zu 150 Mark oder mit Haft;

4. im Falle des § 17 Ziffer 7 mit Geldstrafe von 15—30 Mark;

5. in Fällen der §§ 14, 15 und 16 gemäß § 46 F. u. FPG. mit Geldstrafe von 10—150 Mark oder mit Haft;

6. im Falle des § 17 Ziffer 1—6 gemäß § 40 F. u. FPG. mit Geldstrafe bis zu 100 Mark oder mit Haft bis zu 4 Wochen.

2. Regierungsbezirk Düsseldorf.

Polizeiverordnung der Königl. Regierung vom 11. Mai 1882.

(Amtsbl. S. 164).

Auf Grund des § 11 PVG. 50 und F. u. FPG. verordnen wir für den Umfang unseres Verwaltungsbezirks was folgt:

I. (§§ 11—13).

§ 1. Zur Regelung der Beaufsichtigung des Weideviehes, sowie der Nachtweide und des Einzelhütens wird Folgendes bestimmt:

1. Grundstücke, welche nicht auf allen Seiten so eingeschlossen sind, daß dadurch das Austreten des Viehes verhindert wird, dürfen nur während der Tageszeit zur Viehweide benutzt werden.

2. Wenn das weidende Vieh nicht über Nacht in Hürden oder anderen eingeschlossenen Räumen verbleibt, so muß dasselbe spätestens eine Stunde nach Sonnenuntergang zu Stalle gebracht sein, und darf nicht früher als eine Stunde vor Sonnenaufgang wieder ausgetrieben werden.

3. Verbleibt das Vieh über Nacht im Freien in Hürden oder anderen geschlossenen Räumen, so darf es nicht vor Sonnenauf-

gang auf die Weide gebracht werden und muß bei Sonnenuntergang wieder eingetrieben sein.

4. Wo das Einzelhüten auf ungeschlossenen Grundstücken bisher zulässig gewesen ist, bleibt es auch auf diesen Grundstücken, jedoch nur zur Tageszeit (Abs. 1—3) ferner gestattet.

§ 2. Zur Regelung des Treibens und Weidens der Schafe wird Folgendes festgesetzt:

1. Die Führer von Schafheerden, welche dieselben von außerhalb unseres Bezirks oder aus einer Gemeindefeldmark in andere Feldmarken eintreiben wollen, haben sich vorher bei dem Bürgermeister der zuerst zu betretenden Gemeinde zu melden und sich über den Zweck des Eintreibens der Heerde durch ausreichende Schriftstücke auszuweisen.

2. Im Falle die Heerde innerhalb unseres Bezirks zur Weide getrieben werden soll, hat der Führer derselben sich vorher bei dem Bürgermeister der betreffenden Gemeinde zu melden und nachzuweisen, daß ihm vom Eigenthümer der betreffenden Grundstücke die Erlaubniß zur Beweidung derselben ertheilt sei.

3. Die Führer der fraglichen Heerden haben die ihnen über die Erfüllung der in Absatz 1 und 2 gemachten Auflagen von den Bürgermeistern zu ertheilenden Bescheinigungen den Feld- und Forstschutzbeamten auf Verlangen jederzeit vorzuzeigen.

4. Sollen Schafe des Nachts auf Wegen getrieben werden, so ist spätestens am vorhergehenden Vormittage den Bürgermeistern aller zu berührenden Gemeinden hiervon Anzeige zu machen.

5. Werden Schafe auf Wegen getrieben, welche so schmal sind, daß ein Uebertreten auf angrenzende Grundstücke leicht stattfinden kann, so sind dieselben an Stricken zu führen.

6. Werden dieselben auf Grundstücken von so geringem Umfange geweidet, daß ein Uebertreten auf andere Grundstücke zu besorgen steht, so sind dieselben mit Stricken an feste Gegenstände anzubinden, oder an Stricken zu führen.

§ 3. Für das Weiden der Stiere gelten folgende Vorschriften:

1. Stiere im Alter von 7 bis einschließlich 18 Monaten

dürfen auf Grundstücken, welche nicht durch Mauern oder andere Einfriedigungen gegen die Nachbargrundstücke oder gegen öffentliche Wege und Plätze derartig abgeschlossen sind, daß ein Durchbrechen oder Uebertreten der Stiere unmöglich ist, nur dann geweidet werden, wenn sie durch irgend welche Vorrichtungen verhindert sind, Mutterthiere ohne menschliche Hülfe zu decken, die Frechtungen gegen die Nachbargrundstücke zu durchbrechen resp. zu überspringen, und zu den die Weidegrundstücke durchschneidenden oder begrenzenden öffentlichen Wegen oder Plätzen zu gelangen.

2. Stiere, welche über 18 Monate alt sind, dürfen nur auf solchen Grundstücken geweidet werden, welche durch Mauern oder andere Einfriedigungen gegen die Nachbargrundstücke oder gegen öffentliche Wege und Plätze derartig abgeschlossen sind, daß ein Durchbrechen oder Uebertreten der Stiere unmöglich ist.

3. Darüber, ob eine Einfriedigung resp. eine Vorrichtung für geeignet zu erachten ist, um das Durchbrechen oder Uebertreten der Stiere unmöglich zu machen, resp. den Stier zu verhindern, Mutterthiere ohne menschliche Hülfe zu decken, entscheidet die Ortsbehörde.

4. Wer einen über 7 Monate alten Stier weiden lassen will, hat mindestens 8 Tage vor dem Aufbringen desselben auf die Weide der Ortspolizeibehörde unter Angabe des betreffenden Weidegrundstücks und der getroffenen Vorrichtungen hiervon Anzeige zu machen.

II. §§ 25, 28 und 33 des angezogenen Gesetzes.

§ 4. Behufs Regelung der in § 25, 3 F. u. FPG. vorgesehenen Nachlese von Aehren, Kartoffeln, Obst und anderen Feldfrüchten, sowie des Einsammelns von dürrem Holzreisig, Streu, Futterkräutern und sonstigen auf Forst- und Feldgrundstücken liegen gebliebenen Gegenständen sind die Ortspolizeibehörden zur Festsetzung bestimmter Jahres- und Tageszeiten befugt und ist die Nachlese und das Einsammeln der vorbenannten Gegenstände überall da, wo die Ortsbehörden von der genannten Befugniß Gebrauch gemacht haben, nur zu den von denselben besonders bekannt zu machenden Jahres- und Tageszeiten gestattet.

§ 5. Die in § 28, 2 des vorgedachten Gesetzes bezeichneten Sperrvorrichtungen müssen von den Eigenthümern derart in Ordnung gehalten werden, daß ein Wiederverschließen derselben von den Passanten ohne besondere Kraftanstrengung vorgenommen werden kann.

§ 6.*) (conf. § 33 des Gesetzes.) Zum Schutze der nützlichen Vogelarten wird Nachstehendes bestimmt:

1. Das Tödten oder Einfangen der nachbenannten Vogelarten: Blaukehlchen, Rothkehlchen, Nachtigall, Grasmücke, Rothschwanz, Laubvogel, Steinschmätzer, Wiesenschmätzer, Bachstelze, Pieper, Zaunkönig, Pirol, Drossel, Goldhähnchen, Meise, Ammer, Dompfaff, Fink, Hänfling, Sperling, Zeisig, Stieglitz, Baumläufer (Kleiber), Wiedehopf, Schwalbe, Tagschlaf, Staar, Dohle, Saatkrähe, Fliegenschnäpper, Würger, Kuckuck, Specht, Wendehals, Rake (Mandelkrähe), Eule und Bussard ist zu jeder Zeit untersagt.

2. Imgleichen ist das Ausnehmen der Eier oder der Brut sowie das Zerstören der Nester der in Absatz 1 aufgeführten Vögel verboten. Dasselbe gilt auch von allen Vorbereitungen zum Fangen dieser Vögel, insbesondere von dem Aufstellen von Vogelnetzen, Schlingen, Dohnen, Sprenkeln, Käfigen und Leimruthen, ebenso ist das Halten und Aufstellen von sogenannten Lockvögeln jeder Art verboten.

3. In Fällen, wo einzelne Arten der im Absatz 1 aufgeführten Vögel nachweislich erheblichen Schaden an Feldfrüchten, Obstbäumen oder Wild anrichten, ist die Ortspolizeibehörde ermächtigt, den Betroffenen die Vertilgung der schädlichen Thiere durch Schießen oder auf sonstige Weise, jedoch nur für einen bestimmten Zeitraum und einen bestimmten Ort, soweit keine sonstigen gesetzlichen Bestimmungen entgegenstehen, schriftlich zu gestatten.

4. Die ad 1 benannten Vogelarten dürfen, auch wenn sie von außerhalb unseres Bezirks eingebracht sind, nirgends feilgeboten oder verkauft werden.

---

*) Vgl. Reichsges. vom 22. März 1888, betreffend den Schutz von Vögeln (RGBl. S. 111.)

III. (conf. 34 l. c.)

§ 7. Die Besitzer, Pächter, Nutznießer oder Verwalter von Grundstücken, auf welchen sich Klee- oder Flachsseide (Cuscuta trifolii, cuscuta Epilinum), Kleeteufel (Orobanche minor), gelbe Wucherblume (Chrysantemum segetum), Frühlingskreuzkraut (Senecio vernalis), Pestwurz (Petasites) und Huflattich (Tussilago) findet, sind verpflichtet, diese Pflanzen vor der Blüthe zu vertilgen.

§ 8. Jeder Besitzer, Pächter, Nutznießer oder Verwalter von Grundstücken, auf welchen sich Spuren von Kartoffelkäfer oder Stockwurm erkennen lassen, ist verpflichtet, hierüber der Ortspolizeibehörde sofortige Anzeige zu machen.

IV. (§§ 38 und 44 des Gesetzes.)

§ 9. Es ist untersagt, das in einem fremden Walde gekaufte Holz nach erfolgter Bezahlung über den vereinbarten Abfuhrtermin hinaus im Walde stehen oder liegen zu lassen.

Wer nach Erlaß eines wegen vorstehender Uebertretung erlassenen Straferkenntnisses das Holz nicht binnen 3 Tagen nach Rechtskraft desselben fortschafft, macht sich der obigen Zuwiderhandlung aufs Neue schuldig.

§ 10. Für die Anlage der Frucht- und Stroh-Diemen (Miethen, Schober) wird Folgendes festgesetzt:

1. Frucht-, Stroh- 2c. Diemen im freien Felde dürfen nur in einer Entfernuug von 50 Metern von den nächsten Forstgrundstücken und Gebäuden, 30 Meter von Eisenbahnen, 15 Meter von Kommunikations- und Separationswegen und 300 Meter von Pulverhäusern aufgestellt werden.

Für die Inundationsbezirke des Niederrheins werden die Landräthe ermächtigt, nach den örtlichen Verhältnissen Ausnahmen bezüglich dieser Entfernungen zu gestatten.

2. Die Aufstellung von Frucht-, Stroh- 2c. Diemen in Gärten und Höfen ist nur in einer Entfernung von mindestens 30 Metern von Forstgrundstücken und Gebäuden und auch nur dann gestattet, wenn sämmtliche in den betreffenden Gärten oder Höfen stehenden Gebäude massive Bedachung haben.

V. Straf- und Uebergangsbestimmungen.

§ 11. Uebertretungen obiger Vorschriften werden, sofern nicht die im F. u. FPG., und im StGB oder in anderen Gesetzen und Verordnungen vorgesehenen Strafen Platz greifen, mit einer Strafe bis 30 Mark oder entsprechender Haft geahndet.

§ 12. Alle den Vorschriften dieser Verordnung entgegenstehenden Bestimmungen früherer PV., sowie unsere Bezirks-PV. betr. den Forstschutz vom 13. Mai 1859 (Amtsbl. S. 294), das Treiben und Weiden der Schafe vom 13. December 1873, 16. Oktober 1876 und 24. September 1879 (Amtsbl. S. 582, 451 und 392), das Weiden der Stiere vom 11. April 1876 (Amtsbl. S. 142), das Tödten, Fangen und Feilhalten nützlicher Vogelarten vom 4. December 1867 (Amtsbl. S. 491), die Vertilgung der Klee-Seide vom 27. August 1876 und 1. September 1877 (Amtsbl. S. 394 und 431), der Wucherblume vom 25. Oktober 1876 (Amtsbl. S. 464) und betr. Anlage von Strohdiemen vom 1. April 1873 (Amtsbl. S. 160) werden aufgehoben.

3. Regierungsbezirk Cöln.

Polizeiverordnung der Königl. Regierung vom 19. April 1882.

(Amtsbl. No. 19.)

Auf Grund der §§ 11, 13, 32, 34, 40 No. 2 und 3, 41, 43, und 46 F. u. FPG. und der §§ 6, 11 und 12 PVG. 50 wird für den Umfang unseres Verwaltungsbezirks hierdurch nachstehende PV. erlassen:

§ 1. In den Gemeinden, wo Koppelweide oder Stoppelweide besteht, dürfen die Herden nicht eher in die abgeernteten und offnen Felder getrieben werden, als zwei Tage nach gänzlich vollendeter Ernte.

§ 2. Auf Grundstücken, welche der Eigenthümer, Nutzungsberechtigte oder Pächter durch eine das Eindringen fremden Viehes verhindernde Einfriedigung von der Stoppelweide ausgeschlossen hat, ist die Ausübung der Stoppelweide untersagt.

Das Grundstück wird als geschlossen betrachtet, wenn es mit einer Mauer von 1,25 Meter Höhe, mit Pallisaden oder Gitterwerk, mit einer lebendigen Hecke oder mit einem Zaun von Pfählen, Baumzweigen oder einem anderen an dem Orte gebräuchlichen Material oder endlich mit einem Graben von 1,25 Meter Breite und 0,60 Meter Tiefe umgeben ist.

§ 3. Die Ausübung der Stoppelweide ist ferner auf solchen Grundstücken untersagt, welche durch besondere Bearbeitung des Bodens in Wiesen umgewandelt sind, so wie auf solchen Wiesen, auf welchen zum Zweck ihrer Verbesserung ein künstlicher Umbau oder künstliche Ent- oder Bewässerungsanlagen ausgeführt oder in der Ausführung begriffen sind.

§ 4. In den Gemeinden, wo die natürlichen Wiesen der Koppelweide oder Stoppelweide unterworfen sind, wird die Zeit, während welcher das Auftreiben des Viehes auf die Wiesen gestattet ist, von der Gemeindebehörde bestimmt. Außerhalb dieser Zeit ist die Ausübung der Koppelweide und Stoppelweide auf natürlichen Wiesen untersagt.

§ 5. Ziegen dürfen im Freien nur geweidet werden, wenn sie an Stricken auf den Weideplatz geführt, und hier an Pfählen befestigt werden; das Austreiben frei umherlaufender Ziegen auf die Weide ist verboten.

§ 6. Grundstücke, welche nicht auf allen Seiten so eingeschlossen sind, daß dadurch das Austreten des Viehes verhindert wird, dürfen nur während der Tageszeit zur Viehweide benutzt werden.

§ 7. Wenn das weidende Vieh nicht über Nacht im Freien in Hürden oder anderen geschlossenen Räumen verbleibt, so muß dasselbe spätestens eine Stunde nach Sonnenuntergang zu Stalle gebracht sein, und darf nicht früher als eine Stunde vor Sonnenaufgang wieder ausgetrieben werden.

§ 8. Verbleibt das Vieh über Nacht im Freien in Hürden oder anderen geschlossenen Räumen, so darf es nicht vor Sonnenaufgang auf die Weide getrieben werden, und muß bei Sonnenuntergang wieder eingetrieben sein.

§ 9. Wo das Einzelnhüten des Viehes auf geschlossenen Grundstücken seither zulässig gewesen ist, bleibt es zwar auf diesen Grundstücken auch ferner gestattet, darf jedoch nur zur Tageszeit ausgeübt werden.

§ 10. Zuwiderhandlungen gegen die in den §§ 1 bis 9 enthaltenen Vorschriften werden mit Geldstrafe bis zu dreißig Mark und im Unvermögensfalle mit verhältnißmäßiger Haft bestraft.

§ 11.*) Das Einfangen und Tödten der nachbenannten Vogelarten:

Blaukehlchen, Rothkehlchen, Nachtigall, Schwarzköpfchen, Grasmücke, Rothschwanz, Steinschwätzer, Wiesenschwätzer, Bachstelze, Pieper, Zaunkönig, Pirol, Goldhähnchen, Meise, Ammer, Fink, Hänfling, Zeisig, Stieglitz, Baumläufer (Kleiber), Wiedehopf, Schwalbe, Tagschlaf, Staar, Dohle, Racke (Mandelkrähe), Fliegenschnäpper, Würger (Dickkopf), Kuckuck, Specht, Wendehals, Mäusefalk und Eule (mit Ausschluß des Uhu)

ist ohne ausdrückliche Genehmigung der unterzeichneten Regierung untersagt. Dieses Verbot erstreckt sich auch auf alle Vorbereitungen zum Fangen dieser Vögel, insbesondere auf das Aufstellen von Netzen, Schlingen, Sprenkeln, Käfigen und Leimruthen.

§ 12. Ingleichen ist das Ausnehmen der Eier oder der Brut, so wie das Zerstören der Nester der im § 11 genannten Vögel verboten. Nur, wenn diese Vögel an oder in Gebäuden genistet haben, bleiben die Eigenthümer der letzteren berechtigt, die Nester zu beseitigen oder beseitigen zu lassen.

§ 13. Zuwiderhandlungen gegen die in den §§ 11 und 12 enthaltenen Vorschriften werden nach § 34 F. u. FPG. mit Geldstrafe bis zu einhundertfünfzig Mark oder mit Haft bestraft.

§ 14. Die in § 11 genannten Vögel dürfen auf Wochenmärkten nicht feil gehalten werden, und verwirken diejenigen, welche dieses Verbot übertreten, nach § 149 No. 6 der Gewerbeordnung in der Fassung des die Abänderung der Gewerbeordnurg betreffenden Gesetzes vom 17. Juli 1878 (RGBl. S. 211) eine Geldstrafe bis zu dreißig Mark und im Unvermögensfalle Haft bis zu acht Tagen.

*) Vgl. Reichsges. vom 22. März 1888, betr. den Schutz von Vögeln. (RGBl. S. 111.)

§ 15. Eigenthümer, Nießbraucher und Pächter von Grundstücken, welche innerhalb der von der Polizeibehörde bekannt gemachten Fristen das Abraupen der Bäume und Hecken unterlassen oder in einer Weise ausführen, daß dadurch der beabsichtigte Zweck nicht erreicht wird, werden nach § 368 No. 2 StGB. mit Geldstrafe bis zu sechzig Mark oder mit Haft bis zu vierzehn Tagen bestraft.

Außerdem haben sie zu gewärtigen, daß die Ausführung der erforderlichen Arbeiten im Wege des polizeilichen Zwanges auf ihre Kosten durch dritte Personen erfolgt.

§ 16. Jeder Eigenthümer, Nießbraucher und Pächter von Grundstücken, welche mit Kartoffeln bestellt sind, ist verpflichtet, von dem Vorkommen des Kartoffelkäfers (Chrysomela decemlineata) gemeinhin Coloradokäfer genannt oder seiner Brut auf seinen Grundstücken sofort nach erlangter Kenntniß der Ortspolizeibehörde Anzeige zu machen.

§ 17. Zuwiderhandlungen gegen die im § 16 angeordnete Anzeigepflicht werden nach § 34 F. u. FPG. mit Geldstrafe bis zu einhundertundfünfzig Mark oder mit Haft bestraft.

Ein Zuwiderhandeln gegen die Anzeigepflicht wird angenommen, wenn bei stattfindender Revision ausgebildete Larven auf Kartoffelfeldern gefunden werden.

§ 18. Zur Vertilgung des den Weinstöcken so schädlichen Heu- und Sauerwurms (Tortrix ambiguella) auch „Wolf" genannt müssen für den Umfang des Kreises Bonn und des Siegkreises die Eigenthümer, Nutznießer und Pächter von Weinbergen binnen einer von der Ortspolizeibehörde zu bestimmenden Zeit, spätestens bis zum 20. April jeden Jahres innerhalb ihrer Gemeinde gleichzeitig und unter polizeilicher Kontrolle

a. alles abgestorbene Rebholz, so wie die alten Bänder der Weinstöcke aus den Weinbergen entfernen und sofort verbrennen,
b. alle todten Spitzen der Schenkel und Büglinge sorgfältig abschneiden und ebenfalls verbrennen,
c. alle alten und nicht benutzten Rebpfähle aus dem Bereiche der Weinberge entfernen,

d. die mit rissiger Rinde versehenen Theile des Rebstockes abreiben und dadurch die darunter befindlichen Puppen des Heu- und Sauerwurms zerquetschen.

§ 19. Das Liegenlassen, Zerschneiden oder Zerhacken des alten Rebholzes im Weinberge ist verboten.

§ 20. Eigenthümer, Nießbraucher nnd Pächter von Weinbergen, welche die in den §§ 18 und 19 enthaltenen Vorschriften nicht befolgen, werden nach § 34 F. u. FPG. mit Geldstrafe bis zu einhundertundfünfzig Mark oder mit Haft bestraft. Außerdem haben sie zu gewärtigen, daß die Ausführung der von ihnen unterlassenen Arbeiten im Wege des polizeilichen Zwanges auf ihre Kosten durch dritte Personen bewirkt wird.

§ 21. Die gelbe Wucherblume (senecio vernalis auch Chrysanthemum segetum) die Seidenpflanze (Kleeseide, cuscuta) so wie die crobanche minor, Kleeteufel genannt, sind auf Ackerländereien jeglicher Art, so wie auf Ackerrainen, Wegerändern, Eisenbahndämmen, Wiesen und Weiden dergestalt rechtzeitig zu vertilgen, daß sie nirgends im abblühenden oder reifen Zustande vorgefunden werden.

§ 22. Die Eigenthümer, Nutznießer und Pächter von Grundstücken, auf welchen sich die gelbe Wucherblume, die Seidenpflanze oder der Kleeteufel im Stande des Abblühens oder Reifens vorfinden, werden nach § 34 F. u. FPG. mit Geldstrafe bis zu einhundertundfünfzig Mark oder mit Haft bestraft. Außerdem haben sie zu gewärtigen, daß die Beseitigung der genannten Ackerunkräuter durch Abschneiden und Verbrennen an Ort und Stelle, so wie durch tiefes Umgraben der mit den Ackerunkräutern bestandenen Flecke im Wege des polizeilichen Zwanges auf ihre Kosten durch dritte Personen erfolgt.

§ 23. Im Kreise Bonn und im Siegkreise sind die Eigenthümer und Nutznießer von Bäumen gehalten, die auf letzteren wachsende Schmarotzerpflanze „Mistel" (viscum album) in der Zeit von der Entlaubung der Bäume bis zum 1. Februar jeden Jahres zu beseitigen.

§ 24. Diejenigen, welche die im § 23 enthaltene Vorschrift

nicht befolgen, werden nach § 34 F. u. FPG. mit Geldstrafe bis zu einhundertundfünfzig Mark oder mit Haft bestraft. Außerdem haben sie zu gewärtigen, daß die Beseitigung der genannten Pflanze im Wege des polizeilichen Zwanges auf ihre Kosten durch dritte Personen ausgeführt wird.

§ 25. Im Kreise Bonn und in den Bürgermeistereien Königswinter und Oberkassel des Siegkreises darf niemand, sobald der Tag, von welchem ab die Weinberge geschlossen sein sollen, in ortsüblicher Weise bekannt gemacht worden, die zu den Weinbergen führenden Nebenwege und Fußpfade, welche durch Aufstellung von Strohwischen oder in sonst ortsgebräuchlicher Art abgesperrt worden, unbefugt betreten.

§ 26. Zuwiderhandlungen gegen die im § 25 enthaltene Vorschrift werden nach § 368 No. 1 StGB. mit Geldstrafe bis zu sechzig Mark oder mit Haft bis zu vierzehn Tagen bestraft.

§ 27. (Zu § 30 des Gesetzes.) Auf mit Steinschlag oder Bekiesung ausgebauten Waldwegen dürfen höchstens drei Wagen oder Frachtkarren in demselben Geleise hintereinander hergefahren werden.

Die zuwiderhandelnden Führer der Fuhrwerke werden mit Geldstrafe bis zu zehn Mark oder mit Haft bis zu drei Tagen bestraft.

§ 28. (Zu § 32 des Gesetzes.) Braunkohlen-Ueberreste, Torfmoore, Haidekraut und Bülten, sowie sonstige den Boden bedeckende Gewächse, — wie verkrüppelte Holzbestände, Moos, Schilf, Gras und dergl. mehr — dürfen ohne die ausdrückliche schriftliche Erlaubniß der Ortspolizeibehörde im Freien nicht in Brand gesetzt werden.

Die polizeiliche Erlaubniß darf nur dann ertheilt werden, wenn nach dem Gutachten eines Forst-Sachverständigen das beabsichtigte Abbrennen ohne eine Gefährdung der Nachbargrundstücke erfolgen kann.

In der von der Ortspolizeibehörde geeigneten Falles schriftlich zu ertheilenden Genehmigung sind diejenigen auf Grund des vom Sachverständigen abgegebenen Gutachtens (Absatz 2) zu entwerfenden

Anordnungen zu treffen, welche zur Sicherstellung der Nachbargrundstücke erforderlich erscheinen.

Wer dem im ersten Absatze dieses Paragraphen enthaltenen Verbote zuwiderhandelt oder gegen die von der Ortspolizeibehörde getroffenen Anordnungen (Absatz 3) verstößt, verfällt den Strafbestimmungen des § 32 F. u. FPG.

Dieselben Bestimmungen gelten beim sogenannten Schiffeln oder Hainen für das Inbrandstecken des abgeschiffelten Boden-Ueberzuges.

§ 29. (Zu § 38 des Gesetzes.) Mit Geldstrafe bis zu dreißig Mark wird bestraft, wer das in einem fremden Walde gekaufte Holz nach erfolgter Bezahlung über den in den Verkaufsbedingungen oder anderweitig festgesetzten Abfuhrtermin hinaus unbefugt im Walde stehen oder liegen läßt.

Die Verfolgung tritt nur auf Antrag ein.

§ 30. Wer

1. Weihnachtsbäume,
2. Nadelholz- und Laubholz-Pflanzen,
3. Erbsreisig und sogenanntes Zierreisig,
4. Sogenannte Maien,
5. Geringe Nadelholzstangen, (von der Blumenstock-Stärke bis einschließlich zur Stärke von Vithsbohnenstangen)
6. Reifstangen und Bindeweiden

transportirt oder auf Märkten feilhält, muß eine den Ursprung und den ehrlichen Erwerb der transportirten oder feilgehaltenen Gegenstände nachweisende Bescheinigung der Polizeibehörde seines Wohnortes oder des Eigenthümers oder Aufsehers desjenigen Waldes, aus welchem nach seiner Angabe das Gehölz gebracht wird, bei sich führen und jedem Polizeibeamten, resp. jedem Königlichen Forst- und Steuerbeamten auf Befragen zu seiner Legitimation vorzeigen.

Zuwiderhandelnde verfallen den Strafbestimmungen des § 43 F. u. FPG.

§ 31. (Zu § 44 des Gesetzes.) 1. Die innerhalb eines Waldes eine Eisenbahn einschließenden Sicherheitsstreifen sind stets von solchen Stoffen, welche leicht Feuer fangen — namentlich

Moos, Gestrüpp, Heide, trockenem Grase, trockenem Ginster u. dgl. m. — frei zu halten. Auf der äußeren (Wald-) Seite müssen sie durch mindestens 1 Meter breite und 0,5 Meter tiefe Gräben eingeschlossen sein, welche stets offen zu halten sind, und keinerlei Boden-Ueberzug enthalten dürfen.

2. Jedes Feuer, welches innerhalb einer Entfernung von 150 Meter in der Umgebung eines Waldes angelegt wird, muß mit dem Eintreten der Dunkelheit ausgelöscht werden.

Eine Ausnahme ist nur dann gestattet, wenn unter Beachtung der Bestimmungen des § 29 die polizeiliche Erlaubniß zum Anzünden eines mehrere Tage brennenden Feuers ertheilt worden ist.

Zuwiderhandlungen werden mit Geldstrafe bis zu dreißig Mark oder mit Haft bis zu vierzehn Tagen bestraft.

§ 32. Die vorstehende PV. tritt mit dem Tage ihrer Verkündigung in Kraft und werden alle derselben entgegenstehenden Bestimmungen, insbesondere alle in früher erlassenen den Feld- und Forstschutz betreffenden PV. enthaltenen Strafbestimmungen hierdurch aufgehoben.

4. Regierungsbezirk Trier.

Polizeiverordnung der Königl. Regierung vom 11. Mai 1882.

(Amtsbl. S. 152.)

In Ausführung der §§ 11, 13 und 94 F. u. FPG. und auf Grund des § 11 PVG 50, verordnen wir behufs Regelung der Ausübung der Weide außerhalb der Königlichen-, Gemeinde- und Instituten-Waldungen und für den ganzen Umfang unseres Verwaltungsbezirks, was folgt:

I. Eingefriedigte Grundstücke.

§ 1. Ein Grundstück ist eingefriedigt, im Sinne des § 11 und 94 zu 1 F. u. FPG., wenn und so lange es mit einer Umwehrung versehen ist, welche unter gewöhnlichen Umständen ein Uebertreten von Rindvieh oder Schafen nicht befürchten läßt. Als solche gilt insbesondere ein Graben von 1 m Breite und 60 cm Tiefe, eine Mauer oder eine Futtermauer, ein Steinwall, ein Gitterwerk, ein Zaun von Holz oder geflochtenen Zweigen, eine lebende Hecke, welche eine Höhe von mindestens 1 m haben oder ein Drahtzaun von gleicher Höhe, dessen unterer Draht zwischen 40 und 50 cm vom Boden entfernt ist.

II. Nachtweide.

§ 2. Außerhalb der eingefriedigten Grundstücke ist die Nachtweide untersagt.

Verbleibt das Vieh über Nacht im Freien in Pferchen oder anderen abgeschlossenen oder eingefriedigten Räumen, so darf es nicht vor Sonnenaufgang auf die Weide und muß bei Sonnenuntergang wieder eingetrieben sein.

Im andern Falle muß das Vieh spätestens eine Stunde nach Sonnenuntergang zu Stalle gebracht sein und darf nicht früher als eine Stunde vor Sonnenaufgang ausgetrieben werden.

III. Einzelhüten.

§ 3. Dem Viehbesitzer ist das Einzelhüten auf denjenigen Grundstücken, welche Kraft des Eigenthums- oder Pachtrechtes oder eines anderen civilrechtlichen Titels seiner Nutzung unterliegen, unter der Voraussetzung gestattet, daß er diese Grundstücke entweder ohne Ueberschreitung fremder Grundstücke (von einem Wege aus) oder doch mittelst Ueberschreitung solcher fremden Grundstücke erreichen kann, welche nicht bestellt oder bereits abgeerntet sind.

§ 4. Der Viehbesitzer, welcher einzeln hütet, hat in der Sicherung und Beaufsichtigung seines Viehes diejenigen Vorkehrungen zu treffen, welche zur Vermeidung von Beschädigungen Dritter erforderlich sind.

Sofern die zu beweidenden Grundstücke entweder nicht eingefriedigt, oder im Zusammenhange nicht mindestens 1 Hectar groß sind, muß daher das Weidevieh entweder angepflöckt oder gekoppelt oder von einem Hüter am Stricke geführt werden, wobei ein Hüter nicht mehr als 5 Stück Rindvieh am Stricke führen darf. Diese Vorschrift bleibt für den Kreis Prüm vorerst außer Anwendung.

Zu Hütern dürfen Personen in einem Alter von weniger als

12 Jahren und Schulkinder während der Schulstunden nicht bestellt werden.

IV. Stoppelweide — oder Weidgang — vaine pâture.

§ 5. Wenn und soweit in einer Gemeinde die Stoppelweide (d. i. die Befugniß jedes Gemeindegliedes, alle abgeernteten, auch Anderen gehörigen Grundstücke des Gemeindebannes zu beweiden) üblich und nicht inzwischen gänzlich oder theilweise aufgehobeu ist, so darf dieselbe auch fernerhin geübt werden.

Bei Rindvieh kann die Stoppelweide unter Beachtung des § 4 durch Einzelhut; bei Schafen und Schweinen muß sie in gemeinschaftlicher Heerde geübt werden. Für die letzteren tritt die bisher jedem Grundbesitzer zugestandene Ermächtigung, eine der Größe seiner Ländereien entsprechende Viehzahl in abgesonderter Heerde hüten zu lassen, außer Geltung.

§ 6. Die Stoppelweide darf auf bestellten oder mit irgend welcher Art von Früchten noch bedeckten Grundstücken nicht ausgeübt werden.

Der Gemeindevorsteher hat unter Zustimmung des Gemeinderaths jedesmal die Fluren und Tage zu bestimmen, auf welchen und von welchen ab der Weidgang statthaft ist.

Jedenfalls sind von der Stoppelweide ausgeschlossen:

1. alle eingefriedigten Grundstücke (§ 1),

2. Weinberge, Baumschulen und mit solchen Fruchtbäumen besetzte Feldstücke, denen durch das Vieh Schaden zugefügt werden kann,

3. alle zur Holzzucht bestimmten Grundstücke, einerlei ob sie dem Staate, Gemeinden, Genossenschaften oder Privaten angehören,

4. alle künstliche Wiesen d. h. solche Ackerstücke, welche durch besondere Bearbeitung des Bodens in Wiesen umgewandelt sind, so lange sie zur Gewinnung von Gras, Klee, Luzerne oder sonstigen Futterkräutern dienen,

5. diejenigen natürlichen Wiesen, auf welchen zum Zwecke ihrer Verbesserung ein künstlicher Umbau oder künstliche Ent- und

Bewässerungsanlagen ausgeführt oder in der Ausführung begriffen sind, zu Nr. 1 — 5 zu jeder Zeit des Jahres.

Endlich unterliegen:

6. alle übrigen unter 5 nicht erwähnten natürlichen Wiesen der Stoppelweide nur für Rindvieh und nur in der Zeit von Beendigung der Grummet-Ernte bis zum 1. Dezember, sofern das Weide-Reglement nicht Abweichendes festsetzt; auch kann

7. durch Anordnung der Polizeibehörde der Auftrieb von Schweinen auf gefährdete Hänge untersagt werden.

§ 7. Innerhalb jeder Gemeinde sind durch ein vom Gemeinderath zu beschließendes und von der Regierung zu bestätigendes Weidereglement die Art der Ausübung der Stoppelweide, die Menge und Art des aufzutreibenden Viehes nach Maßgabe der vorstehenden §§ 5 und 6 und der §§ 13 ff. des Rural-Gesetzes zu regeln. Ein Verzeichniß der hiernach zur Stoppelweide Berechtigten und der jedem Berechtigten gestatteten Viehzahl ist von der Ortspolizeibehörde alljährlich aufzustellen, nach ortsüblicher Bekanntmachung beim Ortsvorsteher 8 Tage lang auszulegen und dem gemeinschaftlichen Hirten und dem Feldhüter zu übergeben. Die Uebertragung der Ausübung des Rechts der Stoppelweide an einen Anderen, Berechtigten oder nicht Berechtigten, ist unzulässig.

Es ist nicht nur dem einzelnen Berechtigten untersagt, eine größere, als die nach dem polizeilichen Verzeichniß gestattete Viehzahl zur Weide oder zur Heerde, sondern auch dem Hirten, eine solche zur Weide zu treiben.

V. Weide auf Gemeinde- oder Gehöferschafts-Grundstücken.

§ 8. Wo Gemeinde-Grundstücke der Stoppelweide nicht unterliegen, hat die Gemeinde zu beschließen, ob und welche Grundstücke der Weide gegen oder ohne Taxe zu eröffnen, welche Beschränkungen nach Art und Zahl des aufzutreibenden Viehes vorzuschreiben sind, und ob die Weide in gemeinschaftlicher Heerde oder durch Einzelhut ausgeübt werden soll. Gemeinschaftliche Heerden dieser Art dürfen indeß nur auf den der Gemeinde gehörigen Grundstücken, niemals aber auf solchen geweidet werden, welche im Sonder-Eigenthum der Gemeinde-Nutzungs-Berechtigten stehen.

Wegen des Verzeichnisses der hiernach zur Weide Berechtigten kommen die Vorschriften des § 7 zur Anwendung.

Ueber die Weidenutzung in Gemeindewaldungen wird eine besondere Verordnung ergehen.

§ 9. Die Weidenutzung auf den der Stoppelweide nicht unterliegenden Gehöferschafts- (Erbschafts-) Grundstücken ist nach Maßgabe des § 8 durch Beschluß der Gehöferschaft zu regeln.

In den Gehöferschafts-Waldungen ist das Eintreiben von Pferden und Ziegen stets untersagt. In Gehöferschafts-Lohhecken dürfen auch Schweine nicht eingetrieben werden; der Eintrieb von Rindvieh und von Schafheerden ist erst mit Ablauf des sechsten Jahres nach dem Abtriebe, bei neu cultivirten Schlägen erst nach Ablauf des achten Jahres nach Ausführung der Cultur gestattet. Durch Anordnung der Aufsichtsbehörde können diese Schonzeiten verlängert werden.

Auch kann die Polizeibehörde den Auftrirb von Schweinen auf gefährdete, im Eigenthum von Gemeinden oder Gehöferschaften befindliche Hänge untersagen.

VI. Straf- und Schluß-Bestimmung.

§ 10. Zuwiderhandlungen gegen diese Verordnung werden, sofern nicht die härteren Strafen der §§ 10—15 F. u. FPG. oder des § 368 zu 9 StGB. oder des § 9 des Gesetzes über gemeinschaftliche Holzungen vom 14. März 1881 (G.-S. S. 263) eintreten, mit Geldbuße bis zu 30 Mark oder mit Haft bis zu 14 Tagen bestraft.

§ 11. Diese Verordnung tritt mit dem 1. August d. J. in Kraft.

Polizei-Verordnung vom 11. Mai 1882, betreffend den Schutz nützlicher und die Vertilgung schädlicher Thiere und Pflanzen. (Amtsbl. S. 154.)

Zum Schutze nützlicher und zur Vernichtung schädlicher Thiere und Pflanzen verordnen wir auf Grund des § 11 F. u. FPG. 50 und des § 34 F. u. FPG. für den Umfang des Regierungsbezirks, was folgt:

§ 1*). Nachdem durch § 33 F. u. FPG. das unbefugte Fangen nicht jagdbarer Vögel auf fremden Grundstücken verboten ist, wird hiermit untersagt, auf eigenen Grundstücken oder mit der Einwilligung des Eigenthümers oder Nutzungsberechtigten auf fremden Grundstücken

a. einen der nachbenannten Vögel:
Nachtigall, Blaukehlchen (Heckenschlüpfer), Rothkehlchen, Rothschwanz (Brandvogel), Laubvogel (Spottdrossel), Grasmücke (Grasmöschen, Mitsch), Steinschmätzer (Backöfchen), Wiesenschmätzer (Wiesenspatz, Wiesenfries), Bachstelze (Bachsterzchen, Pannensterz), Pieper, Zaunkönig (Mauskönig), Pirol (Goldamsel), Kirschvogel (Pfingstvogel), Drossel (Truschel, Amsel, Merle, Ziemer, Zippe, Krammetsvogel, Weinvogel), Goldhähnchen, Meise, Lerche (Lewering, Lewecker), Ammer (Gelbmännchen, Gelbgänschen, Gehlert, Rohrsperling), Dompfaff (Blutfink, Gimpel), Fink, Hänfling (Flachsfink, Stockfink), Zeisig, Stieglitz (Distelfink), Baumläufer (Kleiber, Baumpinker, Blauspecht), Wiedehopf (Bubbelhahn, Kothhan, Stinkert), Schwalbe, Staar (Sprehe, Sprehle, Kob), Dohle (Mandelkrähe, Krichel, Ramp, Racke), Fliegenschnäpper, Würger (Neuntödter), Kuckuck, Specht, Wendehals (Drehhals), Eule — mit Ausnahme des Uhu — Bussard (Mauser, Mäusefalke), Saatkrähe, zu fangen oder zu tödten,

b. deren Nester zu zerstören oder deren Eier oder Jungen auszunehmen,

c. Vorrichtungen zum Fangen derselben wie Leimruthen, Netze, Sprenkel, Dohnen u. s. w. aufzustellen.

*) Vgl. Reichsges. vom 22. März 1888 betr. den Schutz von Vögeln (RGBl. S. 111).

Es ist ferner untersagt

d. einen der vorgenannten Vögel, oder deren Nester, Eier oder Jungen feilzuhalten, zu verkaufen oder zu versenden.

Jedoch bleibt es gestattet, während der Monate Oktober und November Feldlerchen und Drosseln zu fangen, feilzuhalten, zu verkaufen und zu versenden.

§ 2. Jeder, welcher von dem Vorkommen des Kartoffel- (Colorado-) Käfers, seiner Eier, Larven, Puppen in irgend einer Weise Kenntniß erhalten hat, ist verpflichtet hiervon sofort der Ortspolizeibehörde Anzeige zu machen. Die Aufbewahrung des Käfers, seiner Eier, Larven oder Puppen in lebendigem Zustande ist verboten.

§ 3. Jeder Waldbesitzer oder dessen mit der Waldpflege betraute Angestellte sind verpflichtet, von dem Vorkommen nachbenannter Insekten:

a. Maikäfer,

b. großer und kleiner brauner Nadelholz-Rüsselkäfer,

c. Borkenkäfer,

d. Forleule,

e. Nonnenspinner,

f. großer Kieferspinner,

sobald sie in seinem Forste in schädlicher oder gefahrdrohender Menge auftreten, sofort der Ortspolizeibehörde Anzeige zu machen. Nur die Königlichen Forstbeamten sind bezüglich der Königlichen Waldungen von dieser Anzeige entbunden.

§ 4. Die Eigenthümer und bei wirthschaftlich benutzten Grundstücken die zeitigen Nutznießer desselben sind verpflichtet, den Anordnungen des Landraths und der Ortspolizeibehörde, welche auf die Constatirung des Vorkommens der in § 2 und 3 benannten Insekten, auf die Verhinderung der weiteren Verbreitung, sowie auf die Vernichtung derselben gerichtet sind, unbedingte Folge zu geben.

Bei säumiger oder nicht sorgfältiger und genügender Ausführung dieser Anordnungen haben sie neben der Strafe die Kosten der von den genannten Behörden veranlaßten Ausführung durch dritte Personen zu tragen.

§ 5. Mit der gleichen (§ 4) Wirkung können auch für solche Gemeinden, in welchen die Wucherblume (Käsepappel, Käseblume, Güldeblume), oder die Kleeseide überhand nimmt, Anordnungen zur Vertilgung derselben getroffen werden.

§ 6. Zuwiderhandlungen gegen diese Verordnung werden nach § 34 F. u. FPG. mit einer Geldstrafe bis zu 150 Mark oder mit Haft bestraft.

Für die Handlungen von Personen, welche unter der Gewalt, der Aufsicht oder im Dienste eines Anderen stehen und zu seiner Hausgenossenschaft gehören, ist der Letztere nach Maßgabe des § 5 F. u. FPG. und des § 361 zu 9 des StGB. verhaftet.

§ 7. Die Verordnungen vom

24. Dezember 1841 (Amtsbl. 1842, S. 33) betr. das Fangen der Nachtigallen,

11. November 1867 (Amtsbl. S. 508) betr. den Schutz nützlicher Vögel,

17. Dezember 1821 / 29. März 1822 (Amtsbl. 1822, S. 154 und 1876, S. 332) betr. die Wucherblume,

9. September 1877 und 17. April 1879 (Amtsbl. S. 274 und S. 143) den Coloradokäfer betr., werden hiermit aufgehoben.

Dagegen bleiben die das Abraupen der Bäume regelnden Bekanntmachung vom 9. Februar 1817 (Amtsbl. S. 71) und Reglement vom 6. Mai 1840 (Amtsbl. S. 199) gemäß des § 368 zu 2 StGB. auch ferner in Kraft.

Polizeiverordnung der Königl. Regierung vom 2. Mai 1888.

(Amtsbl. S. 149.)

Auf Grund der §§ 6, 11, 12 PVG. 50 in Ausführung der §§ 13, 32, 40, 41, 43, 46 F. u. FPG. und unter Bezugnahme auf § 8 Absatz 3 der diesseitigen PV. vom 11. Mai 1882 (A.-Bl. S. 152), die Regelung der Feldweide betr., verordnen wir zur Aufrechterhaltung der Ordnung und Sicherheit bei der Ausübung von Berechtigungen und Nutzungen in Waldungen, sowie zum Schutze der letzteren für den ganzen Umfang unseres Verwaltungs-Bezirkes, was folgt:

I. Weide in Königlichen, Gemeinde-, Genossenschafts- und Instituten-Waldungen.

§ 1. Die Ausübung der Weide einschließlich der s. g. Schmalzweide, d. i. Nutzung der Mast durch Eintrieb von Vieh, darf Seitens der Nutzungsberechtigten nur in den von der Forstverwaltung oder der sonst zuständigen Behörde alljährlich durch vorherige Bekanntmachung für offen und weidbar erklärten Waldorten stattfinden.

§ 2. Die Ausübung der Waldweide ist der Regel nach lediglich mit Rindvieh und Schweinen, ausnahmsweise und nur nach ausdrücklicher Genehmigung der Regierung auch mit Schafen gestattet. Der Eintrieb von Pferden und Ziegen ist unbedingt verboten.

§ 3. Sofern nicht besondere Rechtstitel oder ausdrückliche Genehmigung der Regierung eine Abweichung gestatten, ist der Eintrieb

von Rindvieh auf die Monate Mai bis einschließlich Oktober,
von Schweinen auf die Zeit vom 1. Oktober bis 31. Januar,

beschränkt. In Niederwaldungen dürfen Schweine nicht eingetrieben werden.

§ 4. Die Ausübung der Waldweide ist nur von Sonnenaufgang bis Sonnenuntergang gestattet.

§ 5. Jeder Gemeinde- oder Genossenschafts-Nutzungsberechtigte ist verpflichtet, sein Vieh zur Bildung einer Heerde dem von der Gemeinde oder Genossenschaft anzunehmenden gemeinschaftlichen Hirten vorzutreiben, sofern ihm nicht das Einzelhüten vermöge besonderen Rechtstitels zusteht. Mit Genehmigung der Regierung können in Gemeinden mit besonders starkem Viehstande ausnahmsweise zwei oder mehr Heerden gebildet werden. In einer Rindviehheerde muß jedes Stück mit einer laut tönenden Glocke (Schelle, Klingel) versehen sein.

§ 6. Kinder, die das schulpflichtige Alter noch nicht überschritten haben, sowie Personen, welche wegen Forstdiebstahls, wegen Forst- und Jagdvergehen oder Forst- und Jagd-Uebertretungen wiederholt bestraft worden sind, dürfen als Hirten der Gemeinde- oder Genossenschaftsheerden nicht zugelassen werden.

§ 7. Die Benutzung von Hunden bei dem Hüten des Viehes ist nur in dem Falle gestattet, wenn das letztere in Heerden gehütet wird. Mehr als zwei Hunde dürfen bei einer Heerde nicht benutzt werden.

§ 8. Auf Hütungsplätzen, welche wegen ihres geringen Umfanges ein Uebertreten des Rindviehes auf die benachbarten Grundstücke befürchten lassen, muß dasselbe an feste Gegenstände angebunden oder gefesselt oder an Stricken, Ketten und dergl. geführt werden. Letzteres hat auch dann zu geschehen, wenn das Vieh auf nicht dauerhaft eingezäunten Wegen, deren Breite die Forstverwaltung in dieser Beziehung als ungenügend erklärt hat, zur Weide gebracht wird.

II. Nutzung von Walderzeugnissen.

A. Im Allgemeinen.

§ 9. Es ist verboten, in einem fremden Walde die angekauften oder auf Grund eines sonstigen Rechtstitels zu beanspruchenden Walderzeugnisse an anderen als den herkömmlichen, bezw. von der Forstverwaltung oder dem Waldeigenthümer besonders bestimmten Tagen und Tageszeiten, sowie an Sonn- und Feiertagen oder in der Zeit von Sonnenuntergang bis Sonnenaufgang zu gewinnen, zu bearbeiten oder fortzuschaffen.

§ 10. Soweit für Forstnebennutzungsgegenstände Verabfolgungszettel ausgestellt werden, darf die Abfuhr oder das sonstige Fortschaffen der Gegenstände nicht vor Aushändigung der Zettel an die mit der Empfangnahme derselben beauftragten Personen erfolgen, auch sind, soweit für besondere Forstnutzungen Legitimationsscheine gelöst werden müssen, die auf denselben oder anderweit vorgeschriebenen forstpolizeilichen Bestimmungen bei der jedesmaligen Ausübung der Nutzung genau zu beachten.

§ 11. Niemand darf angekaufte oder ihm überwiesene Forsterzeugnisse über die ihm zur Wegschaffung derselben festgesetzte Frist im Walde liegen lassen.

§ 12. Dienstbarkeits- oder Nutzungsberechtigte in Gemeinde-, Genossenschafts- oder Institutenwaldungen dürfen, sofern nicht besondere Rechtstitel Anderes gestatten, ohne Ermächtigung der Forstverwaltung weder Holz fällen noch irgend welche anderen Gegenstände im Walde werben oder an sich nehmen, bevor ihnen dieselben sowie die der Nutzung unterliegenden Waldorte von der Forstverwaltung angewiesen sind.

B. Nutzungen von Holz.

§ 13. Wer Weihnachtsbäume oder Schmuckreisig, insbesondere Maien in Ortschaften einbringt oder sonst verfährt, muß mit einer den rechtmäßigen Erwerb der Hölzer aussprechenden schriftlichen glaubhaften Bescheinigung der Polizeibehörde seines Wohnorts oder des Eigenthümers oder Aufsehers desjenigen Waldes, aus welchem diese Hölzer gebracht werden, versehen sein und diese Bescheinigung auf Erfordern der Forstbeamten, Gendarmen, Polizei- und Steuerbeamten vorzeigen.

§ 14. Raff- und Leseholz dürfen die Berechtigten nur an höchstens zwei Wochentagen, den auf den Schlägen zurückgelassenen Abraum einschließlich der Späne, das Stockholz und das Lagerholz nur an den jedesmal von der Forstverwaltung zu bestimmenden Tagen sammeln und wegbringen, unbeschadet etwaiger besonderer auf privatrechtlichem Titel beruhender Rechte. Nur bei der Gewinnung des Stockholzes ist das Mitbringen von Beilen, Hauen oder anderen Werkzeugen, jedoch mit Ausschluß der Säge gestattet, dagegen ist bei Ausübung der übrigen vorgenannten Nutzungen das Mitbringen irgend welcher Werkzeuge verboten.

Wagen oder bespannte Karren dürfen zur Fortschaffung des Raff- und Leseholzes, des Abraumes einschließlich der Späne, des Stockholzes und des Lagerholzes nur mit besonderer Erlaubniß der Forstverwaltung benutzt werden.

§ 15. Die Berechtigten dürfen andere als die zur Fällung bezeichneten Stämme weder selbst fällen noch von den dazu angestellten Holzhauern fällen lassen.

Auch dürfen sie bereits gefälltes Nutzholz im Walde eigenmächtig weder zersägen, noch aufspalten, noch in irgend einer anderen Weise zerkleinern, sofern ihnen solches nicht bereits als Loosholz überwiesen war.

§ 16. Wer Nadelhölzer von mehr als zehn Centimeter Durchmesser am stärkeren Ende innerhalb eines Jahres nach der Fällung in der Zeit vom 15. April bis 15. October in Waldungen oder in einer Entfernung von weniger als drei Kilometer von der nächsten Waldgrenze lagert oder liegen läßt, ist verpflichtet, diese Hölzer auf Verlangen des Landrathes oder der Ortspolizeibehörde oder, falls das Holz in Königlichen Waldungen liegt oder gelagert ist, des Königlichen Oberförsters in der von den genannten Behörden bezeichneten Ausdehnung und gestellten Frist zu entrinden, auch die hierbei entfallende Rinde zu verbrennen oder flach auszubreiten.

Bei säumiger oder nicht sorgfältiger und genügender Ausführung dieser Anordnungen haben die Eigenthümer der Hölzer neben der in § 31 dieser Verordnung angedrohten Strafe die Kosten der von den genannten Behörden veranlaßten Ausführung durch dritte Personen zu tragen.

C. Ausstockungen von Waldland.

§ 17. Ohne forstpolizeiliche Erlaubniß ist es verboten, mit Holz bestandenes Gemeinde-, Genossenschafts- oder Instituten-Waldland auszustocken oder unbestocktes Gemeinde-, Genossenschafts oder Instituten-Waldland oder zur Holzzucht bestimmtes Wildland urbar zu machen, zu schiffeln oder zu sonstigen landwirthschaftlichen Zwecken zu benutzen.

D. Nutzungen von Gras, Streu 2c.

§ 18. Die Nutzung des Grases, der Laub-, Nadel- und Moos-Streu, sowie der Haide, Farren, Besenpfriemen, Ginster und sonstigen Forstunkräuter ist den Dienstbarkeits- oder Nutzungsberechtigten unbeschadet etwaiger sonstiger auf privatrechtlichem Titel beruhender Rechte nur in den forstwirthschaftlich dazu aufgegebenen Orten und zwar die Nutzung des Grases an höchstenes drei Tagen in der Woche, die Nutzung der sämmtlichen vorgenannten Streuarten, sofern nicht eine Vertheilung der Streu nach Flächenloosen erfolgt, in welchem Falle die jedesmal von der Forstverwaltung zu bestimmenden Tage genau einzuhalten sind, an höchstens zwei Tagen in der Woche gestattet.

§ 19. Bei Ausübung der im § 16 aufgeführten Nutzungen sind die in den von der Forstverwaltung aufzustellenden Nebennutzungsplänen gegebenen besonderen Bestimmungen genau zu beachten.

§ 20. Insbesondere darf die Nutzung des Grases, sofern nicht das die Benutzung von Sichel, Messer oder ähnlichen kleinen Schneidewerkzeugen ausdrücklich erlaubt wird, nur mittelst Rupfens, die Gewinnung der Haide, Farren, Besenpfriemen, Ginster und sonstiger Forstunkräuter nur mittelst Ausziehens oder durch Abschneiden mit Messer oder Sichel geschehen. Der Gebrauch der Sense ist nur auf Blößen und zwar lediglich mit ausdrücklicher Genehmigung der Forstverwaltung gestattet, der Gebrauch der Hacke bei derartigen Nutzungen unbedingt verboten. Auch dürfen diese Nutzungen bei Anwendung von Schneidewerkzeugen nur in einer Entfernung von mindestens zwanzig Centimeter von den jungen Holzpflanzen stattfinden.

Das Einsammeln der Laub-, Nadel- und Moosstreu darf nur mittelst hölzerner Rechen, deren ebenfalls hölzerne Zinken mindestens sechs Centimeter von einander abstehen, stattfinden; Wagen oder bespannte Karren dürfen zur Wegschaffung des Grases oder der Streu nur mit besonderer Erlaubniß der Forstverwaltung benutzt werden.

Bei allen hier genannten Nutzungen darf die Bodennarbe nicht mit entfernt werden.

§ 21. Für die Entnahme von Steinen, Lehm, Sand, Kies, Thon, Kalk oder anderen Fossilien irgend welcher Art aus einem fremden Walde auf Grund einer Servitutberechtigung oder eines besonderen Rechtstitels gelten die im § 10 dieser Verordnung ertheilten Vorschriften ebenfalls, sofern die Gewinnung von Fossilien nicht auf Grund besonderer die näheren Bestimmungen darüber enthaltenden Verträge oder Urkunden erfolgt.

III. Die Anlage, der Betrieb, das Einfriedigen bezw. Zuwerfen von Steinbrüchen, Gruben 2c.

§ 22. Das unbefugte Anlegen von Steinbrüchen, Lehm-, Sand-, Kies-, Mergel-, Kalk- oder Thongruben, Bergwerkschachten und Schürflöchern, sowie die unerlaubte Erweiterung bestehender Brüche oder Gruben wird verboten.

Die durch erlaubtes Erzgraben, Schürfen u. s. w. entstandenen Löcher, Steinbrüche oder Gruben sind gemäß den Anordnungen der zuständigen Ortspolizeibehörde oder Forstverwaltung in bestimmter Frist wieder zuzuwerfen oder mit einer festen Einfriedigung zu versehen.

Im Uebrigen gelten die Bestimmungen der PV. über die Anlage und den Betrieb von Steinbrüchen und Gräbereien vom 29. November 1887 (Amtsbl. S. 408), auf welche hier ausdrücklich verwiesen wird.

IV. Wege.

§ 23. In Königlichen, in Gemeinde-, Genossenschafts-, Instituten- und in fremden Waldungen ist auf den mit fester Steindecke versehenen Forstwegen der Gebrauch von Klapperstöcken, Spannketten, Schleppreisern oder ähnlichen Anhängseln zum Hemmen der Wagen untersagt.

V. Brände, deren Verhütung und Löschung, sowie das Anzünden von Haiden, Moorflächen 2c.

§ 24. Während der Zeit vom 1. März bis Ende September ist das Rauchen aus Pfeifen ohne Deckel oder von Cigarren in Waldungen und auf Haiden außerhalb der öffentlichen Wege verboten.

Fuhrleute, welche Holzkohlen geladen haben, sind verpflichtet, innerhalb des Waldes am Wagen mindestens einen Eimer mitzuführen.

§ 25. Wer einen Waldbrand bemerkt, hat sofort, soweit es ohne erheblichen Nachtheil für ihn und Andere geschehen kann, der nächsten Ortspolizeibehörde oder dem nächsten Forstbeamten Anzeige zu machen, sofern nicht begründeter Anlaß für ihn zu der Annahme vorliegt, daß der Ausbruch des Waldbrandes bereits zur Anzeige gelangt ist.

§ 26. Jeder, der bei Waldbränden von der Polizeibehörde, dem Forstbesitzer oder Forstbeamten zur Hülfe aufgefordert wird, hat sofort — und zwar mit Spaten, Axt, Rodehacke, Rechen oder Schaufel versehen, sofern er ein solches Instrument erlaubter Weise erlangen kann, — zur Brandstätte zu eilen und den Weisungen des die Löscharbeiten Leitenden pünktlich Folge zu leisten.

§ 27. Es ist verboten Barmen, Schober oder Miethen von Getreide, Heu oder Stroh innerhalb der Waldungen und innerhalb einer Entfernung von 30 Meter von der nächsten Waldgrenze aufzustellen, sowie mit Holzkohle beladene Wagen innerhalb der Waldungen oder innerhalb einer Entfernung von 30 Meter von der nächsten Waldgrenze ohne Aufsicht zu belassen.

§ 28. Wer im Freien eigene Torfmoore, Haidekraut, Bulten oder ähnliche Gegenstände in Brand setzen oder Schiffelland brennen will, hat unter Angabe der getroffenen Vorsichtsmaßregeln bei der Ortspolizeibehörde oder dem Ortsvorstande, und wenn das Feueranzünden innerhalb eines Umkreises von einhundert Meter von der nächsten Waldgrenze stattfinden soll, auch dem betreffenden Forstschutzbeamten bezw. dem Waldeigenthümer spätestens zwei Tage vorher Anzeige zu machen und den darauf seitens der zuständigen Polizeibehörde etwa getroffenen Anordnungen oder Verboten Folge zu leisten.

§ 29. Wer eine Waldfläche brennen, liegende oder zusammengebrachte Bodendecken im Walde abbrennen (schiffeln) oder Rotthecken absengen will, hat mindestens zwei Tage vorher unter genauer Angabe der getroffenen Vorsichtsmaßregeln die schriftliche Genehmigung der Ortspolizeibehörde und des zuständigen Forstbeamten bezw. Waldeigenthümers, in Königlichen Waldungen des Königlichen Oberförsters nachzusuchen.

§ 30. Das Brennen muß unter gehöriger Aufsicht stattfinden und die Brandfläche mit einem Graben von mindestens siebenzig Centimeter Breite und vierzig Centimeter Tiefe oder einem mindestens drei Meter breiten Streifen, welche von allem Laube und brennbaren Stoffen befreit sind, umgeben werden, auch ist die gesengte Fläche nach dem Brennen noch eine von der Ortspolizeibehörde oder dem zuständigen Forstbeamten näher zu bestimmende Zeit hindurch sorgfältig zu überwachen.

VI. Strafbestimmungen.

§ 31. Zuwiderhandlungen gegen die §§ 1 bis 11, 14 bis 27 dieser Verordnung werden mit Geldstrafe bis zu dreißig Mark oder im Unvermögensfalle mit Haft bis zu 14 Tagen bestraft, sofern nicht hinsichtlich der Uebertretungen

1. der §§ 1 bis 8 die Strafbestimmungen der §§ 10 bis 12, 14, 15 und 40 F. u. FPG. oder des § 368 No. 9 StGB. oder des § 9 des Gesetzes über gemeinschaftliche Holzungen vom 14. März 1881 (G.-S. S. 261),
2. der §§ 9 bis 11, 14 bis 21 die Strafbestimmungen der §§ 40 und 41 F. u. FPG. oder des § 9 des Gesetzes über gemeinschaftliche Holzungen,
3. des § 22 die Strafbestimmungen des § 29 F. u. FPG. oder des § 367 No. 12 StGB.
4. des § 23 die Strafbestimmungen des § 30, No. 1 und 2 F. u. FPG. oder des § 305 StGB.
5. der §§ 24 bis 26 die Strafbestimmungen des § 44 F. u FPG. oder des § 360, No. 10 StGB.

zur Anwendung kommen.

§ 32. Bei Zuwiderhandlungen gegen § 12 dieser Verordnung verfällt jeder der dabei betheiligten Dienstbarkeits- oder Nutzungsberechtigten in eine Strafe, welche dem dreifachen Betrage des Taxwerthes der von ihm unbefugter Weise geworbenen Gegenstände gleichkommt. Falls die so berechnete Strafe weniger als eine Mark beträgt, ist dieselbe auf mindestens diesen Betrag zu erhöhen, sie darf andererseits aber den Betrag von dreißig Mark nicht übersteigen. An Stelle der Geldstrafe tritt im Unvermögensfalle Haft bis zu vierzehn Tagen.

§ 33. Zuwiderhandlungen gegen den § 13 dieser Verordnung werden nach § 43 F u. FPG. bestraft.

§ 34. Zuwiderhandlungen gegen den § 28 dieser Verordnung werden, sofern nicht Bestrafung nach § 308 StGB. eintritt, nach § 32 F. u. FPG. mit Geldstrafe bis zu einhundertundfünfzig Mark oder mit Haft bestraft.

§ 35. Zuwiderhandlungen gegen die § 29 und 30 dieser Verordnung werden nach § 46 F. u. FPG. mit Geldstrafe von zehn bis einhundertundfünfzig Mark oder mit Haft bestraft.

VII. Schlußbestimmungen.

§ 36. Vorstehende FPV. tritt mit dem 1. Juni d. Js. in Kraft. Mit diesem Zeitpunkte treten alle derselben entgegenstehenden, noch gültigen Bestimmungen älterer PV. außer Kraft, insbesondere:

1. Das Publicandum der Regierung zu Trier vom 14. September 1822, betr. das Laubholen Seitens der vormals Nassau-Saarbrück'schen Gemeinden aus den Domainenforsten (Amtsbl. S. 370.)
2. Die PV. der Königl. Regierung zu Trier vom 15. Juli 1818, betr. das Brennen von Schiffelland (Amtsbl. S. 329).
3. Die allgemeinen Bestimmungen derselben Behörde über die Ausübung der Weide rc. in den Gemeinde- und Instituten-Waldungen vom 20. November 1828 (Amtsbl. S. 359.).
4. § 41 und 42 der Feuer-Ordnung für den Regierungs-Bezirk Trier vom 2. Juni 1837 (Amtsbl. S. 311), soweit dieselben sich auf Waldungen beziehen.
5. Die PV. der Königl. Regierung zu Trier vom 23. Dezember 1838, betr. die Ausübung des Laubsammelns in den Königlichen und Gemeindewaldungen (Amtsbl. 1839, S. 7).
6. Die FPV. für den Regierungsbezirk Trier vom 13. Dezember 1850 (Amtsbl. 1851, Beilage zu No. 2).
7. § 8 und 9 der PV. derselben Behörde vom 11. Mai 1882, die Regelung der Feldweide betr., soweit dieselben auf die Gehöferschafts-Waldungen sich beziehen.

5. Regierungsbezirk Aachen.

Polizeiverordnung der Königl. Regierung vom 18. Juli 1883.

(Extra-Beilage zum Amtsbl. Nr. 32.)

Auf Grund der §§ 6, 11 und 12 PVG 50, sowie der §§ 11, 13, 32, 34, 40, 41, 43, 46 und 94 F. u. PVG. wird für den Umfang des hiesigen Regierungs-Bezirks nachstehende PV. hiermit erlassen.

Nachtweide.

§ 1. Grundstücke, welche nicht auf allen Seiten so eingeschlossen sind, daß dadurch das Austreten des Viehes verhindert wird, dürfen nur während der Tageszeit zur Viehweide benutzt werden.

Es ist jedoch gestattet, im hohen Venn auf nicht eingeschlossenen Grundstücken auch außerhalb der Hürden oder anderer eingeschlossener Räume, das Vieh über Nacht auf der Weide zu belassen, wenn sicher dafür Vorsorge getroffen ist, daß es keine Beschädigungen anrichtet und über das Weidegrundstück nicht hinaustritt.

§ 2. Verbleibt das Vieh über Nacht im Freien in Hürden oder anderen geschlossenen Räumen, so darf es nicht vor Sonnen-Aufgang auf die Weide gebracht werden und muß bei Sonnen-Untergang wieder eingetrieben sein.

§ 3. Verbleibt das Vieh nicht über Nacht im Freien in Hürden oder anderen geschlossenen Räumen, so muß dasselbe, abgesehen vom § 1 Absatz 2, spätestens eine Stunde nach Sonnen-Untergang zu Stalle gebracht sein und darf nicht früher als eine Stunde vor Sonnen-Aufgang wieder ausgetrieben werden.

Bei großer Tageshitze kann jedoch eine durch das landwirthschaftliche Bedürfniß bedingte Verspätung des Eintreibens für einzelne Tage ausnahmsweise vom Gemeinde-Vorsteher gestattet werden.

Einzelhuten.

§ 4. Das Einzelhüten d. h. das nicht heerdenweise Hüten des Viehs auf nicht vollständig eingeschlossenen Grundstücken (§ 1) ist, wo und insoweit dasselbe nicht schon seither hergebracht und rechtlich zulässig gewesen, verboten.

§ 5*). Insoweit das Einzelhüten des Viehs auf nicht vollständig eingeschlossenen Grundstücken gestattet ist, hat der Viehbesitzer, welcher einzeln hütet oder hüten läßt, in Sicherung und Beaufsichtigung seines Viehs diejenigen Vorkehrungen zu treffen, welche zur Vermeidung von Beschädigungen dritter erforderlich sind. Insbesondere

1. muß das Vieh, welches zur Einzelhut aufgetrieben wird, von und zur Weide am Leitseile oder gekoppelt geführt werden. Ungekoppelt dürfen am Seile nicht mehr als zwei Stück Rindvieh von einem Hüter geführt werden.
2. Es muß das Vieh, sofern die zu beweidenden Grundstücke im Zusammenhange nicht mindestens ein Hektar groß sind, auf der Weide angepflöckt, oder gekoppelt, oder vom Hüter am Seile gehalten werden.
3. Es dürfen Kinder unter zwölf Jahren zum Einzelhüten des Viehs nicht verwendet werden. In den Kreisen Malmedy, Montjoie und Schleiden jedoch verbleibt es bis auf Weiteres bei den zur Zeit bestehenden Bestimmungen. (vergl. Regierungs-Verfügung vom 28. Februar 1880 Nr. I 3386).

Koppel- und Stoppel-Weide.

§ 6. In den Gemeinden, wo Koppel- oder Stoppelweide der Felder besteht, dürfen die Heerden nicht eher auf die Felder ge-

---

*) Die Nr. 1 und 2 des § 5 sind:
für den Kreis Montjoie laut PV. vom 11. Dezember 1883
für den Kreis Malmedy laut PV. vom 16. Januar 1884
für die Bürgermeistereien Cornelimünster, Walheim und Brand laut PV. vom 28. April 1885
für den Kreis Schleiden laut PV. vom 4. Februar 1890
außer Kraft gesetzt.

trieben werden, als zwei Tage nach gänzlich vollendeter Ernte. Die Ortspolizeibehörde kann diesen Zeitpunkt in jedem Jahre besonders festsetzen.

In den Gemeinden dagegen, wo die natürlichen Wiesen der Koppelweide oder Stoppelweide unterworfen sind, wird die Zeit, während welcher das Auftreiben des Viehs auf die Wiesen gestattet ist, jedes Mal von der Ortspolizeibehörde bestimmt. Außerhalb dieser Zeit ist die Ausübung der Koppel- und Stoppel-Weide auf natürlichen Wiesen untersagt.

Waldweide und Mast.

§ 7. Die Waldweide und die Mast darf, insoweit nicht spezielle Rechtstitel etwas Anderes ausdrücklich gestatten, von den Berechtigten nur in denjenigen Districten ausgeübt werden, welche von der Forstverwaltung nach forstwirthschaftlichen Grundsätzen für weidbar, bezw. offen erklärt sind.

Ziegen und Wollvieh dürfen auch in die für weidbar und offen erklärten Walddistrikte nicht eingetrieben werden.

In Rindviehheerden, welche zur Waldweide geführt werden, muß jedes Stück Vieh mit einer laut läutenden Glocke versehen sein.

Beschränkung der Weideberechtigung.

§ 8. Es ist zu allen Zeiten verboten, in Ausübung einer Weideberechtigung Vieh in künstlich angelegte oder umgebaute Wiesen, Weinberge, Weidenheger, Maulbeerpflanzungen, Saatkämpe-Schonungen, Baumschulen und andere mit jungen Bäumen bepflanzte Grundstücke, oder in andere mit Frucht bestandene und von Menschen angepflanzte Güter zu treiben, sofern nicht spezielle Rechtstitel ausdrücklich etwas Anderes gestatten.

§ 9. Eigenthümer, Nutzungsberechtigte oder Pächter sind durch Stoppel- und bezw. Koppelweideberechtigungen nicht behindert, ihre bezw. die von ihnen benutzten Grundstücke einzuschließen.

Auf Grundstücken, welche der Eigenthümer, Nutzungsberechtigte oder Pächter durch eine das Eindringen des Viehs verhindernde Einfriedigung vollständig eingeschlossen hat, ist die Ausübung der Stoppel- und ebenso der Koppelweide untersagt.

Das Grundstück wird als eingeschlossen betrachtet, wenn es außer dem völlig sicher absperrenden Zugange entweder in der Höhe von 1,25 Meter mit einer Mauer oder mit Pallisaden oder mit Gitterwerk oder mit einer lebenden Hecke oder mit einem Zaune von Pfählen, Baumzweigen oder einem andern an dem Orte gebräuchlichen Materiale ringsherum dicht eingefaßt oder mit einem Graben von wenigstens 1,25 Meter Breite und 0,60 Meter Tiefe ganz umgeben ist.

Ausübung der gemeinschaftlichen Weide.

§ 10. Wenn einer Gemeinde oder mehreren Mitgliedern einer Gemeinde als solchen oder einer Genossenschaft das Recht der Hütung zusteht, so ist jeder Theilnehmer verpflichtet, sein Vieh dem anzunehmenden gemeinschaftlichen Hirten zur Bildung einer einzigen Heerde vorzutreiben, sofern ihm nicht das Einzelhüten vermöge besonderen Rechtstitels zusteht.

Der anzunehmende gemeinschaftliche Hirt muß unbescholten, für seinen Dienst geeignet und von der Ortspolizeibehörde bestätigt sein.

§ 11. In den Ortschaften, wo die Koppel- oder Stoppel-Weide Statt hat und eine Ziegenheerde nicht gehalten wird, darf derjenige, welcher Ziegen hält, diese nur in Einzelhut nach Maßgabe des § 5 zur und von der Weide führen und dort weiden lassen.

Strafbestimmung.

§ 12. Zuwiderhandlungen gegen die §§ 1 bis 11 einschließlich werden, insoweit nicht § 368 Nr. 9 des StGB. Platz greift, oder die §§ 11 und 12 oder 14 und 15 F. u. FPG. Anwendung finden, mit Geldbuße bis zu dreißig Mark oder entsprechender Haft bestraft.

Sicherungsvorschriften gegen Steinbrüche 2c.

§ 13. Steinbrüche, Lehm-, Sand-, Kies-, Mergel-, Kalk- oder Thon-Gruben, Bergwerksschachte, Schürflöcher oder die durch Stockroden entstandenen Löcher sind von demjenigen, der sie für sich angelegt bezw. gemacht hat oder sie für sich hat anlegen bezw. machen lassen, sofort dauerhaft einzufriedigen oder gehörig zuzuwerfen bezw. einfriedigen oder zuwerfen zu lassen, und sind hierbei die etwaigen Anordnungen der zuständigen Polizei- bezw. Forstbeamten zu befolgen. Ebenso muß derjenige, welcher Oeffnungen in Eisflächen gemacht hat, solche sofort vor deren Verlassen durch deutliche Zeichen zur Warnung vor Annäherung verwahren.

Straf-Bestimmung.

§ 14. Zuwiderhandlungen gegen den § 13 sind, abgesehen von den Fällen des § 367 Nr. 12 StGB. nach § 29 F. u. FPB. mit Geldstrafe bis zu einhundertfünfzig Mark oder mit Haft strafbar.

Spurhalten und Anwendung von Hemmvorrichtungen.

§ 15. Auf den mit Steinschlag oder Bekiesung ausgebauten Forstwegen ist

1. das Spurhalten, sowie
2. die Anwendung von Klapperstöcken, Spannketten, Schleppreisern oder anderen Anhängseln untersagt.

Strafbestimmungen.

§ 16. Zuwiderhandlungen gegen den § 15 sind, abgesehen von den Fällen des § 305 StGB. und § 30 Nr. 1 F. und FPG. mit Geldstrafe bis zu dreißig Mark oder mit entsprechender Haft strafbar. (Im Uebrigen gelten bezüglich der Chausseen, Kunststraßen und Gemeindewege: Allerhöchste Verordnung vom 17. März 1839, betr. den Verkehr auf den Kunststraßen, §§ 12 und 17; Allerhöchste Cabinetsordre vom 29. Februar 1840, betr. den Tarif zur Erhebung des Chausseegeldes auf den Staatschausseen und die Handhabung der Polizei auf denselben, Nr. 9, 10 und 17 der zusätzlichen Vorschriften: Verordnung des Oberpräsidenten der Rheinprovinz vom 22. November 1843, betr. den Gebrauch der Hemmstangen bei Lastfuhrwerken auf Kunststraßen Nr. 1 und 2, sowie Bezirks-PB. vom 23. Januar 1856 in Betreff der Gemeindewege im Regierungsbezirk Aachen Nr. 5 und 14.)

Brennen von Torfmooren 2c. im Freien.

§ 17. Wer eigene Torfmoore, Heidekraut oder Bülten im Freien in Brand setzen oder im Freien Schiffelland brennen will, hat unter genauer Angabe des Orts, der Zeit, der Zeitdauer und der getroffenen Vorsichtsmaßregeln der Ortspolizeibehörde oder dem Ortsvorstande davon spätestens am Tage vorher Anzeige zu machen. Bei einer Entfernung von weniger als einhundert Meter von der nächsten Waldgrenze ist außerdem dem betreffenden Forstschutzbeamten oder, falls ein solcher nicht bestellt ist, dem betreffenden Waldeigenthümer innerhalb der gleichen Frist die gleiche Anzeige zu machen. (Wegen des Anzündens von Feuer im Walde oder in der Nähe des Waldes, sowie des Brennens einer Waldfläche oder von Bodendecken im Walde vergl. auch § 44 Nr. 3 und § 46 F. und FPG. sowie § 48 und 49 dieser PV.)

Strafbestimmung.

§ 18. Zuwiderhandlungen gegen § 17 sind, abgesehen von den Fällen des § 308 StGB. bezüglich des Brennens von Schiffelland mit Geldstrafe bis zu dreißig Mark oder entsprechender Haft und im Uebrigen nach § 32 F. u. FPG. mit Geldstrafe bis zu einhundertundfünfzig Mark oder mit Haft strafbar.

Schutz nützlicher Vögel.*)

§ 19. Das Ausnehmen der Eier oder der Brut, das Zerstören der Nester, sowie das Einfangen der nachbenannten Vogelarten:

Alle Ammerarten, alle Arten von Bachstelzen (Ackermännchen), Baumläufer, Blaukehlchen, Braunkehlchen (Rothkehlchen), Buchfink (Edelfink), Blutfink (Dompfaff), Bussard (Mäusebussard, Mäusefalk), Distelfink (Stieglitz), alle Drosselarten (Schwarzdrossel, Singdrossel oder Zippe, Misteldrossel, Krammetsvogel 2c.), Dohle, alle Eulenarten mit Ausschluß des Uhu, Flachsfink (Leinfink, Stockfink), Fliegenschnäpper,

*) Vgl. Reichsges. vom 22. März 1888, betr. den Schutz von Vögeln (RGBl. S. 111).

Goldhähnchen, Grasmücke, Hänfling (Bluthänfling), Kleiber (Spechtmeise), Kuckuck, alle Lerchenarten, alle Meisenarten, Nachtigall, Pieper, Pirol (Goldamsel), Regenpfeifer, Rothschwänzchen, alle Schwalbenarten, Schwarzköpfchen (Plattmönch), alle Spechtarten, Sprosser, Staar (Spree), Steinschmätzer, Tagschlaf (Nachtschwalbe, Ziegenmelker), Wendehals, Wiedehopf, Wiesenschmätzer, Zaunkönig (Zaunschlüpfer) und Zeisig (Erlenfink)

ist verboten.

Eine Ausnahme findet für die Besitzer und Bewohner von Gebäuden insoweit statt, daß sie Nester in, an oder auf den Gebäuden nicht zu dulden brauchen.

Auch ist der Landrath ermächtigt, Ausnahmen von dem vorstehenden Verbote im Interesse der Naturforschung und in Fällen, in denen einzelne Arten der geschützten Vögel nachweislich erheblichen Schaden anrichten, für einen bestimmten Ort mittelst spezieller Erlaubnißscheine zu gestatten. Die Erlaubnißscheine dürfen nur für eine ganz bestimmte Person und nur für eine bestimmte kurz zu bemessende Zeitdauer ausgestellt werden.

§ 20. Jede Veranstaltung zum Fange der geschützten Vögel unter Anwendung künstlicher Mittel, als Schlingen, Dohnen, Sprenkel, Käfige, Fallen, Netze, Leimruthen, Lockvögel und dergl. ist verboten.

§ 21. Das Fangen und Erlegen des jagdbaren Federwildes bleibt, insoweit solches nach dem Gesetze vom 26. Februar 1870, betreffend die Schonzeiten des Wildes zulässig ist, in Gemäßheit des JPG. vom 7. März 1850 den Jagdberechtigten auch fernerhin erlaubt. Insbesondere bleibt denselben der Krammetsvogelfang in der bisher üblichen Weise bis auf Weiteres gestattet; jedoch darf dieser mit Schlingen (Dohnen), Netzen oder auf dem Vogelherde nur in den Monaten October und November jeden Jahres ausgeübt werden.

§ 22. Der gewerbsmäßige Handel, sowie das Feilhalten der im § 19 genannten Vogelarten in lebendem oder todtem Zustande auf Wochenmärkten oder überhaupt an öffentlichen Orten oder in

Ladenlokalen oder beim Hausirhandel ist, abgesehen vom Handel mit Krammetsvögeln, in der Zeit vom 1. October bis 5. Dezember einschließlich verboten.

§ 23. Desgleichen ist untersagt, von den geschützten Vogelarten geblendete Vögel zu kaufen, zu verkaufen, zu vertauschen oder in irgend einer Weise Handel mit denselben zu treiben oder sie überhaupt zu halten, sie zu besitzen oder sie zum Transporte zu übernehmen.

§ 24. Wer eine Nachtigall in einem Käfige hält, oder eine auswärts eingefangene halten will, ist verpflichtet, der Ortspolizeibehörde binnen 8 Tagen davon Anzeige zu machen.

Die vorgeschriebene Anzeige muß alljährlich in den ersten acht Tagen des Monats Januar erneuert werden, so lange die Nachtigall gehalten wird.

(Wegen der alljährlich zu zahlenden Abgabe von fünf Thalern (gleich fünfzehn Mark) vergleiche die Verordnung des Ministers des Innern und der Polizei vom 24. Dezember 1841.)

Schutz der Ameisen.

§ 25. In Waldungen ist das Sammeln von Ameisen und Ameiseneiern (Ameisenpuppen) ohne schriftliche Erlaubniß des zuständigen Forstbeamten oder, falls ein solcher nicht bestellt ist, des betreffenden Waldeigenthümers, sowie das muthwillige Zerstören oder Zerstreuen von Ameisenhaufen verboten.

Vertilgung schädlicher Thiere.

§ 26. Alle Eigenthümer, Pächter oder Nutznießer, welche entweder ihr eigenes oder bezw. fremdes Eigenthum benutzen, sind verpflichtet, die darauf befindlichen Bäume, Hecken, Stauden, Pflanzen, soweit sie nicht auf Waldgrund stocken, alljährlich bis zum 15. März einschließlich abzuraupen oder abraupen zu lassen.

Die von den Bäumen, Hecken 2c. herabgenommenen Raupen, Raupennester und Gewebe sind sogleich zu verbrennen und zwar an einem Orte, wo dadurch weder für Waldungen, Bäume, Moore oder Heiden, noch für Häuser oder sonstige Gebäulichkeiten Gefahr entstehen kann.

§ 27. Die bestehenden Gesetze und Verordnungen über den Kolorado- oder Kartoffelkäfer und über die Reblaus werden durch diese PV. nicht berührt.

Vertilgung schädlicher Pflanzen.

§ 28. Alle Eigenthümer, Pächter und Nutznießer sind verpflichtet, zur Vertilgung der Wucherblume (chrysanthemum segetum) des Hederich (raphanus raphanistrum) sowie der Klee- und Flachsseide (cuscuta europaea und epilinum) wenn und insoweit es von der Ortspolizeibehörde angeordnet wird, die von ihnen landwirthschaftlich benutzten Grundstücke nach den benannten Unkräutern abzusuchen, die inficirten Flächen, bevor die Unkräuter zur Blüthe gelangen, tief umzuhacken, oder tief umzupflügen, oder zu jäten und die vorgefundenen Unkräuter mit den Wurzeln herauszunehmen und sogleich auf den Grundstücken zu verbrennen bezw. zu vernichten.

§ 29. Alle Eigenthümer, Pächter oder Nutznießer sind verpflichtet, die auf den von ihnen genutzten Obstbäumen und, insoweit es von der Ortspolizeibehörde angeordnet wird, auch die auf anderen von ihnen benutzten Bäumen wachsenden Misteln (viscum album) spätestens bis zum letzten Februar einschließlich jeden Jahres zu beseitigen.

§ 30. Der Berberitzenstrauch darf in einer Entfernung von weniger als einhundert Meter von Ackergrundstücken nicht angepflanzt und muß da, wo er innerhalb dieser Entfernung von Ackergrundstücken vorkommt, nach Anordnung der Polizeibehörde ausgerottet werden.

Strafbestimmung.

§ 31. Zuwiderhandlungen gegen die §§ 19 bis 26 einschließlich und 28 bis 30 einschließlich werden, soweit nicht § 368 Nr. 2 und Nr. 11 StGB. oder § 33 F. u. FPG. Platz greifen, nach § 34 F. u. FPG. mit Geldstrafe bis zu einhundertfünfzig Mark oder mit Haft bestraft. jedoch bleiben die Berechtigten, welche in Ausübung des Krammetsvogelfangs während der Monate October und November (§ 21) außer den eigentlichen Krammetsvögeln auch andere nach § 19 geschützte Vögel unbeabsichtigt mitfangen, straflos.

Nach Ablauf der bestimmten Fristen sollen die nach § 26, 28, 29 und 30 etwa auszuführenden und nicht oder nicht gehörig ausgeführten Arbeiten auf Kosten der Säumigen polizeilich ausgeführt werden.

Bearbeitung von Holz auf Forstgrundstücken.

§ 32. Holz darf nicht eigenmächtig auf Forstgrundstücken bearbeitet, beschlagen oder bewaldrechtet, insbesondere auch nicht zersägt oder in anderer Weise zerkleinert werden.

Strafbestimmung.

§ 33. Zuwiderhandlungen sind nach § 36, Nr. 2 F. u. FPG. mit Geldstrafe bis zu fünfzig Mark oder mit Haft bis zu vierzehn Tagen strafbar.

Gewinnung und Fortschaffung von Holz und anderen Waldprodukten, welche erworben oder in bestimmten Maßen zu beziehen sind.

§ 34. Holz und andere Waldprodukte, welche erworben oder in bestimmten Maßen zu beziehen sind, dürfen aus einem fremden Walde ohne Genehmigung des Grundeigenthümers bezw. in fiskalischen Forsten des Königlichen Oberförsters vor Rückgabe des etwa ertheilten Verabfolgezettels oder an anderen als den vertragsmäßig festgesetzten und in Ermangelung einer solchen Bestimmung an den von der Forstbehörde oder dem Waldeigenthümer bei der Ueberweisung bestimmten Tagen nicht zu Gute gemacht (gewonnen) oder gesammelt und müssen spätestens innerhalb der vertragsmäßig bestimmten bezw. der von der Forstbehörde oder dem Waldbesitzer bei der Ueberweisung festgesetzten Frist zu Gut gemacht oder gesammelt und an die angewiesenen Abfuhrwege oder Lagerplätze bezw. aus dem Walde auf den bestimmten Wegen fortgeschafft werden.

Es dürfen dieselben jedoch nicht an Sonn- und Festtagen oder in der Zeit von Sonnenuntergang bis Sonnenaufgang zu Gute gemacht, gesammelt, verladen oder fortgeschafft werden.

Strafbestimmung.

§ 35. Zuwiderhandlungen gegen § 34 sind bezüglich der rücksichtlich des Fortschaffens von Holz getroffenen Bestimmungen nach § 38 F. u. FPG. mit Geldstrafe bis zu fünfzig Mark und in den übrigen Fällen mit Geldstrafe bis zu dreißig Mark oder entsprechender Haft strafbar. Die Verfolgung tritt nur auf Antrag ein.

Ausübung von Dienstbarkeits- oder Nutzungsberechtigungen auf Forstgrundstücken.

§ 36. Bei Ausübung von Dienstbarkeits- oder Nutzungsberechtigungen auf Forstgrundstücken sind, sofern nicht durch besondere Rechtstitel ein anderes festgesetzt ist, nachstehende Bestimmungen zu beachten:

1. Die Berechtigten dürfen die Gegenstände, zu deren Bezuge sie berechtigt, nicht zugutemachen (gewinnen) oder an sich nehmen, bevor die Nutzungsgegenstände oder die Districte, in denen dieselben zu gewinnen, von der Forstbehörde bezw. dem Waldeigenthümer angewiesen sind
2. Holz und sonstige Waldprodukte dürfen von den Berechtigten nur an den vertragsmäßig festgesetzten und in Ermangelung einer solchen Bestimmung nur an den von der Forstbehörde oder dem Waldbesitzer bei der Ueberweisung bestimmten Tagen zugutegemacht oder gesammelt und müssen spätestens innerhalb der vertragsmäßig bestimmten, bezw. der von der Forstbehörde oder dem Waldbesitzer bei der Ueberweisung festgesetzten Frist zugutegemacht oder gesammelt und an die angewiesenen Abfuhrwege oder Lagerplätze, bezw. auf den bebestimmten Wegen aus dem Walde fortgeschafft werden. Es dürfen dieselben jedoch nicht an Sonn- und Festtagen oder in der Zeit von Sonnenuntergang bis Sonnenaufgang zugutegemacht, gesammelt, verladen oder fortgeschafft werden.

   Sofern für die Abgabe von Holz oder anderen Waldprodukten Verabfolgezettel ertheilt worden sind, müssen dieselben vor dem Fortschaffen der Nutzungsgegenstände aus dem Walde dem betreffenden Forstbeamten oder bezw. dem Waldeigenthümer ausgehändigt werden, es sei denn, daß vertragsmäßig etwas Anderes festgestellt ist.

3. Andere als die mit dem Waldhammer oder dem Risser oder auf sonstige ortsübliche Weise zur Fällung bezeichneten Bäume oder Stangen, oder aber solche Bäume und Stangen, welche zum Stehenbleiben mit dem Waldhammer oder dem Risser oder auf sonstige ortsübliche Weise bezeichnet sind, dürfen von den Berechtigten oder den eingestellten Holzhauern nicht gefällt werden.

4. Bei der Zugutemachung (Gewinnung) des Raff- und Leseholzes (Sprockholzes), sowie bei der Entnahme des auf den abgehauenen Schlägen zurückgelassenen Abraums dürfen Hau- oder Schneide-Instrumente, Haken oder überhaugt solche Werkzeuge, durch welche stehende Bäume oder Aeste heruntergebracht werden können, nicht gebraucht und nicht mitgebracht werden.

5. Beim Streurechen oder Abmähen oder Absicheln von Gras, Heide, Kräutern oder dergl. darf die Bodennarbe nicht verletzt werden. Anch darf in Ermangelung besonderer Bestimmung die Nutzung höchstens bis auf eine Entfernung von 30 cm von den jungen Holzpflanzen ausgedehnt werden.

6. Beim Einsammeln von dürrem Streulaube oder von Nadeln ist ohne besondere Erlaubniß nur der Gebrauch hölzerner unbeschlagener Rechen, deren Zinken (Zähne) ebenfalls nur aus Holz sein dürfen und mindestens 7 cm von einander abstehen müssen, gestattet. Heide, Heidelbeerkraut und dergleichen Streuwerk darf nur mit Sensen, Sicheln oder Heidehippen abgemacht werden.

7. Die Ausübung der Streunutzung jeder Art kann, insoweit nicht besondere Rechtstitel ein Anderes ausdrücklich gestatten, abgesehen vom hohen Venn, von der Forstbehörde oder bezw. dem Waldbesitzer bis auf zwei Tage in der Woche beschränkt werden.

Bezüglich der einzelnen Wochentage bleibt es bei dem bestehenden Herkommen oder den speziell getroffenen Bestimmungen.

8. Bei Einsammeln von Mastfrüchten ist das Anklopfen der Bäume und Aeste insoweit solches nicht ausdrücklich gestattet wird, untersagt.

Werden die Mastfrüchte durch Zusammenkehren gewonnen, so muß das dabei zusammengekehrte Laub ꝛc. wieder gleichmäßig ausgebreitet werden.

Roden und Schiffeln von Waldland.

§ 37. Den Gemeinde- und Instituts-Nutzungsberechtigten ist untersagt, mit Holz bestandenes Gemeinde- oder Instituts-Waldland ohne polizeiliche Erlaubniß auszustocken oder unbestocktes Gemeinde- oder Instituts-Waldland (Walddriesch) ohne polizeiliche Erlaubniß zu schiffeln oder überhaupt zu nicht forstwirthschaftlichen Zwecken zu benutzen.

Ausführung von Arbeiten Seitens der Gemeindemitglieder im Gemeindewalde.

§ 38. Jedes Gemeindemitglied, welches in den Gemeindewaldungen die ihm obliegenden Arbeiten (Fällung, Pflanzung pp.) nicht vorschriftsmäßig oder nicht rechtzeitig oder mit andern als den vorgeschriebenen Werkzeugen verrichtet, ist strafbar.

Strafbestimmung.

§ 39. Zuwiderhandlungen gegen die §§ 36, 37 und 38 sind, sofern nicht nach dem StGB. oder FDG. eine härtere Strafe verwirkt ist, nach § 40 F. u. FPG. mit Geldstrafe bis zu einhundert Mark oder mit Haft bis zu vier Wochen strafbar.

Auch können in den nach § 40 Nr. 1 F. u. FPG. zu bestrafenden Fällen neben der Geldstrafe oder Haft die Werbungswerkzeuge eingezogen werden ohne Unterschied, ob sie den Schuldigen gehören oder nicht. Die Verfolgung tritt nur auf Antrag ein.

Transport und Verkauf von Reifstäben pp.

§ 40. Wer Reifstäbe (Bandstöcke, Schanzenbänder) jeder Holzart, Korbruthen, Faschinen, Weihnachtsbäume, geringe Nadelholzstangen (von Blumenstockstärke bis zur Stärke von Bohnenstangen einschließlich), Nadelholz- oder Laubholz-Pflanzen, birkene Reiser, Zierreisig, Erbsreisig oder Baumrinde transportirt oder auf Märkten feilhält, muß eine den Ursprung, die Quantität und den Erwerb der transportirten oder feilgehaltenen Gegenstände nachweisende Bescheinigung der Polizeibehörde seines Wohnorts oder des betreffenden Forstbeamten bezw. falls ein solcher nicht bestellt ist, des Besitzers des Waldes, aus welchem die Gegenstände stammen, bei sich führen und jedem Polizeibeamten bezw. jedem Forst- und Königlichen Steuerbeamten auf Befragen vorzeigen.

Die Bescheinigung hat nur Gültigkeit für die darin angegebene Gültigkeitsdauer und, falls eine solche nicht angegeben ist, für 2 Wochen nach dem Tage der Ausstellung.

Strafbestimmung.

§ 41. Zuwiderhandlungen gegen § 40 sind nach § 43 F. u. FPG. mit Geldstrafe bis zu 50 Mark oder mit Haft bis zu vierzehn Tagen und in den Fällen, in welchen dieses Gesetz nicht Platz greift, mit Geldstrafe bis zu dreißig Mark oder entsprechender Haft strafbar.

Das Holz bezw. die Reiser sind in den Fällen des § 43 des genannten F. u. FPG. einzuziehen, wenn nicht der rechtmäßige Erwerb derselben nachgewiesen werden kann.

Rauchen im Walde.

§ 42. In der Zeit vom 1. März bis 30. September einschließlich ist das Rauchen aus Pfeifen ohne Deckel und das Rauchen von Cigarren im Walde außerhalb der öffentlichen, mit Seitengräben versehenen Fahrwege verboten.

Strafbestimmung.

§ 43. Zuwiderhandlungen gegen § 42 werden abgesehen von den Fällen des § 41 Nr. 1 und 2 F. u. FPG. mit Geldbuße bis zu dreißig Mark oder entsprechender Haft bestraft.

Waldbrand.

§ 44. Wer einen Waldbrand zuerst wahrnimmt, ist soweit es ohne erheblichen Nachtheil für ihn selbst oder Andere geschehen kann, verpflichtet, unverzüglich der nächsten Ortspolizeibehörde oder dem nächsten Forstbeamten davon Anzeige zu machen.

§ 45. Die Bürgermeister und Ortsvorsteher oder deren Stellvertreter sind verpflichtet, wenn sie vom Ausbruche eines Waldbrandes Kunde erhalten, sofort das Erforderliche zur Löschung des Brandes anzuordnen und die betreffenden Forstschutzbeamten und Oberförster durch Boten zu benachrichtigen.

§ 46. Bei Waldbränden hat sich jeder nach § 44 Nr. 4 F. u. FPG. zur Hülfeleistung Verpflichtete, bevor er zur Brandstätte eilt, schleunigst mit seinem Spaten, seiner Axt, seiner Schaufel oder seiner Rodehacke zu versehen, sofern sich ein solches Werkzeug in seinem Gewahrsam befindet oder sofort von ihm erlangt werden kann.

Auch hat jeder, der bei Waldbränden Hülfe leistet, den Weisungen des die Feuerlöscharbeiten leitenden Beamten und bezw. dessen Stellvertreters, Bevollmächtigten und Gehülfen Folge zu leisten.

Strafbestimmung.

§ 47. Zuwiderhandlungen gegen die §§ 44 und 46 werden mit Geldstrafe von drei bis dreißig Mark oder mit entsprechender Haft bestraft.

Brennen einer Waldfläche oder einer Bodendecke im Walde.

§ 48. Wer eine Waldfläche brennen oder liegende oder zusammengebrachte Bodendecken im Walde abbrennen (schiffeln) will, hat hiervon vorher unter genauer Angabe des Orts, der Zeit, der Zeitdauer und der getroffenen Vorsichtsmaßregeln der Ortspolizeibehörde und dem betreffenden Forstbeamten oder falls ein solcher nicht bestellt ist, dem betreffenden Waldeigenthümer, in den Königlichen Forsten dagegen dem Königlichen Oberförster davon Anzeige zu machen, darf damit erst nach erhaltener schriftlicher Genehmigung der Ortspolizeibehörde und des betreffenden Forstbeamten bezw. Waldeigenthümers, in Königlichen Waldungen nach erhaltener schriftlicher Erlaubniß des Königlichen Oberförsters beginnen und muß die von der Ortspolizeibehörde, sowie dem Forstbeamten, in Königlichen Forsten die von dem Königlichen Oberförster angeordneten bezw. anzuordnenden Vorsichtsmaßregeln befolgen.

(Bezüglich des Brennens in der Nähe des Waldes vergl. auch § 44 Nr. 3 F. u. FPG. und § 17 und 18 dieser PV.)

Strafbestimmung.

§ 49. Zuwiderhandlungen gegen § 48 sind nach § 46 F. u. FPG. mit Geldstrafe von zehn bis einhundertfünfzig Mark oder mit Haft strafbar.

Schlußbestimmungen.

§ 50. Vorstehende PV. tritt mit dem 1. Januar 1884 in Kraft. Mit diesem Zeitpunkte treten alle der vorstehenden PV. entgegenstehenden Bestimmungen außer Kraft, insbesondere

1. die noch bestehenden Bestimmungen der FO. vom August 1669,
2. die Bestimmungen des Titel I Abschnitt IV und des Titel II des Ruralgesetzes vom $\frac{\text{28. September}}{\text{6. October}}$ 1791 bezüglich der Ausübung der Nachtweide, des Einzelhütens, sowie der Weide durch Gemeinde- u. Genossenschaftsheerden; das Gesetz vom 26 ventose IV (16. März 1796) betr. das Abraupen der Bäume, Hecken, Stauden, Pflanzen;
4. die Verordnung des Ministers des Innern und der Polizei vom 24. Dezember 1841, betr. das Verbot des Einfangens und die Abgabe von Nachtigallen jedoch unbeschadet der darin wegen Zahlung einer Abgabe von jährlich 5 Thalern (15 Mark) zur Ortsarmenkasse getroffenen und in Kraft bleibenden Bestimmung;
5. Das Gesetz über die Beschränkung der Nachtweide und des Einzelhütens des Viehs in der Rheinprovinz vom 5. Juli 1844;

6. die Verordnung, betr. die Controle über den Transport unverarbeiteter Hölzer, vom 26. Januar 1852, während die Allerhöchste Verordnung, betr. die Controle der Hölzer, welche unverarbeitet transportirt werden, vom 30. Juni 1839 nach Maßgabe des § 96 Nr. 3 F. u. FPG. vom 1. April 1880 da, wo sie durch Oberpräsidial-Bekanntmachung eingeführt ist bestehen bleibt;
7. die Forst-PV. für den Regierungsbezirk Aachen vom 13. Dezember 1854;
8. die PV., betr. das Tabackrauchen in den Waldungen außerhalb der durch dieselben führenden öffentlichen Fahrwege, vom 7. Mai 1858;
9. die PV. vom 25 Juni 1867 betr. das Sammeln von Ameisen und Ameiseneiern;
10. die PV., betr. den Schutz der Singvögel und anderer der Land- und Forstwirthschaft nützlichen Vogelarten vom 13. August 1875.

Polizeiverordnung der Königl. Regierung vom 10. August 1887.

(Amtsbl. S. 213.)

Auf Grund der §§ 6, 11 und 12 PVG. 50, sowie des § 34 F. u. FPG. wird für den Regierungsbezirk Aachen verordnet, was folgt:

Einziger Artikel.

Hinter § 28 unserer zur Ausführung des F. u. FPG. erlassenen PV. vom 18. Juli 1883 wird folgender neuer § 28a eingeschaltet:

§ 28a. Alle Eigenthümer, Pächter und Nutznießer sind verpflichtet, zur Vertilgung des Huflattigs (Tussilago petasites), wenn und soweit es von der Ortspolizeibehörde angeordnet wird, die von ihnen landwirtschaftlich benutzten Grundstücke einschließlich der Wiesen nach dem benannten Unkraut abzusuchen und das letztere, bevor es zur Blüthe gelangt, abzustechen. Die abgestochenen Unkräuter sind sogleich durch Verbrennen oder durch andere geeignete Mittel unschädlich zu machen.

XIII. Hohenzollernsche Lande.

Regierungsbezirk Sigmaringen.

Polizeiverordnung des Regierungspräsidenten vom 5. März 1883.

Auf Grund der §§ 73—77 LVG. 80, und der §§ 6, 12, 13, PVG. 50, wird zur Ergänzung des F u. FPG. für den Umfang des Regierungsbezirkes Sigmaringen, unter Zustimmung des Bezirksrathes, nachstehende PV. erlassen:

A. Hütung und Weide.

§ 1. Gemeinden, welche zur Hütung auf ihren Gemeindegrundstücken oder auf fremden Grundstücken berechtigt sind, dürfen ihr Vieh nur unter einem gemeinschaftlichen tüchtigen Hirten auftreiben und hüten lassen.

Einzelne Gemeindeglieder sind auf Grundstücken der vorbezeichneten Art nicht berechtigt, ihr Vieh in einzelnen Stücken weiden zu lassen oder zu hüten.

§ 2. Kein Vieh darf ohne Hirten zur Weide gelassen oder durch Kinder unter 14 Jahren gehütet werden.

§ 3. Das Hüten (Weiden) auf fremden Grundstücken darf nur am Tage und zwar vom 1. April bis Ende Oktober von Morgens 6 Uhr bis Abends 8 Uhr und vom 1. November bis Ende März von Morgens 7 Uhr bis Abends 5 Uhr stattfinden.

B. Raff- und Leseholz.

§ 4. Unter Raff- und Leseholz wird, wo nicht durch Verträge oder andere Urkunden etwas Anderes bestimmt ist, vollständig dürres Holz verstanden, welches einen Durchmesser von 7 Centimeter nicht überschreitet und ohne Anwendung von schneidenden Instrumenten gewonnen wird. Das Entnehmen stärkeren und nicht vollständig dürren Holzes und die Anwendung schneidender Instrumente ist verboten.

In solchen Distrikten, in welchen Holz gefällt und aufgearbeitet wird, also während des Betriebes der Holzhauerei, darf kein Holz gesammelt werden.

Das Sammeln von Raff- und Leseholz darf nur in der Zeit vom 1. April bis Ende September und nur von Morgens 6 Uhr bis Abends 6 Uhr, und vom 1. Oktober bis Ende März nur von Morgens 7 Uhr bis Abends 5 Uhr stattfinden.

Wer Raff- und Leseholz sammelt, muß ein vom Waldeigenthümer oder dessen Forstbeamten, bei Gemeindewaldungen ein vom Ortsvorsteher ausgestelltes Legitimationsattest bei sich führen.

§ 5. Das Holzsammeln in Gemeindewaldungen darf nur an den vom Gemeindevorsteher bekannt gemachten Sammeltagen und in den besonders bezeichneten Revieren stattfinden.

C. Waldstreu.

§ 6. 1. Die Entnahme von Waldstreu und Waldgras in fremden mit Streuservitut belasteten Wäldern darf nur an festgesetzten Streusammeltagen stattfinden und zwar nur in der Zeit vom 15. August bis Ende Oktober des Morgens von 6 Uhr bis Abends 6 Uhr und auch nur mit hölzernen Rechen.

2. Es darf niemals zwei Jahre hintereinander an demselben Orte Streu entnommen werden.

3. Hochwaldungen sind bis zum 60. und Niederwaldungen bis zum 20. Jahre mit der Streunutzung zu verschonen.

4. An den nach Süden gelegenen Halden darf Streu nicht entnommen werden.

D. Raine.

§ 7. Das Abbrennen von Haidekraut, Rainen oder ähnlichen Gegenständen ohne polizeiliche Erlaubniß ist verboten.

E. Schutz nützlicher und Vernichtung schädlicher Tiere und Pflanzen.

§ 8.*) Das Tödten sowie das Einfangen der nachbenannten Vogelarten:

Blaukehlchen, Rothkehlchen oder Rothbrüstchen, Nachtigall, Grasmücke, Rothschwanz oder Rothwadel, Schwarzkopf oder Schwarzblättle, Steinschmätzer, Wiesenschmätzer, Bachstelze,

*) Vgl. Reichsges. vom 22. März 1888, betr. den Schutz von Vögeln (RGBl. S. 111.)

Pieper, Zaunkönig, Pirol, Goldhähnchen, Meise, Ammer, Finke, Hänfling, Lerche, Zeisig, Stieglitz oder Distelfink, Amsel, Baumläufer oder Kleiber, Wiedehopf, Schwalbe, Staar, Dohle, Rabe mit Ausschluß der Kolkraben, ferner Saatkrähe, Racke- oder Mandelkrähe, Fliegenschnäpper, Kuckuck, Specht, Wendehals, Bussard oder Mäusefalk oder Stocker, Eule mit Ausnahme des Uhu, weiße Storch, Ziegenmelker oder Tagschläfer

ist verboten.

Ingleichen ist das Ausnehmen der Eier oder Brut, sowie das Zerstören der Nester der vorstehend aufgeführten Vögel verboten. Dasselbe gilt auch von allen Vorbereitungen zum Fangen dieser Vögel, insbesondere von den Aufstellen von Vogelnetzen, Schlingen, Dohnen, Sprenkeln, Krähen- oder Meisenhütten (Meisenschlägen), Fangkäfigen, Leimruthen.

Der Verkauf der genannten Vogelarten ist verboten.

§ 9. Sobald durch das häufige Auftreten der Saatkrähen, Raben und Dohlen der Landwirthschaft Nachtheile entstehen, sind die Königlichen Oberamtmänner befugt, das in § 8 enthaltene Verbot des Tödtens und Fangens dieser Vögel zeitweise außer Kraft zu setzen.

§ 10. Wenn durch das häufige Auftreten von Feldmäusen in den Gemarkungen erheblicher Schaden zu befürchten ist, sind seitens der Oberämter Maßregeln zur Vertilgung dieser Thiere anzuordnen.

In der betreffenden Verfügung sind die Gemarkungen, für welche dieselbe Geltung haben soll, zu benennen, auch die Art und der Zeitpunkt der Vertilgung, welcher letztere in der Regel für alle Gemarkungen auf denselben Tag festzusetzen ist, zu bestimmen.

§ 11. Die Königlichen Oberamtmänner sind befugt, sobald ein schädlicher Raupenfraß zu befürchten ist, die Vertilgung der Raupennester in den betr. Gemeinden anzuordnen. Die Vertilgung muß bis zum 1. März des betreffenden Jahres ortsüblich bekannt gemacht werden und bis Ende März zur Ausführung gekommen sein.

§ 12. Bei Ueberhandnahme von schädlichen Waldinsekten ist der Waldeigenthümer verpflichtet, zur Vertilgung derselben die von den zuständigen Behörden vorgeschriebenen Anordnungen zur Ausführung zu bringen.

§ 13. Jeder, welcher von dem Vorkommen des Kartoffelkäfers, seiner Eier, Larven oder Puppen in irgend einer Weise Kenntniß erhalten hat, ist verpflichtet, hiervon sofort der betr. Ortspolizeibehörde Anzeige zu machen.

Die von dem Eigenthümer, Nießbraucher oder Pächter eines Grundstücks oder von den damit beauftragten Personen abgelesenen Käfer, Puppen, Larven und Eier sind sofort an Ort und Stelle zu tödten resp. zu vernichten. Die Aufbewahrung der Käfer, Puppen, Larven und Eier ist verboten.

Jeder Eigenthümer, Nießbraucher oder Pächter eines Grundstückes ist verpflichtet, alle von der Polizeibehörde angeordneten Maßregeln zur Bekämpfung und Vernichtung des Kartoffelkäfers gehörig auszuführen.

Die Unterlassung oder ungenügende Ausführung wird bestraft.

Strafbar ist auch Derjenige, welcher es unterläßt, Kinder oder andere unter seiner Gewalt stehende Personen, welche seiner Aufsicht untergeben sind und zu seiner Hausgenossenschaft gehören, von den Uebertretungen vorstehender Bestimmungen abzuhalten.

§ 14. Besitzer von Grundstücken, auf welchen sich Klee- oder Flachsseide befindet, sind verpflichtet, die davon überzogene Fläche umzuhacken und die mit den Wurzeln herauszunehmenden Pflanzen zu verbrennen, bevor dieselben zur Blüthe gelangen.

§ 15. Das Anpflanzen von Berberitzensträuchern in einer Entfernnng bis zu 100 Metern von Ackergrundstücken ist untersagt.

§ 16. Zuwiderhandlungen gegen die Bestimmungen dieser Verordnung bezw. Unterlassen der polizeilich angeordneten Maßregeln werden, soweit nicht anderweitige gesetzliche Strafbestimmungen Platz greifen, mit Geldbuße von 1—60 Mark oder im Unvermögensfalle mit entsprechender Haft bestraft.

In Fällen der §§ 11, 12, 13, 14, 15 kann die Ortspolizeibehörde gegen die Säumigen das Erforderliche auf deren Kosten veranlassen.

§ 17. Alle dieser Verordnung entgegenstehenden Verordnungen werden aufgehoben, insbesondere die:

1. Sigmaringer Regierungs-V. vom 20. Februar 1839, betr. die Vertilgung der Raupennester an den Obstbäumen. Sigmaringer Ges. S. Bd. V S. 116.
2. Regierungs PV. vom 3. Mai 1861 betr. das unerlaubte Hüten und Grasen auf fremdem Eigenthum. (Amtsbl. S. 81.)
3. Regierungs PV. vom 27. Dezember 1861 betr. die Vertilgung der Feldmäuse. Amtsbl. 1862 S. 2.
4. Regierungs PV. vom 27. Mai 1865 betr. das Privathüten.
5. Regierungs PV. vom 16. Januar 1868 betr. den Schutz der nützlichen Vogelarten. (Amtsbl. S. 38.)
6. Regierungs PV. vom 19. April 1875 betr. das Pflanzen und Halten des Berberitzenstrauches. (Amtsbl. S. 80.)
7. Regierungs PV. vom 15. Juli 1876 betr. die Vertilgung der Klee- und Flachsseide. (Amtsbl. S. 121.)
8. Regierungs PV. vom 10. September 1877 betr. den Kartoffelkäfer. Amtsbl. S. 162.

§ 18. Diese PV. tritt mit dem 1. Mai d. J. in Kraft.

Buchdruckerei Otto Lange, Berlin C.

GPSR Compliance

The European Union's (EU) General Product Safety Regulation (GPSR) is a set of rules that requires consumer products to be safe and our obligations to ensure this.

If you have any concerns about our products, you can contact us on ProductSafety@springernature.com

In case Publisher is established outside the EU, the EU authorized representative is:

Springer Nature Customer Service Center GmbH
Europaplatz 3
69115 Heidelberg, Germany

Batch number: 10844627

Printed by Printforce, the Netherlands